高校小学教育专业卓越教师培养系列教材

部分书目

小学教师专业发展概论
生命教育导论
教育法学与小学校园安全概论
小学语文课程与教学论
小学数学课程与教学论
小学科学实验教学论
小学综合实践活动课程与教学论
汉字学与小学识字教学
古诗理论与小学古诗教学
儿童文学与小学语文教学
小学数学课程文化性导论

本系列教材为

教育部卓越教师培养计划改革项目成果

高校小学教育专业卓越教师培养系列教材

# 小学语文课程与教学论

孙建龙 著

人民教育出版社
·北京·

**图书在版编目（CIP）数据**

小学语文课程与教学论/孙建龙著. —北京：人民教育出版社，2015. 5

高校小学教育专业卓越教师培养系列教材

ISBN 978 - 7 - 107 - 24538 - 1

Ⅰ. ①小… Ⅱ. ①孙… Ⅲ. ①小学语文课—教学研究—高等学校—教材 Ⅳ. ①G623. 202

中国版本图书馆 CIP 数据核字（2015）第 094071 号

人民教育出版社出版发行

**网址**：http://www. pep. com. cn

人民教育出版社印刷厂印装　全国新华书店经销

2015 年 5 月第 1 版　2015 年 6 月第 1 次印刷

开本：787 毫米 ×1 092 毫米　1/16　印张：16. 25

字数：240 千字　印数：0 001 ~3 000 册

定价：31. 30 元

《高校小学教育专业卓越教师培养系列教材》

# 总 序

2014年教师节前夕，习近平总书记在北京师范大学师生座谈会上提出了好老师的四项标准。这四项标准是有理想信念、有道德情操、有扎实学识、有仁爱之心。我理解，作为好老师的理想信念应该有两个方面：一是坚持中国特色社会主义道路，担负中华民族伟大复兴的历史使命；二是热爱教育事业、热爱学生，把学生培养成国家的栋梁。在道德情操方面，老师要传道授业，自己就应该有高尚的道德情操，做道德的楷模。老师要践行社会主义核心价值观，以身作则，做学生的榜样。同时要掌握教育规律，具有高尚的师德。关于扎实学识，我认为就是强调学问和见识。教师的责任是传授知识，培养能力。教师不仅要具备敦厚的知识底蕴，而且还要有真知灼见、开阔的视野和深睿的智慧。谈到仁爱之心，习近平总书记说：“教育是一门‘仁而爱人’的事业。”老师要用爱心激发学生学习进步的火花，开启通向知识智慧之门。为了贯彻落实习近平总书记教师节重要讲话精神，推动教师教育综合改革，培养让党和人民满意的好教师，2014年12月，教育部根据《关于实施卓越教师培养计划的意见》，发出了《关于公布卓越教师培养计划改革项目的通知》。其中，卓越小学教师培养改革项目备受关注。现就学习贯彻习近平总书记教师节讲话精神、推进卓越小学教师培养谈几点认识。

一是要正确处理小学教师的特点与大学专业教育的关系。小学生活泼好动、好奇性强，小学老师应是一个多面手，既能教学科知识，又能带领孩子开展各种文体活动。小学老师要有童心童趣，最好能歌善舞，才能和孩子们打成一片，培养孩子们的良好习惯和活泼开朗的性格。因此，小学教育专业应该拓宽通识教育，特别要重视文艺、体育类选修课，鼓励师范生选修。我曾经提议开设儿童文学、自然科学概论、社会科学概论等课程，以此提高小学教师的科学文化修养。

二是要正确处理专业性和综合性的关系。小学教育专业培养单科教师好，还是培养全科教师好，历来有争议。但小学教育具有综合性，特别是农村规模小的学校，以全科教师最为适宜。城市里学校规模较大，适合单科教学。但考虑到小学教育综合性的特点，小学教育专业培养目标不宜过窄，最好是以一个学科专业为主，另修一个辅科专业。国外一般都要求小学教师能胜任两门以上学科的教学，这种要求值得借鉴。

三是要正确处理小学教师的职业性和大学学科专业性的关系。大学是以学科为基础发展起来的，因而重视学科建设。但小学教师是一种职业。一般职业除了要有职业理想和职业道德外，主要是要求掌握职业的技能。专业与职业两者是有区别的，有时是矛盾的。因此，高校小学教育专业要解决好这个矛盾，既要让师范生掌握教育学科的理论，培养学生的理性思维，达到高等教育对学术水平的要求，又要培养师范生教书育人的技能，如设计教学、整合教育资源、编写教案、实施教学、组织活动、写好三笔字等技能。小学教育专业既然是大学本科的层次，就要有一定的学科理论的支撑，毕业生要有一定的理论水平和科学研究的初步能力。

我认为，高师小学教育专业区别于中师教育，应主要在理论层面上和人文学识上。要让师范生掌握教育教学规律和小学阶段儿童成长的规律，同时提高科学文化知识水平和人文修养。总之，小学教育专业卓越教师培养是一个新事物，它的课程教材建设必须建立在科学研究的基础上。

首都师范大学初等教育学院是全国小学教师教育改革的一面旗帜，是我国开展本科学历小学教师培养的先行者。其小学教育专业首批入选“国家级特色专业”，并首批入选“教育部卓越教师培养计划改革项目”。在总结长期以来小学教师教育改革发展经验的基础上，首都师范大学初等教育学院联合有关院校，对小学教育专业如何培养卓越小学教师进行了深入的探讨，组织编写了一套《高校小学教育专业卓越教师培养系列教材》，将陆续由人民教育出版社出版发行。该系列教材既继承了百年中师的优良传统，又赋予了高等教育的深刻内涵，并把科学性、理论性、实践性、前沿性作为编写原则和追求目标。我相信这套教材的编写出版一定能为高师小学教育专业建设和卓越小学教师培养做出重要贡献。

是为序。

2015 年 4 月 19 日

（本总序作者顾明远先生系首届教育部小学教师培养教学指导委员会主任、中国教育学会名誉会长、北京师范大学资深教授）

《高校小学教育专业卓越教师培养系列教材》

# 前　言

近年来，教育部先后组织研制和颁布了《教师教育课程标准》《小学教师专业标准》等一系列标准，对我国教师教育改革发展进程产生了重要影响。在此基础上，教育部又于2014年出台了《关于实施卓越教师培养计划的意见》，要求各高校以实施卓越教师培养计划为抓手，整体推进教师教育改革创新，全面提高教师培养质量。

《高校小学教育专业卓越教师培养系列教材》编写出版工作正是在这样的大背景下启动的。本套教材是由首都师范大学初等教育学院牵头并联合有关院校，在人民教育出版社教师教育课程教材研究开发中心的支持下，根据教育部《关于实施卓越教师培养计划的意见》的精神，并参照《小学教师专业标准》《教师教育课程标准》而编写的。

首都师范大学初等教育学院小学教育专业设置于1999年，2007年首批入选“国家级特色专业”，2014年首批入选“教育部卓越教师培养计划改革项目”。这套教材的编写是在全面总结首都师范大学小学教育专业十几年来小学教师培养模式改革与教材建设经验基础上进行的，集中体现了小学教师教育传承百年师范经验与教师教育改革创新的统一；国际视野与本土实践的统一；学科建设与专业建设的统一。本套教材的具体特点如下。

1．注重学科建设对专业建设的支撑。教材建设历来是专业建设的重要内容，而重视教材建设又不能只就教材建设论教材建设。教材建设一定是以学科建设为基础，在深入研究的基础上形成教材。首都师范大学小学教育专业的教学团队先后围绕“小学儿童研究”“初等教育基本理论研究”“小学教师教育研究”“大学课程与小学课程对接的研究”“小学各学科课程与教学的研究”等专题展开学科建设，形成了一批具有小学教育特色的研究成果。本套教材正是这些成果的结晶。它力图贯彻教育部卓越教师培养计划中关于“吸收儿童研究、学习科学、心理科学、信息技术的新成果”的要求。

2．坚持理论与实践的对接。即关注源自小学教育实践中生成的问题研究，反哺小学教师教育，使大学教材具有鲜活的实践特征。本套教材充分运用案例，在分析研究的基础上，试图提升到理论的高度加以诠释，反过来指导实践，形成“真情境、小问题、高观点”循环往复螺旋式上升的思维模式。

3．落实教育心理类课程与专业学科类课程的整合。为了避免小学教师教育教材建设可能存在的教育学类、心理学类及高师各专业学科课程简缩拼盘、小学教育专业特色不突出的现象，本套教材致力于突破传统的学科体系，强调按需取材，即根据小学教师人才培养需要来决定内容的取舍，尽量消除重复内容。

4．强调大学课程与小学课程的对接。以往学生在大学期间学习许多诸如“高等数学”“大学语文”等大学的课程，但到了小学一线教学所接触的是小学数学、小学语文等课程。这两类课程往往是“两张皮”，甚至不少学生认为大学里这些课程的设置是没有用的。对此问题，首都师范大学初等教育学院的老师们在语文、数学等相关学科领域进行了十几年的研究与探索。本套教材中的《古诗理论与小学古诗教学》《儿童文学与小学语文教学》《汉字学与小学识字教学》《文本解读理论与小学语文教材分析》等，对上述问题给予了很好的回应，使师范生学会用居高临下的观点来看小学的教学内容。

另外，本套教材还特别关注小学教育专业实验课程教材的开发，力图通过实验课程教材改革，更好地为培养未来小学教师的科学素养、探究精神、创新意识和实践能力提供支撑。

人民教育出版社一贯以教育事业为重，以教材建设为重，对本套教材的研究开发给予了大力指导和帮助。特别是郭戈研究员和本套教材的丛书责编刘立德编审、韩华球副编审等有关领导及编审人员，为本套教材的总体设计、编写立项和编辑出版付出了巨大的努力，谨在此一并表示衷心感谢！

由于我们的水平有限，需要探索的问题还有很多，本套教材或有疏漏甚至错误之处，敬请读者批评指正为盼。

王智秋

2015 年 5 月 10日

（本前言作者系教育部小学教师培养教学指导委员会秘书长、全国教师教育学会小学教师教育委员会理事长、首都师范大学初等教育学院院长、本套教材总主编）

# 本书前言

这本《小学语文课程与教学论》是教育部卓越教师培养计划改革项目的研究成果之一。本书坚持“课堂研究”，“聚焦课堂、面对问题、基于研究、指向实践”是本书撰写的基本出发点。所以，立足于小学语文课堂的事实，进行深入的学理分析并提出改进策略是本书的重点。也正因为如此，本书没有过于追求系统性和结构化的理论陈述，而是侧重对语文课堂教学实践的探索和分析。

本书重视课堂事实，依托真实“案例”与经典“观点”，采取自下而上的研究与撰写思路。第一，遵循“真情境，小问题，高观点”的思想，立足于教学田野，从教师熟悉的真实教学情境引发出小学语文教学中的具体问题，并站位于“高观点”进行理论分析，进而从策略的角度力求解决这些问题，实现理论思辨与解决实际问题相结合。第二，以真实的教学行为为依托，希望通过具体的“观点”思辨与“案例”剖析，带给教师思维的碰撞，进而提升教师的课程认识，改进教师的教学行为，提高教师的实践反思能力。第三，以学术性与实践性为基本追求，从发生在教师身上或课堂教学中那些具体的、典型的困惑与问题入手，进行针对性的学理分析与策略探寻。

在此基础上，本书讨论了“语文是什么”“为什么教语文”“用什么教语文”“谁在学语文”“怎么教语文”“谁在教语文”等几个有关小学语文课程理解与教学改进的核心问题。“语文是什么”涉及学科课程的理解问题，这是讨论其他一切语文实践问题的基础，建立起个人的语文学科课程意识，又是每一位语文教师的首要任务和起点。“为什么教语文”涉及语文学科的价值追求问题，正是对价值追求的理解不同，才带来语文课堂的不同行为与迥异风格，才带来教师维护自我课堂的力量。“用什么教语文”讨论的是用以实现教学价值的凭借与资源问题，这在当前仍然是影响语文教学效率的关键，也是一线教师着力较多的关键环节。“谁在学语文”关注的是语文学习的主体——学生，目前的小学语文课堂教学，从教师出发对“教”的研究很多，而从学生出发对“学”的研究明显不足，这就产生众多“教”的课堂而不是“学”的课堂。“怎么教语文”讨论的更多是行为与策略的问题，然而行为是多样的，方法与策略是无穷的，所以本书试图通过对课堂教学中几个关键的核心问题、共性问题的讨论，寻求在教学反思与课堂理解方面的突破。“谁在教语文”指向的是语文教师本身，只有教师的发展才会真正带来课堂的发展、学生的发展，真心希望我们的小学语文教师具有儿童那样天天向上、不断进步的生气。

本书正是从如上几个方面表达出作者对当前小学语文教学中诸多核心问题的一种理解。这些理解，一方面来自于对经典理论的研习，另一方面则来自于对课堂事实的反思。

基于本书的如上特点和内容，它的读者群体及使用范围大致有如下几类。第一，供高校小学教育专业的本科生、研究生研习。本书正是作者在系统总结本人十年来在首都师范大学初等教育学院从事本科生、研究生教学的经验和研究成果的基础上编写而成的。第二，供辛勤工作在一线的小学语文教师反思教学、改进课堂之用。本书聚焦的核心问题与案例大多提炼于作者近几年主持或参与的各级各类小学语文教师职后培训与校本教研，相信老师们会感到这样的内容离自己的课堂很近。第三，供负责小学语文教师研修的教研员、高校及研究机构的研究者参考。本书基于实践，而又以理性思辨的态度面对实践，希望这些基于实践的思考能够为小学语文课程与教学的发展增加一些鲜活的事实和理性的力量。

最后，要特别感谢人民教育出版社刘立德编审、冯卫斌副编审、陆洋博士及首都师范大学的王智秋教授。在本书撰写和完善的过程中，他们以开阔的学术视野对本书的内容组织和编写形式多次提出了有价值的建议和意见。特别是本书责编陆洋博士对书稿进行了认真细致的编辑加工，付出了很多辛苦。谨在此一并向他们深致谢忱！

孙建龙

2015年5月20日

于首都师范大学初等教育学院

# 目　录

# 绪 论

## 一、课堂的使命与变革

目前，课堂仍然是学校教育最基本的形式和途径，仍然是教师最基本的工作场所，仍然是学生获得成长与发展最为重要的摇篮。在我国，每天都在同步进行着数以万计的课堂教学，这些生动的、进行中的课堂教学，正是我国基础教育最直接的现实。这些生动的课堂，决定着一个个生命个体乃至整个民族发展的步伐和方向。课堂生活关乎教师职业生活的品质，课堂改进则关乎课程改革理念的落实及儿童发展的质量。因此，课堂本位研究理应成为教育研究的重要指向和学校教学研究的核心。任何一位有责任、有智慧的管理者都应确保教师的主要精力是指向课堂的。

课堂文化是一所学校教学文化乃至校园文化的核心。丢失了课堂就等于丢失了学校。在优质学校、特色学校的建设过程中，课堂的研究和改进始终应成为重中之重。因为，只有课堂的改进才真正意味着学校的变革与发展。任何一所学校，如果课堂中的教与学不再成为它的关注对象和研究核心，它的核心工作总是游离于课堂之外，那么我们可以断定——那不是一所好的学校。这样的学校，丢失了学校教育使命的自觉，违背了对儿童发展的庄严承诺。我们确信，如果爱孩子，就应该把最好的课堂带给他们。

多元文化与不同视角下的理性思辨，带来了纷纭的教育理念，为课堂改进提供了新鲜而丰富的思想活水。我们不能武断地封闭自我而盲目排斥理论，也不能因为各种理念的纷扰而迷失了自己的课堂。课堂现实永远是我们改进的起点，思想永远是我们最为锐利的武器。基于自我，立足课堂，借助思想，勤于实践，如此，我们才得以更为理性、更为专业地观察课堂、反思课堂、改进课堂。反之，失去了课堂现实与自我实践的根基，理念也就成了海市蜃楼。我们深信——“所有的教育家的任务都是为教师服务，因为只有教师才能创造出良好的教学效果”（劳伦斯·斯滕豪斯）。

## 二、语文课堂研究的核心：教与学

显然，优质课堂的创建涉及诸多因素和条件，但“教”与“学”无疑是其核心。正是在“教”与“学”的交互作用中，课堂教学的意义得以实现。所以，课堂改进首先是“教”与“学”的行为的改进。围绕这一主题，从小学语文课堂的事实出发，本书选取并确立了如下研究框架，力争揭示关系到语文课堂改进的几个核心问题。

语文是什么——建立正确的语文课程意识。课堂教学无疑应主要解决“怎么教与怎么学”的教学实践问题，但是“教什么和学什么”的课程观念问题如果不能得以明晰，那么一切的方法与手段也就没有了着落。所以，语文是什么？语文课程是什么样的课程？它的核心内容和任务是什么？语文课堂该怎样体现出语文学科的特点？语文教师必须做出理性的思考，以树立清醒的语文课程意识。

为什么教语文——从信念到行为。任何课堂中，“教”与“学”的行为都不是无缘无故发生的，其背后都有某种价值观念的支撑和影响。那么，语文学科的价值和教育意义究竟是什么？对这一价值与意义的理解又会如何影响教学行为？个人的语文学科教学信念是怎样形成的？它在带来不同课堂风格的同时又如何促进教师走向成熟？上述问题决定着课堂改进的方向以及教师自我专业成长的进程。

用什么教语文——语文教材无非是个例子。那么，语言材料、语文教材如何作为“例子”来使用？用这样或那样的“例子”去教什么？语文教师又该如何研读、分析教材并将其用于教学？这一问题在当前语文学科教学中显得尤为重要，它往往决定着语文课堂教学尤其是阅读教学的效率与成败。

谁在学语文——着眼于儿童发展的语文课堂。“教”是为“学”服务的，不了解“学”的状况，就无法保证“教”的效率。那么，儿童是如何学习语言并获得言语能力的？小学生语文学习的起点在哪里？学习中的“障碍”与“错误”在哪里？只有把握准上述问题，教师才称得上是专业的教师，才能真正带领孩子们去攀登语文学习的高峰。

怎样教语文（上）——语文课堂教学本质的把握。“怎样教语文”是课堂教学的策略问题，任何教学策略都是为实现该学科的教育意义服务的，所以必须扣住学科本质去讨论怎么教的问题。那么，怎样扣住语文学科本质，通过课堂教学发展儿童的语言能力？为什么说语文是发展儿童心灵的学科？怎样通过语言学习促进学生思维的发展，增长儿童的智慧？这是思考“怎样教语文”的逻辑起点与核心。

怎样教语文（下）——语文课堂教学智慧的探寻。课堂教学的实践智慧直接影响着教学的效果。怎样唤起学生对语文学习的兴趣？怎样为学生设计有效的语文实践活动？怎样对学生的语文学习活动进行有效反馈？怎样加强学生运用语言文字的“方法”与“习惯”的培养？这些问题在语文课堂的操作中最为直接，也最为关键。

谁在教语文——优质课堂与优秀教师相伴成长。课堂是实现教育意义的场所，这一教育意义，不仅要在学生身上实现，也要体现在教师身上。理想的语文课堂就像一盏灯，总在不远的前方召唤着我们。优质课堂是每一位教师不懈的追求，在这样的追求中，教师不仅收获了课堂，同时也收获了自我成长。那么，该如何理解语文课堂的优质与否？又该如何判断和改进“教”与“学”的行为？伴随着对优质课堂的追求，优秀教师怎样一路走来？他们身上又具有怎样的特质？

在面对上述问题进行讨论时，本书丝毫不敢脱离课堂实践，并遵循了如下逻辑思考的路线：

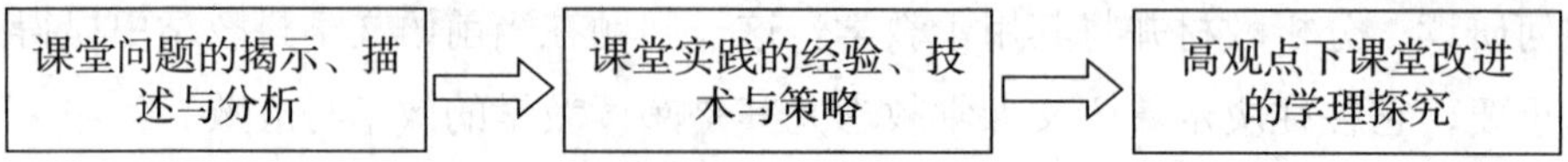


这一研究思路也体现了首都师范大学初等教育学院“真情境、小问题、高观点”“贴近学科，实践取向”的教学改进研究思路。

## 三、语文课堂改进的途径：知行互促

中国古代哲学家王夫之认为，“知”与“行”总是处于一种动态的统合之中，“相资以互用”，“并进而有功”。课堂教学理论与实践之间的关系也是如此。课堂教学理论既受益于哲学、心理学等相关学科研究的进展和突破，也生成于实践经验的总结、积累与提炼。一方面，教学理论为课堂带来新的思想与启示，影响并改善课堂教与学的行为；另一方面，课堂实践本身也会反过来带给我们新的困惑与疑难，这些困惑与疑难促使我们进行反思并生成新的认识与经验，从而保持教学理论的生动性、开放性和发展性。

教育研究即人们在教育实践活动中对教育现象的观察、思考，对教育问题的尝试性解答。本书力图回到课堂教学的事实本身，尝试对课堂中的问题以及优秀教师业已进行的实践进行深度反思，并期望通过这样的反思发现更多具有普遍意义的东西。卡尔·波普尔认为，观察就是根据理论进行的解释。本书对众多优秀教师的成长之路及其课堂教学的观察、解释，无疑借助了诸多学者的相关理论成果，同时也不可避免地带有作者个人的思想痕迹，带有个人对小学语文课堂教学的理解。因此，希望读者充分发挥个人智慧，以敏锐的批判性思维对其中的偏颇之处给予客观批评。

如果我们将小学语文课堂集中起来，无疑那将是一座充满希望与活力的大花园。每一节课都展现出不同的颜色，都散发出不同的芳香，从而使小学语文这所花园如此美丽、醉人。感谢斯霞老师、霍懋征老师、李吉林老师、于永正老师、贾志敏老师、支玉恒老师、靳家彦老师、黄亢美老师、窦桂梅老师、孙双金老师、王崧舟老师、薛法根老师、周益民老师、盛新凤老师、闫学老师……以及千千万万个课堂中所有默默无闻的老师们，你们以自己的实践生动诠释着对小学语文课堂的思考，你们才是小学语文课堂改进的最主要力量。感谢叶圣陶、吕叔湘、张志公等诸位先生，大师们的经典论述一直为小学语文的学术研究提供着无穷的智慧与力量；感谢朱作仁教授、杨再隋教授、田本娜教授、戴宝云教授、崔峦研究员、吴忠豪教授、王荣生教授、江平教授……以及在小学语文研究领域辛勤耕耘的许多学者，你们以自己的睿智、理性引领着小学语文课堂改进的方向。正是在以上实践者、研究者的“相资以互用”中，小学语文课堂沿着“知行互促”的轨道获得改进与发展。而本书正是基于如上的课堂实践与学术研究才得以完成的。

我们由衷地希望，读者在阅读本书的过程中能够获得一些让自己深入思考课堂教学实践的推动力，在小学语文教学的实践中继续扬帆远行！

# 第一章

# 语文是什么——建立正确的语文课程意识

【内容提要】

课堂教学无疑应主要解决“怎么教与怎么学”的教学实践问题，但是“教什么和学什么”的课程观念问题如果不能得以明晰，那么课堂中一切的方法与手段也就没有了着落。所以，语文是什么？语文课程是什么样的课程？它的核心内容和任务是什么？语文课堂该怎样体现出语文学科的特点？语文教师必须对以上问题做出理性的思考，从而建立起自己清醒的语文课程意识。

【核心概念】

语文　语文课程　课程意识

# 第一节
# 追问、困惑与思考

## 一、追问："语文是什么"何以成为问题

"'语文是什么'之所以成为问题，并非由于它没有答案。恰恰相反，是由于答案太多，可谓'众说纷纭，莫衷一是'。"[1] 下面罗列关于该问题的几种代表性观点。

"语文"即"口头语言和书面语言"。这一观点始于叶圣陶先生于1962年做出的解释——"什么叫语文？平常说的话叫口头语言，写到纸面上叫书面语言。语就是口头语言，文就是书面语言，把口头语言和书面语言连在一起说，就叫语文。"[2] 自此，叶老的这一解说就成为了"语文"的经典定义。

"语文"就是"语言文字"。这一观点认为，"语文"学科应主要进行字、词、句的教学，培养语言和文字的运用能力。语文课不能上成文学课，即使是文学作品，也只能当作语言教学的材料而已，更不能上成政治课[3]。

"语文"是"言语"。这种主张认为"语文既不是语言，也

① 王尚文著：《走进语文教学之门》，上海教育出版社2007年版，第4页。

② 叶圣陶著：《叶圣陶语文教育论集》，教育科学出版社1980年版，第138页。

③ 参见吕叔湘著：《吕叔湘全集》（第十一卷），辽宁教育出版社2002年版，第42页；王本华编：《张志公论语文：集外集》，语文出版社1998年版，第196页。

不是语文所传达的信息，而是语文本身，即言语”①。语文教育就是言语教育，即“通过听、说、读、写等言语活动去学习听、说、读、写的能力，以适应社会生活中的听、说、读、写。因为听、说、读、写属于语言的运用，是动态的言语范畴，而不是静态的语言范畴，更不属于对语言做静态的抽象分析的语言学范畴”②。所以，语文课程的特性即学习言语，“通俗地说，言语，指的是个人在特定语境中的具体的语言运用和表现”③。

“语文”就是“语言”与“文学”。这种观点认为语文课程既要培养学生运用汉语言文字的能力，又要通过文学满足学生情感教育、审美教育的需求。如王尚文先生认为“语文课程是‘汉语’‘文学’的复合”④；童庆炳教授则提出，语文教育要具有两个高度，一是培养学生语文能力的高度，二是审美教育的高度⑤。而与此同时，持这一观点的语文教育研究者又都认识到“语言和文学属于不同的领域，两者性质不同，教学任务、教学目的、教学方法也都不同”⑥，二者搅在一起，很容易“互相掣肘”，甚至“两败俱伤”。

“语文”就是“语言文章”。这种主张认为“语文教育的主要矛盾或主要任务，既不是文学教学，也不是语言文字教学，更不是思想政治教育，而是文章教育”⑦。这样，语文课就成为学文章的课，教材以文体组元，课堂则注重不同文体的篇章知识和写作知识的教学，注重文章的结构、层次、章法和中心思想的教学，文学作品则自然成为文章教学的例文。

“语文”即“语言文化”。这种观点认为语文就是用语言来表述的文化，语言是表，文化是里。所以，“从某种意义上来说，学习语文就是学习民族文化，就是学习民族文化的思想和精神、民族的生活和历史，就是呵护炎黄子孙圣洁的心灵和智慧的大脑”⑧。

“语文”即“一语四文”的复合。这种观点认为语文是以言语（语言）为

---

① 李海林著：《言语教学论》，上海教育出版社 2000 年版，第 99 页。

② 李维鼎著：《语文言意论》，上海教育出版社 2000 年版，第 70—71 页。

③ 潘新和著：《语文：表现与存在》，福建人民出版社 2004 年版，第 135 页。

④⑥ 王尚文著：《走进语文教学之门》，上海教育出版社 2007 年版，第 95、52 页。

⑤ 童庆炳：《语文教学与审美教育》，载《北京师范大学学报》1993 年第 5 期。

⑦ 曾祥芹主编：《文章学与语文教育》，上海教育出版社 1995 年版，第 17 页。

⑧ 曹明海：《语文：文化的构成》，载《语文教学通讯·高中刊》2004 年第 7—8 期。

根本的包含文字、文学、文章、文化等多元素构成的一个综合体。[①] 而在课程的具体实施中，不同学段应有所侧重，“在小学阶段，语文教育的性质主要表现为工具性，它的内涵侧重在汉字与汉语两个方面。在初中阶段，语文教育的性质主要表现为两个方面，即思想性与审美性，它的内涵侧重于文章与文学。在高中阶段，语文教育的性质则主要表现为文化性、思想性与审美性三个方面，它的内涵除了包括上述内容之外，还应包括传统文化方面的内容”[②]。

显然，“语文”这一概念理解上的多元化，一方面加深了我们对语文课程的思考，另一方面也带来了语文课程学科基点的游移，带来了语文课程观的不确定性。而有怎样的语文课程观，就会有怎样的教材观、教学观，就会带来怎样的语文课堂。如果不澄清“语文是什么”的问题，那么“语文教什么、学什么”的问题也就得不到明辨。

## 二、困惑：语文课到底该教些什么

从事语文教学的人首先要认清教的是什么，这是语文学科的一个根本问题。语文是什么？语文课程是什么样的课程？它的核心内容和任务是什么？从事语文教学与研究的人应该能清晰地回答这些问题。这一观念层面的问题得以澄清之后，教学实践层面的问题就会迎刃而解——不管语文课程的内容多么丰富，也不管语文课堂教学形态多么异彩纷呈，语文课程的内容和目标都必须围绕一个核心，课堂教学的种种举措和行为都应该指向这个核心。

然而，这个核心到底是什么？教师教的是不是真正的语文课？在研究者众说纷纭的同时，一线教师的课堂实践也往往处于混沌而多变的状态之中。大多数教师无暇去进行系统而理性的课程思辨，进而也就没有足够的勇气为自己的课堂辩护。这自然带来目前普遍存在的“语文课堂的不知所措、效率不高、作用不大甚至反其道而越走越远”的现象。

---

① 参见陈黎明、林化君著：《20 世纪中国语文教学》，青岛海洋大学出版社 2002 年版，第 4 页；曹明海主编：《语文教育学》（修订版），青岛海洋大学出版社 2002 年版，第 3—4 页。

② 潘庆玉著：《语文教育发展论》，青岛海洋大学出版社 2001 年版，第 31 页。

是“文”还是“道”？是“语言能力”还是“文学审美”？是“言语训练”还是“文化建构”？等等。如上对于语文学科“应该是什么”的争辩，从根本上来说，正是不同历史时期研究者“以曲折的方式进行语文课程取向各种见解的争鸣”，是语文课程取向——语文课到底该教什么的争辩，讨论的也正是语文课程究竟该面向何方的问题。“面向何方的抉择，控制着语文课程中的听、说、读、写的取向选择，规限着语文课程与教学目标的运行航道。”① 这一课程取向的争鸣，源于不同的价值判断，伴随着我国现代语文教育的百年历史。

因此，以历史发展的眼光，站在课程取向的高度，再去思考“今天的语文课到底该教什么”这一问题，是非常必要的。

## 三、思考：怎样建立正确的语文课程意识

教师必须“对自己所授学科特有的教育意义有清醒的意识”②。课程表中每一门学科对于学生的发展而言都有其独特的价值，而作为语文学科教师，必须时时思考的是：我的课堂该怎样体现出语文学科的特点？我该怎样以语文学科特有的教育意义去促进学生的发展？教师个人的学科课程意识越强烈、越清晰，教学也就更加有效。那么，该如何强化自己的课程意识并使之愈加清晰呢？

第一，明晰课程与教学的关系。课程理解帮助我们解决的是教什么和学什么的问题，教学理解帮助我们解决的是怎样教和怎样学的问题，二者是目的与手段、目标与过程的关系，是不可分离的。任何手段、方法都是为完成一定的目的服务的，任何目的也都必须通过一定的手段、过程才能得以实现。所以，语文教师不能仅关注“怎么教”的手段、方法、过程问题，更要时时反思“教什么和学什么”的课程意识问题。此二者在教师专业成长过程中缺一不可，而就目前来看，课程意识的反思相比手段、方法等的探究而言较为滞后。

---

① 王荣生著：《语文科课程论基础》，上海教育出版社 2003 年版，第 62、147 页。

② 宁虹：《实践—意义取向的教师专业发展》，载《教育研究》2005 年第 8 期。

第二，把握语文教育发展的历史沿革及基本走向，让历史帮助我们建立一个坐标，以便对语文课程进行扎实而理性的思考。培根说过，读史使人明智。语文教育的发展，是一个不断革新的过程，是一个在继承中发展的过程。继承什么、改革什么、发展什么，这需要对历史进行学习和反思。“观今宜鉴古，无古不成今”，研究语文教育，必须清楚语文教育的历史发展进程，通过对变化历程的了解，认清现状和把握未来趋势。

第三，基于现行的课程标准，把握语文课程改革的基本现实和趋势，深刻理解“语文课程”的本质内涵及学科属性。前已述及，基于不同的价值判断，导致人们在语文课程性质认识上的差异，这是正常的学术现象。而国家课程标准，必然要基于学术讨论，反映社会主流的价值取向，以使语文课程适应时代的发展。所以，立足于现行的课程标准，在实践反思的过程中逐步建立起自己的语文课程意识，这是语文教师的必然选择。

第四，语文课程理解的深化与课程意识的清晰化，是在实践反思的过程中逐步完成的。丢开教学实践试图建立起一套自己的语文课程意识，这一做法是徒劳的；反之，只埋头实践，痴迷于技术技巧，不阅读，不反思，也不会使自己的教学走向智慧。

## 第二节 百年语文对我们的述说

### 一、从蒙学教育到学科化教学

古代小学语文教育是蒙学的一个组成部分。蒙学一般指幼童阶段的教育与学习，也有人称之为“蒙养之学”。“蒙学，启蒙之学，犹今之小学。”“蒙学”“蒙养之学”都取之于《易经》“蒙以养正，圣功也”之说。古人认为，幼童虽然已经有了初步的认识能力，但其对于社会、自然、人生的了解是远远不够的，还处于蒙昧、幼稚、茫然的人生阶段；只有对幼童进行正确的启蒙教育，才能把他们引入正道，成就“至圣之功”。这种启蒙、养正、入圣的教育，就是蒙学的教育目的，一直贯穿于中国古代蒙学教育的始终。

而现代意义上的中国小学语文学科设置始于20世纪初①。“壬寅癸卯学制”确立了中国近代新型教育的基础，语文教育也由过去集经学、哲学、史学、伦理学、文字学为一体的混合型综合教育，发展为新型教育制度下的一门单独学科，开始了自己学科化的道路。伴随着我国现代普通教育制度的发展，100多年以来，具有学科意义的语文教育也逐步走向发展与成熟。今天，当我们试图认识语文、理解语文、把握语文的时候，首先要做的便是聆听它学科化以来的百年历史。

## 观点　语文教育如何面对传统②

进行语文教育，教学生识字、读书、作文，有两个重要之点：一是要符合本国语言文字的特点，一是要符合儿童和青少年学习本国语言文字的规律。在千百年长期的语文教育实践之中，前人在这两方面确实找到了一些门径，积累了不少经验。我们的责任应该是做一些分析研究，看看他们所用的方法之中，哪些是行之有效的，为什么会有效，哪些是不对头的，为什么不对头，进而明确哪些是应该丢弃的糟粕，哪些是可资借鉴的经验，这些有益的经验又应该怎样同现代的科学成果结合起来，赋予旧的经验以新的生命，使它得到发展和发扬。这样，对于我们今天研究语文教育工作能有些参考作用，对于研究我国语言文字的特点也会有些益处。

---

① 这里所谓的“现代”，指的是我国现代教育制度出现之后，就“语文”而言，主要是从独立设科（1904年）以来。见饶杰腾著：《语文学科教育学》，首都师范大学出版社2000年版，第1页。

② 张志公著：《传统语文教育初探》，上海教育出版社1962年版，序。

## 二、百年语文的学科化历程

### （一）清末的小学语文课程

1902年，清政府颁布《钦定学堂章程》，又称“壬寅学制”，但这一学制并未实行。1904年初，《奏定学堂章程》颁布实行，成为我国第一部以政府名义颁布并在全国实施的近代学制，亦称“癸卯学制”。该学制一直沿用到1911年清王朝覆灭。按该学制，在初等小学所规定开设的八门必修学科和高等小学所规定开设的九门必修学科中，都有“读经讲经”[①]。此外，在初小开设“中国文字”，高小开设“中国文学”，这“为中国具有学科意义的语文教育揭开了近代教育史上的序幕”[②]，1904年也随即成了现行语文学科独立设科的开始。

史料

**《奏定学堂章程》关于“中国文字”“中国文学”教学“要义”摘录[③]**

初小“中国文字”一科，“其要义在使识日用常见之字，解日用浅近之文理，以为听讲能领悟、读书能自解之助，并当使之以俗语叙事，及日用简短书信，以开他日自己作文之先路，供谋生应世之要需”。

高小“中国文学”一科，“其要义在使通四民常用之文理，解四民常用之词句，以备应世达意之用……”

可见，在语文独立设科的最初阶段，其教学宗旨已明确地包含了“应用”的思想。“强调语文教育的‘应用’功能，是走向语文本体的重要一步，说明

① 一种观点认为，1904年《奏定学堂章程》中属于语文教育的只有“中国文字”和“中国文学”，而“读经讲经”并非语文课，仅“类似现在的政治、思想教育课程”。见王尚文著：《走进语文教学之门》，上海教育出版社2007年版，第23—25页。

② 李杏保、顾黄初著：《中国现代语文教育史》，四川教育出版社2000年版，第30页。

③ 璩鑫圭、唐良炎编：《中国近代教育史资料汇编·学制演变》，上海教育出版社1991年版，第295、310页。

这一时期的语文教育与读书仅仅为考试做官的封建教育已有所不同。这也是传统的文史哲结合在一起的混合式教育走向分化的重要表现。”①

### （二）民国初期的小学语文课程

辛亥革命后，民国初立，改革封建旧教育，发展共和政体下的教育事业，是摆在新政权面前的首要任务。1912—1913年，教育部制定了新的学制系统——“壬子癸丑学制”。在小学课程设置上，“读经”科一律废止，也不再使用“中国文字”“中国文学”的名称，初小、高小都设“国文”科。

**史料**　1912年教育部颁布《小学校教则及课程表》中“国文”课“要旨”摘录②

国文要旨，在使儿童学习普通语言文字，养成发表思想之能力，兼以启发其智德。

初等小学校，首宜正其发音，使知简单文字之读法、书法、作法，渐授以日用文章，并使练习语言。

高等小学校，首宜依前项教授渐及普通文之读法、书法、作法，并使练习语言。

本阶段继续强调语言学习的应用性，并进一步认识到“国文”是一门技能学科，强调方法的教学，同时赋予其“兼以启发其智德”的学科功能。自此，语文学科的发展逻辑开始转向语文本身，并开始有了自己较为明确的学科任务。

### （三）“五四”时期至1949年以前的小学语文课程

“五四”新文化运动对小学教育的改革与发展产生了重要影响。在“白话

---

① 王松泉、王柏勋、王静义主编：《中国语文教育史简编》，社会科学文献出版社2002年版，第79页。

② 璩鑫圭、唐良炎编：《中国近代教育史资料汇编·学制演变》，上海教育出版社1991年版，第691页。

文运动”和“国语运动”的推动下，教育部于1920年颁发《国民学校令施行细则》，改“国文科”为“国语科”。1922年，新学制——“壬戌学制”颁布。1923年，《小学国语课程纲要》颁布。

史料 1923年的《小学国语课程纲要》中“国语”教学主旨摘录①

练习运用通常的语言文字；并涵养感情、德性；启发想象、思想；引起读书趣味；建立进修高深文字的良好基础；养成能达己意的发表能力。

就此，中国小学语文教育揭开了新的篇章——开始了白话文教学。“语文教育从此开始走上现代化的道路”，“从几千年来历史所赋予的各种使命的缠绕中挣脱出来，承担起了本学科所应该承担的独特任务，即学习掌握语言文字这个最重要的交际工具。同时，现代教育向语文教学提出了新的挑战，要求它为现代社会的大众生活而服务。所以，语文教学到这时候，在教育目的、内容、方法等各方面都发生了彻底的变革。”②

“自此，语文学科才被置于一个要求比较明确而相对形成一个系统的基础之上。”③这之后，教育部又于1929年对各科课程标准进行修订，颁布了《小学国语暂行课程标准》。试行3年之后，于1932年重新审核并颁布《小学国语课程标准》。至1936年，再次改订后颁布《修正小学国语课程标准》。如此，一直到1948年，课程名称和课程内容并没有根本的变动。小学“国语科”的基本内容为“说话”“读书”“作文”“写字”。而就语文课程的取向而言，“本期的语文教育改革家都认同培养学生理解能力和表达能力是主要

①③ 李杏保、顾黄初著:《中国现代语文教育史》，四川教育出版社2000年版，第74页。

② 郑国民著:《从文言文教学到白话文教学：我国近现代语文教育的变革历程》，北京师范大学出版社2000年版，前言。

的”[1]，但绝大多数又“不赞成以语文的本身为国文教学的唯一目的”[2]。

### （四）新中国成立初至改革开放前的小学语文课程

1949年，教育部接受叶圣陶等人的建议，决定取消“国语”“国文”这两个名称，统称“语文”，即口头语言和书面语言的合称。

#### 史料　叶圣陶关于“语文”名称由来的解释[3]

“语文”一名，始用于一九四九年华北人民政府教科书编审委员会选用中小学课本之时。前此中学称“国文”，小学称“国语”，至是乃统而一之，彼时同人之意，以为口头为“语”，书面为“文”，文本于语，不可偏指，故合言之。亦见此学科“听”“说”“读”“写”宜并重，诵习课本，练习作文，固为读写之事，而苟忽于听说，不注意训练，则读写之成效亦将减损。原意如是，兹承询及，特此奉告。

“语文”这一名称，追求的是“语”和“文”的真正统一，强调的是“口头语言”和“书面语言”的全面发展，进而确定了语文学科的主要教学目标。如1956年颁布的《小学语文教学大纲（草案）》指出：“小学语文科的基本任务是发展儿童语言——提高儿童理解语言的能力和运用语言的能力。”这份大纲从“提高儿童听的能力”“提高儿童说的能力”“培养儿童读的能力”“培养儿童写的能力”四个方面依次详细阐述。

1958年开始，受“大跃进”影响，语文课开始过度突出思想教育，进行空头政治说教，严重削弱了语文能力训练，导致教学质量大幅度滑坡。这随即

---

① 饶杰腾：《二十世纪前期语文教育研究辑要（二）· 导言》，中国基础教育网，2000年5月30日。

② 顾黄初、李杏保编：《二十世纪前期中国语文教育论集》，四川教育出版社1991年版，第353页。

③ 叶圣陶著：《叶圣陶语文教育论集》，教育科学出版社1980年版，第730页。

引发了历时两年半之久的"关于语文教学目的任务的讨论"，讨论的焦点集中在"文"和"道"的关系问题上。1961 年 12 月 3 日，《文汇报》发表社论《试论语文教学的目的任务》，对这场讨论做了总结，指出："语文教学的目的任务应当是：使学生正确、熟练地掌握与运用祖国的语言文字，培养与提高学生的阅读和表达能力，并通过教学内容的教育和感染，培养学生具有正确的观点、健康的思想感情和高尚的品德。"此后，语文界形成了一股大家都抓基础知识教学和基本技能训练的热潮，后来被概括为"双基"教学。1963 年，《全日制小学语文教学大纲（草案）》颁布。

史料 1963 年《全日制小学语文教学大纲（草案）》教学目的摘录①

语文是学好各门知识和从事各种工作的基本工具。

小学语文的教学目的，是教学生正确地理解和运用祖国的语言文字，使他们具有初步的阅读能力和写作能力。

为了达到这个目的，要着重识字、写字和作文的训练，要选文质兼美的范文教学生精读，一部分还要背诵。上述训练，要通过多读多练来完成。一般不要把语文课讲成文学课或者政治课。

但不久以后，"文化大革命"开始，"本体论意义上的语文课根本就不复存在了"②。

（五）改革开放至 20 世纪末的小学语文课程

小学语文教学，经历"文化大革命"的十年浩劫，"在文和道、教和学等关系上造成了极大的混乱，因而导致教学质量的严重下滑"③。语文教育要回

① 林治金主编：《语文教学大纲汇编》，青岛出版社 2001 年版，第 138 页。

② 周庆元著：《语文教育研究概论》，湖南人民出版社 2005 年版，第 150 页。

③ 李杏保、顾黄初著：《中国现代语文教育史》，四川教育出版社 2000 年版，第 340 页。

归本体，“关键的问题之一就是要对语文教育‘自身’进行再认识”，“根本点就在于重新确认语文学科的性质和任务”[①]，讨论的主题则是“工具性”与“思想性”。

1978年，教育部颁布《全日制十年制学校小学语文教学大纲（试行草案）》，重新明确了语文学科的性质、目的和任务，指出：“语文这门学科，它的重要特点是思想教育和语文教学的辩证统一”，而“小学语文的教学目的是培养学生的识字、看书、作文的能力，初步培养正确、鲜明、生动的文风”。

此后，历经反复讨论与修订，1986年，国家教委公布《全日制小学语文教学大纲》，对语言文字训练和思想教育相互渗透的关系做了进一步明确表述。

史料　1986年《全日制小学语文教学大纲》教学目的摘录[②]

小学语文是基础教育中的一门重要学科，不仅具有工具性，而且有很强的思想性。

小学是学习语文的基础阶段。在这个阶段，必须切实打好听说读写的基础，发展学生的观察能力和思维能力，使学生初步掌握语文这个最基本的工具。

小学语文教学的目的是：培养学生的识字、听话、说话、阅读、作文的能力和良好的学习习惯，并在语言文字的训练过程中进行思想品德教育。

1986年，《中华人民共和国义务教育法》通过。为适应九年义务教育的需要，经过长时间调研、讨论、试用、修订，1992年，国家教委又正式颁布了《九年义务教育全日制小学语文教学大纲（试用）》。

① 李杏保、顾黄初著：《中国现代语文教育史》，四川教育出版社2000年版，第344页。

② 林治金主编：《语文教学大纲汇编》，青岛出版社2001年版，第205页。

## 史料 1992年《九年义务教育全日制小学语文教学大纲（试用）》教学目的摘录[①]

小学语文是义务教育中的一门重要的基础学科，不仅具有工具性，而且有很强的思想性。

小学是学习语文的基础阶段。在这个阶段，必须切实打好听说读写的基础，加强思想教育，发展观察能力和思维能力，全面完成语文学科的教学任务。

小学语文教学的目的，是指导学生正确地理解和运用祖国的语言文字，使学生具有初步的听说读写能力；在听说读写的训练的过程中进行思想政治教育和道德品质教育，发展学生的智力，培养良好的学习习惯。

自改革开放至20世纪90年代中期，研究者与实践者在语文教育领域进行了扎实而有成效的探索，并达成了如下一些共识。

第一，“对学生进行语文知识的教学和语文能力的训练，这是语文学科的基本任务。要实现这样的任务，就必须使教学和训练的内容有一个合理的、科学的序列，从根本上改变以往的那种无序状态”[②]。

第二，要确立语文教育中学生的主体地位，“教是为了达到不需要教”。在语文教学过程中，要把研究教师“如何教”逐步转向研究教师指导学生“如何学”上来，“教学、教学，就是‘教’学生‘学’”。

第三，语文教育要走现代化和民族化相结合的道路。语文学科的教学要求、教学内容、教学方法都要朝着现代化、科学化的方向迈进。[③]而作为一门以本民族的语言文字为教学内容的基础学科，现代化和民族化又有着不可分割的天然联系。因此，语文学科必须充分重视汉语汉文的民族特色和教学传统，

① 林治金主编：《语文教学大纲汇编》，青岛出版社2001年版，第423—424页。

② 李杏保、顾黄初著：《中国现代语文教育史》，四川教育出版社2000年版，第347页。

③ 张志公：《关于改革语文课、语文教材、语文教学的一些初步设想》，载《课程·教材·教法》1984年第6期。

以“摸索出适合我国国情的语文教学的路子”①。

第四，紧密联系生活、贴近生活的“大语文教育”观念的确立。“大语文教育”观的核心是确认语文教育与社会生活的联系和契合。这就要求：首先，根据实际生活中运用语文工具的规律来探求语文教学的规律，要懂得怎样“教”语文，就该先懂得生活中怎样“用”语文；其次，依据实际生活中运用语文工具的众多场合，开拓语文教学的空间领域，摆脱语文教学的“封闭式”格局，创建语文教学的“开放式”格局，把施教的视角延伸到课外的广阔天地里去；再次，用现代生活的发展前景来规划语文教学的未来，努力使语文教学与现代化社会发展步履相适应。②

以上探索与认识，对语文教育的理论建设和教学实践改革产生了重要的历史推动作用。然而，随着语文学科的发展，在语文教学的实践领域，在强调基础知识传授的系统化和基本技能训练的序列化的同时，新的问题也日趋明显。“语文教学陷入了科学主义的困境，即人们对科学过度执迷，对试图单纯用理性方法解开语文教学之谜抱过高期望。表现为，漠视语言的人文精神特性，科学理性泛滥无度，割断了语文课同‘人’和‘生活’的联系；语文教学只关注交际实用的工具理性，不关注心灵和人格的价值理性……”③尤其是在“应试教育”的推波助澜下，“语文教育渐渐远离‘文道统一’的初衷，向着纯工具化、纯技术化的方向发展”，导致“语文学科人文价值、人文底蕴严重流失”④。于是，自1997年始，中国语文教育遭遇了世纪末的尴尬，社会各界对语文教育进行了全面而深入的批评与讨论。⑤在这一背景下，新一轮的语文课程改革开始了。

① 张志公著：《张志公文集》第4卷，广东教育出版社1991年版，第237页。

② 潘纪平、邹元湘主编：《近20年语文教改理论与新课程标准》（上册），湖北教育出版社2004年版，第277—287页。

③ 饶杰腾著：《语文学科教育学》，首都师范大学出版社2000年版，第240页。

④ 郑国民等著：《当代语文教育论争》，广东教育出版社2006年版，第34页。

⑤ 参见王丽编：《中国语文教育忧思录》，教育科学出版社1998年版。

### （六）21世纪初至今的小学语文课程

2001年6月，教育部印发《基础教育课程改革纲要（试行）》，新一轮基础教育课程改革启动。同年7月，《全日制义务教育语文课程标准（实验稿）》印行，对语文学科的基本特点做了新的定位，指出“工具性与人文性的统一，是语文课程的基本特点”，同时指出“语文课程应致力于学生语文素养的形成与发展”，并从知识与能力、过程与方法、情感态度和价值观三个维度对语文课程目标进行了设计。[①] 该课程标准注重横向借鉴，充分吸取了国外母语教育的先进理念和经验，同时也非常注意纵向继承，从传统语文教育中吸取营养，它引领着语文学科在又一个世纪初再次踏上了改革的路程。

自2001年至2011年，历经10年的课程改革，小学语文课程与教学从观念到内容、从教学行为到学习方式、从课程层面到教学层面都发生了深刻变化，为小学语文带来了新的活力，为语文教师带来了新的发展动力。伴随课程改革的深化，新的问题也开始浮出水面，需要进一步反思、调整与实践。于是，在十年课程改革的实践反思基础上，教育部对《全日制义务教育语文课程标准（实验稿）》进行了修订，并颁布《义务教育语文课程标准（2011年版）》。这部课程标准，整体秉持了2001年版课程标准的基本理念和框架，同时又对一些具体问题进行了增删修订。该标准明确指出“语文课程是一门学习语言文字运用的综合性、实践性课程”，“工具性与人文性的统一，是语文课程的基本特点”，对语文课程及其基本特点进行了更为准确而清晰的阐述。

史料

#### 《义务教育语文课程标准（2011年版）》关于课程性质的描述[②]

语文课程是一门学习语言文字运用的综合性、实践性课程。义务教育阶段

① 教育部制订：《全日制义务教育语文课程标准（实验稿）》，北京师范大学出版社2001年版。

② 教育部制定：《义务教育语文课程标准（2011年版）》，北京师范大学出版社2012年版，第2页。

的语文课程，应使学生初步学会运用祖国语言文字进行交流沟通，吸收古今中外优秀文化，提高思想文化修养，促进自身精神成长。工具性与人文性的统一，是语文课程的基本特点。

## 三、启示与思考

从对中国近现代小学语文课程的设置与沿革的描述和勾画中，我们可以看到小学语文课程不断向前发展的总体趋势，也能看到其中的曲折与迂回，更为重要的是，这样一个历史事实背后所带给我们的思考。基于历史的思考，必将带给我们选择与判断的智慧、继承与扬弃的智慧、创新与发展的智慧。

第一，语文学科课程的改革与发展必须尊重语文教育本体规律，尊重母语教育的自身特点。这是语文教育改革与发展的根基，对它的认识越清晰、越深刻，就会越加减少诸多非语文因素所导致的语文教育大幅度的左右摇摆。百年的发展历程，正是人们对语文学科本体认识的清晰化过程。语文学科从“经学”中挣脱出来之后，从“义理本位教学”经由“语言的觉醒”进而发展到“语言本位教学”的蜿蜒过程，反映着人们对语文学科本体特点与价值在认识上的不断深入。21 世纪初，在强调“学习语言文字运用”的同时，进而指出“工具性与人文性的统一，是语文课程的基本特点”，又将对语文学科本体的认识提升到了新的高度。

第二，语文学科课程伴随社会语言形态的变化而变化，伴随社会对公民“语文素养”需求的发展而发展。同时，语文又是一个民族存在的家，它负载着民族文化精神传承与发展的使命。所以，语文不可能摆脱社会发展进程中生产力与意识形态的制约。因此，理解语文课程，必须在立足语文学科本体的基础上，充分考虑社会对公民语文素养的基本要求，以历史的眼光、发展的眼光，保持语文课程理解的开放性，既要做到克服主观随意性，又要反对一成不变的保守性。

第三，语文从“经学”的阐释与教化，走向强调应用的工具学科，侧重于语言技能训练，进而强调工具性与人文性的统一，这一路走来，无疑是语文学科本体认识逐渐清晰的过程。然而，在这一基础上，尤其就小学语文而言，我们必须进一步深入探究语文教学本体之外的另一面——“人”（儿童）的问题。如语文课程目标是如何反映儿童发展目标的？语文选文标准是如何关照儿童生存的维度和儿童生活需要的？语文教科书的内容是如何呈现理想儿童形象、反映儿童真实生活的？语文教学方式、儿童的语文生活是如何与儿童未来的生活发生内在关联的？等等。“百年以来的语文课程标准（大纲）对语文课程目标的陈述，对于儿童的独特性、主体性、体验性及唯一性的表述相当少，对于母语教育对儿童身心发展规律关注的自觉性认识不够，对儿童的生活世界、切己体验及文化处境的觉察是相当忽略的。”① 正如叶澜教授所指出的，作为学校根本价值的“育人”问题，作为发展成长的主体——学生的需要问题，至今还并未被作为课程改革的核心问题、前提性问题来研究。②显然，从学语文的儿童出发去进一步思考语文课程与教学的发展问题是非常必要的。

第四，国外先进的教育理念，特别是先进的母语教育理念是推动我国语文教育改革与发展的重要力量，然而它“必须以适应汉语特点为条件，以尊重汉语教育规律为基础”③。在语文教育的发展进程中，既不能以母语教育为借口搞狭隘的民族主义，也不能以弱势文化的心态进行盲目效仿。“民族的语文教育，必须追求现代化，同时也必须坚持民族化”④，必须基于母语教育的实践及时总结推广成功经验，也必须学习和借鉴“他山之石”的精华。

---

① 李大圣著：《百年反思：语文育人功能检视》，广西师范大学出版社 2006 年版，第 13、46 页。

② 叶澜：《重建课堂教学价值观》，载《教育研究》2002 年第 10 期。

③ 周庆元著：《语文教育研究概论》，湖南人民出版社 2005 年版，第 160 页。

④ 李杏保、顾黄初著：《中国现代语文教育史》，四川教育出版社 2000 年版，序。

## 第三节 “语文”及对“语文课程”的理解

### 一、“语文”的内涵

课程表中的“语文”是作为一门学科课程而存在的，与数学、英语等学科并存。而正是“语文”两个字，赋予了这门课程独特的教育意义和价值。因此，要认识语文课程，就必须首先明晰“语文”二字的内涵。如前所述，“语文”作为基础教育一门学科的名称始用于 1949 年，是随着学科的建立与发展逐步演变而来的。对于这一名称的产生，叶圣陶先生做过多次解说。

**观点** 口头为语，书面为文①

平时说的话叫口头语言，写到纸面上叫书面语言。语就是口头语言，文就是书面语言。把口头语言和书面语言连在一起说，就叫语文。这个名称是从一九四九年下半年用起来的。解放以前，这个学科的名称，小学叫“国语”，中学叫“国文”，解放以后，才统称“语文”。

口头为语，书面为文，文本于语，不可偏指，故合言之。

按照叶老的解说，语文就是“口头语言”和“书面语言”的合称。“他所指的‘口头语言’和‘书面语言’，实际上都既包含着一个民族的口头和书面的语言知识系统和语言规则，又包含着按照本民族口头和书面语言规则所进行的言语活动及其所形成的言语作品”，“包含着现代意义上的两个概念：语言和

① 叶圣陶著：《叶圣陶语文教育论集》，教育科学出版社 1980 年版，第 138、730 页。

言语”。[①] 语言（language）是社会约定俗成的规则系统，由语音、词汇、语法等构成。人们要表达自己的思想情感，离不开他所使用语言的那一套规则系统。言语（parole）则是个人行为，是人们对那套约定俗成的规则系统的运用行为及其所形成的结果，包括听说读写的实践活动和成果。“语言和言语是互相依存的；语言既是言语的工具，又是言语的产物。”[②] 可见，“语言”是潜在的系统，而“言语”是潜在系统的实现，个体正是通过言语活动来表达自己的思想、情感、体验等，从而达到实现交际的目的。

语文包括“语言”和“言语”，这一解释事实上涵盖了语言文字、语言文章、语言文学、语言文化等诸多对于“语文”内涵的理解，也确保了“语文”的开放性与包容性。因为“语文”的内涵与外延是随着社会发展的需要而不断发展的，不是凝固的、封闭的。此外，区分“语言”和“言语”对语文教学而言的另一个重要意义在于[③]：为语言的学习和研究提供了一个模式，即“言语—语言—言语”的模式。无论是儿童学习母语还是成人学习外语，都是从模仿他人的言语开始，而后逐渐了解某种语言的语音、词汇、语法的系统规则；但最终目的仍然在于自己能听说、能读写。

如上所述，“语文”包含着“语言”和“言语”两个概念，但义务教育阶段的语文课程则应有所侧重，这是由这门课程设置的目的所决定的。义务教育阶段语文课程的根本目的在于通过听、说、读、写等言语实践活动培养公民具有基本的听、说、读、写能力，以适应社会生活的需要，所以其课程形态基本上应属于动态的言语范畴。不能否认的是，个体言语能力的发展离不开语言知识的指引，但个体的语言知识大多情况下又是在丰富的言语实践活动过程中获得的。“语文学科主要是母语的言语教育学科，而不是语言教育学科；主要是属于心理学范畴的培养学生言语能力的学科，而不是属于语言学范畴的学科。”[④]“语言学”是要通过对言语的考察确定潜藏在言语（语言现象）之中的

---

① 王松泉：《语文学科与语文素养》，载《语文教学》（香港）2001 年 10 月号。

② ［瑞士］费尔迪南·德·索绪尔著，高名凯译：《普通语言学教程》，商务印书馆 1980 年版，第 41 页。

③ 韩雪屏：《是“语言”，还是“言语”》，载《语文教学通讯》1998 年第 1 期。

④ 饶杰腾著：《语文学科教育学》，首都师范大学出版社 2000 年版，第 27 页。

形式系统，显然，学生学习语言的最终目的不是“语言学”意义上的“研究语言”，而是“心理学”意义上的“言语能力”的发展。所以，“语文课程是实践性课程，应着重培养学生的语文实践能力，而培养这种能力的主要途径也应是语文实践”①。至于学生在言语实践活动过程中获得言语能力发展的同时还获得了哪些方面的发展，这则是由语言的属性及教育者的价值追求所决定的。

**观点** 语文课的目的就是要让学生学会运用本国的语言文字②

我们认为，开设这样一门课程，目的就是要让学生学会运用本国的语言文字。说“语文”是“语言与文字”也好，“语言与文学”也好，“语言与文章”也罢，其核心内容都是语言文字的运用，包括实用性的运用和艺术化的运用——为了生活、学习和工作中的实际事务，运用语言文字获取信息、与他人交流沟通；为了表达对人、事、物、景的感受、体验和思考，运用语言文字，通过形象抒发自己的情怀。

当然，任何事物都有可能在它的基本功能之外衍生出新的功能，产生大量的附加值。语文课程在它学习与教学运用祖国语言文字的专门性功能的基础上，也会产生出其他的重要功能。在这具有多重功能的课程中，我们应该紧抓核心不偏离，争取综合效益不偏废。

## 二、对“语文课程”的理解

### （一）语文课程是一门学习语言文字运用的综合性、实践性课程

首先，这是一门“学习语言文字运用”的课程，课程内容与教学目标必

① 中华人民共和国教育部制定:《义务教育语文课程标准（2011 年版）》，北京师范大学出版社 2012 年版，第 3 页。

② 教育部基础教育课程教材专家工作委员会组织编写:《义务教育语文课程标准（2011 年版）解读》，高等教育出版社 2012 年版，第 90 页。

须聚焦于“语言文字运用”。通过语文课程的学习，学生要学习的“不只是‘语言’和‘文字’，而是‘语言文字的运用’”，语文的“学”和“教”须在“‘语言文字运用’上多下功夫，包括实用的语文运用和审美的语文运用”①。显然，这里所提到的“语言文字运用”，既包含生活、工作和学习中的实用性语言文字运用活动，也包含运用语言文字的文学活动。无论实用的还是审美的语文运用，学生凭借它所要学习的，都是如何通过语言文字准确、熟练地从别人的语言材料中获取信息，如何运用语言文字恰当地表达自己的想法并进行交流和沟通。再具体一点儿来说，语文教学就是凭借不同类型的语言材料，培养学生吸纳、理解（听、读）和交流、表达（说、写）的能力，以及伴随这一过程中的理性思维与审美感受力。牢固树立这一本体意义上的语文课程意识，才能落实好现代教育背景下语文学科“独当其任”的“任”，才能防止其在不同思潮和社会背景下大幅度的左右摇摆。

其次，这门课程又具有实践性、综合性的特点。从实践性的角度来说，“语言文字运用”不是“记忆之学”，而是“实践之学”。课程的目标不是落在关于语言、文字的知识系统和理论体系上，课程内容也不是语音学、词汇学、语法学、语用学、文字学、文章学、文学等知识的拼盘，“而是要让学生学会‘运用’或者说‘驾驭’语言文字这种工具，是要通过运用语言文字的范例和实践，学习如何在生活中、在本课程和其他课程的学习中、并准备将来在各种不同工作领域里，运用好语言文字”②。其基本的教学途径是“通过语言范例掌握规律，并将掌握了的规律运用于语言实践”③。从综合性的角度来说，语文课程包含语言、文字、文章、文学、文化等多种因素，语言材料及语言运用的实践涉及社会生活的方方面面，语言的学习永远处于开放而充满活力的动态之中。此外，“语言文字的运用”作为个体的生命活动，是以整体的形式出现的，听、说、读、写有机联系，同时也必然涉及知识与能力、情感与态度、过程与方法等诸多方面，这也恰恰是语文课程综合性的重要体现。

---

①② 教育部基础教育课程教材专家工作委员会组织编写:《义务教育语文课程标准（2011年版）解读》，高等教育出版社2012年版，第91、91—92页。

③ 饶杰腾著:《语文学科教育学》，首都师范大学出版社2000年版，第27页。

**观点　教学中应努力体现语文课程的实践性和综合性①**

教师应努力改进课堂教学，整体考虑知识与能力、过程与方法、情感态度与价值观的综合，注重听说读写之间的有机联系，加强教学内容的整合，统筹安排教学活动，促进学生语文素养的整体提高。

重视学生读书、写作、口语交际、搜集处理信息等语文实践，提倡多读多写，改变机械、粗糙、烦琐的作业方式，让学生在语文实践中学习语文，学会学习。善于通过专题学习等方式，沟通课堂内外，沟通听说读写，增加学生语文实践的机会。充分利用学校、家庭和社区等教育资源，开展综合性学习活动，拓宽学生的学习空间。

### （二）工具性与人文性的统一，是语文课程的基本特点

语文课程以语言（包括“语言”和“言语”）为基本内容，以言语实践活动为基本的教学形态。因此，语文课程的性质，也就与语言，尤其是与我们对母语属性的认识相关，同时也与我们希望赋予母语课程以什么样的价值相关。

毋庸置疑，语言有其实践功能，人们借助语言进行沟通与交流，借助语言进行思维②，它也就具有了工具属性③。与此同时，我们又必须看到，语言终究是以人为实践主体的社会现象。“语言和心灵、精神的关系十分密切”，“心智的成长大概离不开语言”④，语言是人性的最高表现，它并不是外在于人的东

① 中华人民共和国教育部制定：《义务教育语文课程标准（2011年版）》，北京师范大学出版社2012年版，第20页。

② 人类学家和语言学家爱德华·萨丕尔（Edward Sapir）认为：“语言的内面是思维模式。”“语言和我们的思路不可分解地交织在一起，从某种意义上说，它们是同一回事。”“语言形式的无限变异，也就是思维的实在过程的无限变异。”“思维只不过是脱去了外衣的语言。”见［美］爱德华·萨丕尔著，陆卓元译：《语言论》，商务印书馆1964年版，第135、138页。

③ 语言哲学的开创者维特根斯坦（Wittgenstein）认为：语言是一种特殊的工具，语言不是直接改变现实的工具，而是述说现实、理解现实的工具。语言这一工具可以改变它的使用者。见陈嘉映著：《语言哲学》，北京大学出版社2003年版，第190页。

④ 陈嘉映著：《语言哲学》，北京大学出版社2003年版，第1页。

西。所以，语言在其本质上又具有人的文化属性。

汉语，作为中华民族的共同语言，是我国历朝历代文化积淀的结晶。“在接受汉语教育的时候，我们民族的心理、思想、思维方式以及我们民族的风俗习惯、生活方式等，就自然而然地深入到我们每个民族成员的血肉之中，并且成为我们中华民族生存繁衍、休养生息的一种凝聚力。”① 所以，一个人的语言化过程，同时也就是人化、社会化的过程；一个孩子学习民族语言的过程，就是民族精神对他作为一个精神个体进行孕育的过程。② 德国语言学家魏斯格贝尔（Weisgerber）认为：“一个孩子从出生之日起就进入了民族语言流，他的母语决定了他一生的精神格局和语言行为。因此，对于一个民族来说，语言绝不是简单的交际手段。”“如果说语言仅仅是工具，仅仅是可以作技术分析的形式，看不到语言形式的文化规定性，看不到语言与民族精神的结构通约，我们就无法深刻地把握语言的本质，我们就失去了一条通向民族文化心理结构、通向民族心灵深处的重要途径。”③ 显然，语言文字及其运用属于文化现象。我们必须关注“语言文字运用”对人的文化塑造功能。我们既不能忽视它的工具属性，又无法逃避它身上所具有的文化承载和审美内涵。

对语文这样一门课程来说，应赋予它什么样的价值追求呢？答案是：工具性与人文性的统一。母语的文化价值性与语言的工具性的统一，即语文学科的内在价值与外在价值的统一。内在价值体现为母语之于人的走向“文化人”的发展的影响，外在价值即语言的功利价值、工具价值。语文教学的这两种价值追求在此消彼长中始终缠绕在一起，有时甚至表现出严重的不平衡。如 20 世纪 50 年代初和“文化大革命”时期，语文课过于强调其文化性、思想性、政治性，甚至沦为政治的附庸；而 20 世纪 80 年代以来，语文课又过于强调工具性，追求科学化，在以科学的方式追求语言这个工具的过程中，人自身主体精神的发展反而被忽略、被遮蔽，学生被语言这个工具所异化。因此，问题的关键是如何处理好语言的人文价值与工具价值的关系。

语言活动是人的生命活动，生命活动是一种完整的存在。主体的言语实

① 张隆华、曾仲珊著：《中国古代语文教育史》，四川教育出版社 2000 年版，绪言。

② 王尚文：《语文学科的性质之谜》，载《语文学习》1996 年第 11 期。

③ 申小龙著：《汉语与中国文化》，复旦大学出版社 2003 年版，第 42—43 页。

践过程正是以语言为工具的生命本身的展现过程、发展过程。语文的工具性正是在社会的交际活动中，在传承文明、积淀文化的过程中展现出来的；而语文学科的人文性也正是在学习语文、掌握语文工具的生命化过程中具体实现的。所以，“语文学科只有集中主要精力教育学生掌握好表情达意的工具时，语文教育才能有真正的发展”，相应的文化与审美教育才能“潜移默化地产生深刻影响”①。总之，处理好、实现好语文学习过程中工具性与人文性价值的统一，就能使我们的语文课程为学生打好精神格局的底子和语言文字运用能力的底子。

观点　正确把握语文教育的特点②

语文课程丰富的人文内涵对学生精神世界的影响是广泛而深刻的，学生对语文材料的感受和理解又往往是多元的。因此，应该重视语文课程对学生思想情感所起的熏陶感染作用，注意课程内容的价值取向……同时也要尊重学生在语文学习过程中的独特体验。

语文课程是实践性课程，应着重培养学生的语文实践能力，而培养这种能力的主要途径也应是语文实践。语文课程是学生学习运用祖国语言文字的课程，学习资源和实践机会无处不在，无时不有。因而，应该让学生多读多写，日积月累，在大量的语文实践中体会、把握运用语文的规律。

## 三、语文课程的地位

义务教育阶段的语文课程，即以语言（包括“语言”和“言语”）为基本学习内容，以言语实践活动为基本的教学形态，以发展语言能力、开启个体智

---

① 李杏保、顾黄初著：《中国现代语文教育史》，四川教育出版社 2000 年版，第 9 页。

② 中华人民共和国教育部制定：《义务教育语文课程标准（2011 年版）》，北京师范大学出版社 2012 年版，第 2—3 页。

慧、建构审美文化心理为目标的一门基础课程。

乌申斯基说："一个民族把自己全部精神生活的痕迹都珍藏在民族的语言里。语言是最生动、最丰富而巩固的一种联系，它把过去、现在和将来的各代人民联结成为一个伟大而富有历史意义的、生气勃勃的整体。语言不仅表现为一个民族的生命力，而且它正是民族生命的本身，民族的语言一旦消失，这个民族也就不复存在了。"① 因此，重视母语教育成为各国政府的共识，本国语言教育在各个国家的基础教育课程中都处于最重要的位置。

## 观点 语文课程的地位②

语文课程致力于培养学生的语言文字运用能力，提升学生的综合素养，为学好其他课程打下基础；为学生形成正确的世界观、人生观、价值观，形成良好个性和健全人格打下基础；为学生的全面发展和终身发展打下基础。语文课程对继承和弘扬中华民族优秀文化传统和革命传统，增强民族文化认同感，增强民族凝聚力和创造力，具有不可替代的优势。语文课程的多重功能和奠基作用，决定了它在九年义务教育中的重要地位。

## 探究与思考

文献研究：找到 1949 年以来不同版本的小学语文教学大纲（课程标准），摘录其有关语文课程性质的描述，进行纵向的比较分析，梳理其变化的事实，探究其变化的原因。

比较研究：搜集当前国外母语课程标准的相关文献，摘录其有

① 张焕庭主编：《西方资产阶级教育论著选》，人民教育出版社 1964 年版，第 487 页。

② 中华人民共和国教育部制定：《义务教育语文课程标准（2011 年版）》，北京师范大学出版社 2012 年版，第 1 页。

关母语课程认识与定位的具体描述，进行横向比较分析，思考其借鉴意义。

案例分析：选取一节语文课进行观察和记录，分析这节课是否体现出了语文学科的特点？为什么？

观念反思：小学语文课到底该教什么？通过这一章的学习，你有了自己的想法吗？把你的想法清晰地描述出来，然后做进一步解释——为什么你是这样认为的？

# 第二章

# 为什么教语文——从信念到行为

【内容提要】

任何课堂中，“教”与“学”的行为都不是无缘无故发生的，其背后都有某种价值观念的支撑和影响。那么，语文学科的价值和教育意义究竟是什么？对这一价值与意义的理解又在怎样地影响着教学行为？个人的语文学科教学信念是怎样形成的？它在带来了不同风格的课堂的同时又如何促进教师走向成熟？如上问题，决定着课堂改进的方向及教师走向专业自我的进程。

【核心概念】

教学信念　教学行为　行为差距

# 第一节 追问、困惑与思考

## 一、追问：我为什么教语文

人们在开始任何一项活动之初，都必然会产生这样一个追问：为什么要做这件事？进而才有可能进一步去思考：通过什么途径、采用什么方法才能做好这件事？虽然“条条大路通罗马”，但我们总要首先确认“罗马”的方向。“缺少明确的目标和目的感的教师，在面对要教什么、什么时候教和怎么教的问题时，往往难以做出理智的决定。”①

语文教学也是如此。作为一位语文教师，语文教学将很有可能伴随着我们的一生，而成为我们生命历程中重要的组成部分，这样，课堂就成为我们生命价值得以实现的最重要场所。同时必须注意的是，语文教师通过课堂而实现的生命价值不仅仅属于我们自己，它甚至不可重复、不能更正，因为它直接作用在了一个个、一批批的儿童身上。这就是我们的语文教育人生，它由无数个课堂、无数个 40 分钟、无数张稚嫩的面孔与跃动的心灵编织起来，伴随着生命的韵律向前延展。所以，无论新老教师，在我们走进教室之前，当我们开始又一个新学期的工作之前，当脑海中涌现出孩子们生动的脸庞和渴望的目光时，使命和责任不断地召唤我们要静下心来沉思：作为教师，我的教学期望是什么？每一个孩子，都

① ［美］琳达·达林－哈蒙德、［美］约翰·布兰斯福德等著，陈允明等译：《教师应该做到的和能够做到的》，中国青年出版社 2007 年版，第 142 页。

是生动地生长着的生命，他们为什么要上我的语文课？通过我的语文课，我希望把哪些东西注入到他们的心灵中，助推他们今后的人生成长？

语文教师必须不断思考、澄清、升华其对于语文教学价值与意义的理解。为什么要教语文？事实上，对这个问题的思考与理解始终伴随着语文教师所从事的语文教学及教学改进，它促生着理想中的语文课堂，帮助教师校正前行的方向。

## 二、困惑：意义与行为的距离到底有多远

有些教师认为，理论与观念性的东西距离自己的教学实践比较远，与其关注意义，不如更加直接地关注如何进行课堂教学的技术与方法。所以，在更多情况下，教学实践者往往更愿意关注具体该“怎么教”的教学形式和技术问题，而研究者则不同，他们更愿意关注的是“为什么教”和“为什么要这样教”的内在意义问题。当实践者和研究者严格地被分割为两个群体时，就带来了理论与实践之间的脱节并在两者间产生距离。

“教学行为泛指一切在教学过程中可以直接观察到的所有的教师的行动”①，这些外显的教学行为有赖于教师个人内在的基本技能和能力。显然，这是教师进行课堂教学必要的技术和能力条件。同时我们也必须认识到，所有的技术和能力准备都是为完成某个教学任务、实现某种教学意义服务的，这就涉及为什么用这一技能、方法与策略，而不是另一种技能、方法与策略的问题。换言之，是“为什么教”的观念问题带来了教师“之所以这样教”的教学行为。基于此，我们认为：每个教师在课堂教学中所表现出的行为都可以从“为什么教”的观念层面寻找到属于他自己的个性化答案，而只有找到了这个答案，才有可能进而去辨别、修正自己的教学行为，使其更加合理化、意义化。

在实际的教学工作中，每个教师都怀抱着理想，付诸行动，在有意无意中不断进行着教学意义的反省与追问。这些形形色色、充满个人魅力的理想、

---

① 教育部师范教育司编：《教师专业化的理论与实践》，人民教育出版社2001年版，第39页。

行动与追问，使我们看到了教育哲学中的元教育问题在鲜活的课堂中所焕发的生机与活力，使我们看到了曾经被我们精心移植到经典教科书中的理论正怎样真实地生活在它们的故里。

那么，为什么还有许多教师感觉到“为什么教”的观念问题与自己的教学行为之间存在着距离呢？可能的原因有以下三方面。

第一，某些外在于教师个体的“观念”过于理想化、标语化，与教师自己的工作环境（学校文化、班级状况、学生特点）有较大差距。

第二，培训者或主管部门更愿意采取简单的、直接的、自上而下的压迫性办法，要求教师们在短时间内统一接受这些外在于他们的观念，甚至草率地以这些所谓“新的观念”去否定教师个体已有的“旧的观念”，而不是基于教师实践中形成的个体观念扎实地帮助他们进行反思与升华。于是，距离感甚至抵触心理就随之产生了。

第三，教师在理解的基础上接受并升华了自己对语文教学的理解，但苦于技术与能力的匮乏或方法与策略的单调，不能将观念实践化、操作化，从而产生“行为差距”①，甚至感到观念的苍白与无力。

如上“距离感”带给语文教师困惑与怀疑，进而带来当前一线小学语文教学中存在的两种倾向。一种倾向是排斥理论。具有这种倾向的教师对教学理论嗤之以鼻，对一些新的观念采取消极态度不加思考地排斥，不是以积极前行的方式缩短这种距离，而是停滞或走回头路。实践是可贵的，而这种对理性思考的漠视，对语文教学、对教师的专业发展而言是可怕的。另一种倾向是技术课堂。形式主义和浮躁之风带来了语文课堂教学中不少背离教学目标的华而不实的东西，许多教师迷恋于教学形式的翻新、教学过程的出彩，在一味追求“舞台”艺术效果的同时，很少关注教学行为背后的意义与价值，以致背离了“为什么教语文”的初衷，即从根本上未能把语文课堂视为学生成长发展的圣地，而当成自己展示个人才华的场所。

---

① 行为差距，这里指个人的教学理解与教学行为之间的差距，在观察、记录、反思的基础上澄清这一观念与行为之间的差距是教师寻求课堂改进的一个基本出发点。本章第三节将做进一步阐释。

## 三、思考：教学行为如果失去了价值理解与意义追求

教学仅仅是技术行为的操作与模仿吗？有一个可以依傍的教学流水线供我们每个人所用吗？是不是像有些教师所说的那样简单，即“少谈些主义吧，你告诉我具体怎么教就行了”？而“为什么教”“为什么要这样教”的意义追问与行为理解真的不那么重要吗？

第一，教学活动是凭借具体的技术和行为得以完成的，新教师在其教学工作的开始阶段也需要借助模仿而得以成长。但必须清楚，一切的技术、行为都是凭借，而不是目的。

第二，没有一个放之四海皆准、大家都可以轻易拿来使用的教学模式或套路，因为教师和学生都是个性色彩浓厚的充满变化的生命体，课堂则是具有思想和追求的生命之间的对话与发展。

第三，具体的教学活动必然表现出“怎么教”的形式问题，也必然隐含着“为什么教”“为什么要这样教”的观念问题。脱离了前者，后者就成了海市蜃楼；脱离了后者，前者就成了空中楼阁。

第四，在语文教师的专业成长过程中，个人的教学理解和主张影响、促进、改变、丰富着其教学技术、方法与策略，并使这些教学技术、方法与策略日趋稳定和成熟，进而形成个人的教学风格。

总之，教师在课堂上的教学行为，离不开教师内在的对课程意义的理解，离不开教师的文化修养和精神品格。换言之，支撑、引领教学行为的是教师的教育理解和价值追求，失去了这一点，教学行为就会走向机械、僵化、毫无生命力。正如成尚荣先生所言：“如果教学艺术是葱郁的枝叶，那么教育主张则是树木深远的根系；如果教学艺术是清澈的溪水和跳动的浪花，那么教育主张则是溪流的源头，喷涌不息，汩汩流淌。教育主张提供着教学艺术的源头活水，支撑着教学艺术的生长，引领着教学艺术的指向，增厚着教学艺术的底蕴。”① 学科教学信念是教学行为方式的根，是教学风格形成的内在思想基

① 雷玲主编：《小学语文名师教学艺术》，华东师范大学出版社 2008 年版，第 57 页。

础。每个语文教师都应当尝试从实践者的角度去体味这样的元教育问题，工作之余我们需要沉思：为什么要教语文？自己的教学追求是什么？让这样的思考伴随着教学实践不间断地进行下去，它会由模糊而变得逐渐清晰，它会由浅显而变得逐渐深刻，它会由普通而逐渐充满个性，它也可能经由几次的颠覆与修正而最终走向成熟、完美。事实上，这也是一个教师逐渐走向专业成熟的重要标志。

“路漫漫其修远兮，吾将上下而求索”，在语文教学之路上，不断求索的，首先应是自己的教学主张。

## 第二节 信念怎样影响行为

### 一、理解行为背后的意义

诚然，语文教学的意义有其共性的一面，但每位教师也必然有对语文教学个人化的理解。无论是对语文教学意义的共性追求还是个人理解，都会在课堂上通过教师的具体教学行为展现出来，并最终体现在学生身上。

**案例** 《翠鸟》的教学片段①

师：下面请一位同学读读第一自然段。

① 本案例根据于永正老师的课堂录像整理而成。

（生 1 读略）

师：读得非常好！你把翠鸟的特点读出来了，可以看出你非常喜欢翠鸟。还有比他读得更好的吗？比一比。都愿意比。哎，你为什么不举手？

生（小女孩）：读得不好。

师：谦虚。大胆地试一试。

（生读：翠鸟喜欢停在水边的苇秆上，一双红色的小爪紧紧地抓住苇秆。）

师：听你读第一句，就把我惊呆了，看来，我差点儿上了你的当。你对翠鸟的感情多丰富！

……

通过表 2-1，我们可以看到在上述教学案例中教师的教学行为和这样的教学行为在学生身上实现了怎样的教育意义。

表 2-1 《翠鸟》教学片段的教学行为及意义分析

| 教学行为 | 教育意义 |
| --- | --- |
| 朗读活动的组织行为——“下面请一位同学读读第一自然段。”“还有比他读得更好的吗？比一比。”“谦虚，大胆地试一试。” | 通过读的实践发展学生的朗读能力，创设读的情境激发学生的朗读兴趣，在鼓励中增强学生的朗读自信。 |
| 学习活动后的评价行为——“读得非常好！”“听你读第一句，就把我惊呆了，看来，我差点儿上了你的当。” | 积极评价，培养学生的朗读兴趣与自信，让学生体验学习的成功。 |
| 学习活动后的指导行为——“你把翠鸟的特点读出来了，可以看出你非常喜欢翠鸟。”“你对翠鸟的感情多丰富！” | 怎么读才能读好的关于方法的间接性指导——读出特点，读出情感。 |
| 对特殊学生的关注（思考：小女孩真的读得那么好吗？老师对她的评价恰当吗？老师为什么要这样评价？） | 教学意义的判断与选择——对于眼前这个小女孩来说，“敢不敢读”与“读得好不好”哪个更重要？ |

课堂教学中，教师所展现出的每一个教学行为背后都隐含着对“为什么教语文”的意义理解与追求，因此，教学行为才被赋予了意义与生命。仅仅是这样一个小的教学片段，我们看到了于永正老师对语文教育意义的追求：关注学生语言能力的发展，在过程中给予学生方法的指导，关注学生学习过程中的

兴趣、情感与个性发展问题。而这样的教学追求又都通过具体的教学行为落实到了学生个体身上。

## 二、为什么教语文：共性的价值追求

语文课堂教学是教师设计、组织、指导学生进行语文学习活动，并通过学生的言语实践活动提高其语文素养的过程。“为什么教语文”，从共性的价值追求的角度，可用图 2-1 表示。

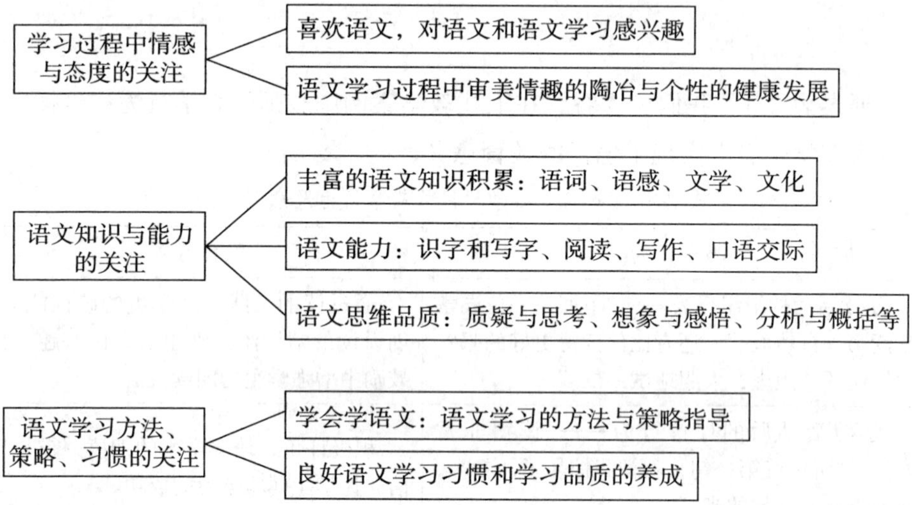


图 2-1 “为什么教语文”的共性价值追求

无论何时，不管是谁的语文课，不管采用什么方法，其教学行为所指向的都应该是图 2-1 框架内的意义指标，我们也正是通过这些指标的实现程度来判断教师的教学行为是否有效。许多优秀教师都有着自己的教学风格，但同时我们发现，优秀教师对语文学科教育意义都有着清醒的认识。无论他们的教学风格充满怎样的个性色彩，都是以实现如上语文教育的意义为旨归的。

## 三、为什么教语文：个人的教学主张

“个人教学主张”即个人的“学科教学信念”。学科教学信念是教师自己选择、认可并确信的关于本学科的教育意义。“它可能是从自己教学实践经验中逐渐累积形成或由外界直接接受而来的教育观念，也可能是经过深思熟虑并富于理想色彩的教育理念。”① 学科教学信念的清晰化、系统化是一个教师逐渐走向专业成熟的重要标志。学科教学信念的成熟，带来的是相对稳定而充满个性色彩的教学行为。

必须指出的是，个人的教学主张不是以牺牲学科共性的价值追求为代价的。或许我们可以说个人的教学主张是在学科共性价值追求基础上所表现出的个人倾向性，而不是简单的标新立异。无论哪种主张，都应立足于儿童的语言学习而不是其他。所以，专家型教师学科教育信念的形成与确认是一个艰难的探索过程，绝不是简单的异想天开。

下面我们以李吉林、窦桂梅两位不同时期出色的女性专家型教师为例，看个人的教学主张对其教学行为的促进与影响。

## 观点 李吉林老师情境教学的探索与主张

情境教学是充分利用形象，创设典型场景，激起学生的学习情绪，把认知活动和情感活动结合起来的一种教学模式。它强调以“美”为境界，以“情”为纽带，以“思”为核心，以“儿童活动”为途径，以“周围世界”为源泉。②

情境教学探索的四个阶段：

- 创设情境，进行语言训练；
- 带入情境，提供作文题材；
- 运用情境，进行审美教育；
- 凭借情境，促进整体发展。

① 叶澜等著：《教师角色与教师发展新探》，教育科学出版社2001年版，第231页。

② 李吉林著：《小学语文情境教学：李吉林与青年教师的谈话》，人民教育出版社2003年版，第4—16页。

情境教学促进儿童发展的五原则①：

- 以培养兴趣为前提，诱发主动性；
- 以指导观察为基础，强化感受性；
- 以发展思维为中心，着眼创造性；
- 以陶冶情感为动因，渗透教育性；
- 以训练语言为手段，贯穿实践性。

情境教学鲜明的个性特点②：

- “形真”。语文教学必须具有鲜明的形象性，才能将儿童带入语言学习的情境中，产生真切细致的情感体验，获得精神的力量，并由此景此情打开更远、更广阔的认识世界的通道。
- “情切”。情境教学是以生动形象的场景，激起学生的学习情绪为手段，连同教师的语言、情感、教学的内容以至课堂气氛，构成一个广阔的心理场，作用于儿童的心理，从而促进他们主动积极地投入整个学习活动，达到儿童主动发展的目的。
- “意远”。情境教学讲究“情趣”和“意象”，它所提供的广远意境，发展了儿童的想象，儿童的想象又丰富了情境本身，这不仅有益于对教材内涵的理解，更促进儿童创造性的发展。
- “理蕴”。情境教学所创设的鲜明形象，所伴随抒发的真挚情感，以及所开拓的广远的意境，这三者融成一个整体，而理蕴其中，富有内涵的、具有内在联系的情境，才是有意义的。

**案例** 古诗《春晓》的教学片段（一年级）③

上课开始，通过老师范读、学生自读，初步了解诗歌的大意。为了让学生学好全诗，体会诗的含义和情感，老师让学生担当角色，进入诗的意境，获

①②③ 李吉林著：《小学语文情境教学：李吉林与青年教师的谈话》，人民教育出版社 2003 年版，第 359—382、17—27、56—58 页。

得了很好的效果。

师："晓"就是表示太阳升起来了，天亮了。这四句写的是一种怎样的情景呢？现在老师让你们做诗人，诗人就是写这首诗的人。

（学生表现得很兴奋）

师（描述）：假如现在已经是晚上，你这位诗人正在读书，（学生作读书写字状）啊，时间不早了，夜深了，你要睡了。（学生伸伸懒腰，伏下睡了）睡着，睡着，到半夜里，刮风了，下雨了。你被风雨声惊醒了，（诗人抬起头，侧耳听着）听着，听着，不知什么时候你又睡着了。不知隔了多久，只听到一声声清脆的鸟叫，（一声声鸟鸣声响起）你睁开眼睛一看，啊，天亮了，你情不自禁地哼起两句诗——

生：春眠不觉晓，处处闻啼鸟。

师：对，诗人，你这时又想到了什么？

生：忽然想到半夜里风声。

生：还有雨声。

师：就是风雨声。从昨夜的风雨声，你这位诗人又想到了什么？

生：想到刮风下雨了，花儿要打落了。

师：于是你又作了三四两句诗，现在请诗人把三四两句诗念给大家听。

生：夜来风雨声，花落知多少。

师：现在你们知道了吧，这首诗是先写早晨天亮了，写了春天早晨的生动景象；然后回想到半夜里的风雨声，联想到一场风雨后，花儿被打落的另一番景象。

师：春天早晨你在睡觉，哪个字眼告诉你是在睡觉？

生："眠"。

师：睡觉要闭上眼睛，所以"眠"是"目"字旁。春天早晨你睡得很香，不知什么时候天亮了，哪个字眼告诉你天亮了？

生：是"春晓"的"晓"。

师：天亮了，太阳出来了，所以"晓"是什么旁？

生：是日字旁。

师：你醒来时，听到鸟啼叫的声音，多好听啊，哪个字眼表示"听到"？

生："闻"就是听。

生：听话用耳朵，所以"闻"是耳字旁。

师：你再听听，春天早晨哪有小鸟在叫，是不是一个地方？

生：我醒来听到这儿鸟在叫，又听到那儿有鸟叫。

师：到处都可以听到鸟叫，这就是"处处"可以听到小鸟欢快的叫声，春天的早晨到处充满了生气，现在大家读全诗。

正如李吉林老师自己所言，她对于情境教学的探索经历了"实践—认识—再实践—再认识"的艰辛历程。这一历程是学习、吸纳、借鉴的过程，更是实践、反思、创造的过程。从朦胧到清晰，从局部到整体，从感性到理性，最终促使她形成了自己稳定的学科教学信念——把认知活动和情感活动结合起来，使儿童以最佳的情绪状态，在语言学习中获得美的、和谐的发展。而这一教学主张的求索过程，也正是李吉林老师教学实践的改进与发展过程。在教学理解与教学实践的交错影响中，催生的不仅是她的教学信念，也有她为实现这一教学信念经过反复实践而累积的一套成熟的教学行为方式。李老师将其概括为：以生活展现情境，以实物演示情境，以图画再现情境，以音乐渲染情境，以表演体会情境，以语言描绘情境。正是这些生动的手段，带给我们耳目一新的情境教学课堂。

《春晓》的教学片段，让我们清晰地看到了李吉林老师对情境教学的追求。通过角色扮演和教师生动的语言描述，舞动起儿童想象的翅膀，将他们带入诗的意境。在这样的意境中，诗的语言立刻活化为具体形象呈现在儿童的脑海，这些头脑中的意象不仅帮助儿童理解了诗意，还会带来真切的情感体验作用于儿童的心灵，这是所有的说教与讲解无法替代的。同时，在这样一种美的情境中，孩子们对诗中关键性词语"眠""晓""闻""处处"等也获得了生动而鲜活的理解。组织、引导小学生在情境中读古诗、学词语、促感悟、获发展，这一片段中的每个教学行为都传达着李老师对儿童心灵的关注，彰显着她对情境教学的追求。

## 观点 窦桂梅老师为儿童心灵奠基的语文教学①

语文学习既要着眼民族的未来，又要着眼学生个体的发展，引领学生关注文化、亲近母语。在他们熟悉的系列生活中，寻找语言文化的根源，汲取语言文化的汁液；让他们在语文生活中找到精神的栖息地，沐浴母语文化的光辉。

主题教学是要从生命的层次，用动态生成的观念重新认识、构建语文课堂教学。简单说，它围绕一定的主题，充分重视个体经验，通过与多个文本的碰撞交融，在语言学习过程的生成理解中，关注儿童心灵的发展。主题教学之主题，其最主要的特征就是要有真正感人的力量，要有能让学生真正用心领会的生命的激情，要能激发学生自己去思考。

语文主题教学的内涵分为三个层面：

文本负载的言语方式、知识信息以及能力附加等；

母语文化系统包含的民族精神、风骨情操等人文底蕴；

个体的精神、理想、人格的生长与形成。

相比之下，第一个层面是显性的，后两个层面是隐性的。不过，三个层面没有顺序之分，而是你中有我、我中有你、互相包容、交织在一起。

语文教学应从内容或人文着手带动对语言形式的领悟。其操作的基本框架是：话题切入—探究文本—比较拓展—链接生活—升华自我。

## 案例 《圆明园的毁灭》主题教学设计（高年级）

（一）走近圆明园

课前阅读《圆明园的毁灭》和《雨果致巴特莱的信》，谈感受。引发思考：

① 观点和下面的案例是根据窦桂梅老师的著作、报告以及课堂教学实录等整理而成的。主要参见窦桂梅著：《听窦桂梅老师讲课》，华东师范大学出版社2006年版；窦桂梅著：《回到教育的原点：窦桂梅教育教学管理精华》，文化艺术出版社2011年版。

圆明园毁灭的究竟是什么?

（二）走进圆明园

1. 阅读第二、三、四自然段，体会圆明园不可估量的价值

(1) 抓住一系列关联词，在理解与体会中走进圆明园，如“有……也有……”“有……也有……还有……”“不仅有……还有……”等。

(2) 抓住一系列词语，在想象与联想中走进圆明园，如“众星拱月”“金碧辉煌”“玲珑剔透”“诗情画意”“奇珍异宝”“蓬莱瑶台”“平湖秋月”“雷峰夕照”等。

(3) 读雨果文章中的片段，走进作家笔下的“恍若月宫”的圆明园。

(4) 引导学生思考理解：圆明园拥有的究竟是什么？——文化。

(5) 大声朗读，理直气壮地告诉自己、告诉世人：“圆明园的价值在祖国文化史上是不可估量的，在世界文化史上也是不可估量的！”

2. 阅读第五自然段，体会圆明园的毁灭是不可估量的损失

(1) 抓住词语和句子，看看英法联军是怎么做的。如“统统掠走”“任意毁坏”“放火焚烧”“大火烧了三天三夜”等。

(2) 借助历史资料中的真实描写和雨果文章中的句子，引导学生阅读领会英法联军“统统”掠、“任意”毁、“放火”烧的强盗行径和野蛮罪行。

(3) 此时，圆明园所拥有的一切，现在都“没有了”。在板书的关联词前后加“没”“了”，即“（没）有（了）……也（没）有（了）……”“（没）有（了）……也（没）有（了）……还（没）有（了）……”“不仅（没）有（了）……还（没）有（了）……”等，引导学生带着感情读和说。

(4) 引导学生有感情朗读：“圆明园的毁灭是祖国文化史上不可估量的损失，也是世界文化史上不可估量的损失！”

（三）走出圆明园

1. 这痛苦的耻辱一直刻在我们心里，整整144年了，现在让我们走出圆明园。……让我们假设一下历史，回到144年前做一次小小的体验。如果你是决定国家前途命运的一国之君，如果你是参与国家管理的大臣，如果你是保卫国家领土的士兵，如果你是普普通通生活在北京的百姓，面对英法联军火烧圆明园的行径，你会怎么做？请自己选择一个角色静静想一想，然后请你实话

实说。

2．出示三份阅读材料

（1）圆明园是供皇帝享用的。慈禧带着咸丰皇帝仓皇逃跑了。在皇帝看来，圆明园被毁是他最大的屈辱……

（2）英法联军以什么借口烧毁圆明园？人们一般认为：帝国主义对外扩张的本性决定了他们的野蛮行径。但另一种解释是："磕头外交"与"国际外交惯例与国际法准则"这两种不同文明的冲突。在清朝皇帝看来，外交使臣在他面前不磕头有失天朝"天下一统"的尊严；在英法国家看来，拘禁、虐杀外交官违反国际法与人类文明……

（3）焚毁圆明园的前几天，英法联军列队入城，清军士兵夹道跪迎，北京居民观者如市。英法联军两次洗劫圆明园期间、其后，中国平民也成群结队闯进去，带走他们所能找到的一切。军阀混战时期，一些军阀又进行洗劫，圆明园最后只剩几块残垣断壁……

师：读了上面的材料，再读"圆明园"这三个字的时候，难道你心中仅仅是圆明园昔日辉煌的自豪和它被毁灭的愤怒吗？我看到同学们的表情很复杂。当然，历史不是一句两句理由、一篇两篇文章就能说清楚的，但这些材料能帮助我们学会进行理性思考。……圆明园的大火早已熄灭，可是我们的思考从未停止。为什么几个强盗竟能杀进有着 5 000 年文明的中国？圆明园烧掉的究竟是什么？毁灭的究竟是什么？永远也毁灭不掉的又是什么？……

窦桂梅老师认为，语文教学要借助语言的学习唤起儿童内在的、心灵深处的涌动甚至是心灵的震颤，她追求的是浸润在文化之中而又充满理性光辉的课堂。通过这样的语文课堂，她想"让孩子们能够安顿好自己的人生，安排好自己和自然、国家、社会的关系"，增加孩子们"生命的厚重"。窦桂梅老师在她课后的反思中说："为了让学生留下的不仅仅是情感，而是沉甸甸的反思，上这节课时，我是压着感情来讲的。更多是从理性的角度出发，想办法引领学生走进思考的空间，而不是停留在很多老师期待的'恨'，以及'雪我国耻，振兴中华'的空洞誓言中。……中华的复兴不是靠非理性的仇恨所能够完成的，必须让孩子们明白，除了耻辱和仇恨，我们很需要保持着理性的反思。"

是的，“圆明园”这个符号应该带给我们怎样的一种思考呢？通过这节课，在语言文字的学习过程中，窦桂梅老师“留下了一串困惑给学生——给他们长长的未来”。因为，她相信，“我们的后代一定会胜过我们，无论是视野、理性、智慧，还是面对历史和人生的勇气”。

显然，是“为儿童心灵奠基”的语文教学追求，使窦老师在这篇课文的教学中，没有定位在昔日辉煌的自豪与被毁灭后的痛恨的情绪化层面，而是通过自己的教学行为将学生带入了历史与文化的思考之中。而这一追求又丝毫没有淡化语文课的本色：扎实而不露痕迹的朗读指导，大容量而又充满思维内涵的默读实践，准确、高效、到位的品词析句。这些都指向了学生语文基础能力的发展。其实，也正是因为有了扣住语言进行品味、交流的如上细节，这节课才真正站上了文化理解的高度。

从李吉林、窦桂梅两位女性专家型教师的个案中我们发现：前者追求的是情境中的语文学习，后者则力图把儿童的语文学习引向文化的视野；前者更体现出审美的色彩，后者则闪耀着理性的光芒。这就是她们的“教学主张”，即她们的“学科教学信念”，也正是这样的主张和信念，催生了她们理想中的语文课堂和她们精彩的语文教学之路。除此之外，于永正老师对“五重教学”（重情趣、重感悟、重积累、重迁移、重习惯）的追求，黄亢美老师对“字理教学”的执着，王崧舟老师对“诗意语文”的探索，孙双金老师对“情智课堂”的实践，薛法根老师对带领儿童“走向智慧”的语文教学的思考，周益民老师从儿童审美天性出发的对“诗化语文”的探求……这些绝不是简单的标新立异和形式上的刻意求新，而是深深扎根于他们对语文教育意义与价值的深刻理解，这样的理解使他们对语文学科教学有了清醒的目标意识。同时我们也必须注意到，无论这些专家型教师充满个性光彩的主张多么与众不同，它们都是植根于小学语文共性价值追求的土壤之中，丝毫没有抛却语文学科之本色。如果把小学语文教学比喻为一个百花齐放的大花园，他们的教学主张就是那色彩斑斓、散发芳香的花朵，他们都在以自己的教学行为诠释着他们对语文教学的理解，进而为小学语文教学的发展做出了杰出贡献。

## 四、启示与思考

第一，如果我们把教师对于语文学科教学意义的理解与追求概括为一个字——“知”，那么教师的教学行为就可以概括为“行”。这一教学问题就还原成了中国哲学家特别重视的“知行关系”问题。朱熹认为：从逻辑上讲，知先行后，知主行从；从价值上讲，知行应合一，穷理与履践应兼备。王阳明提出，“知是行的主意，行是知的功夫；知是行之始，行是知之成”。王夫之则批判地继承朱、王的思想，认为“知行始终不相离”“相资以互用”“并进而有功”。总之，“知”与“行”总是处于一种动态的统合中。[①] 回到语文教学，“为什么教”的学科教学理解带来“怎么教”的教学行为，同时，“怎么教”的行为实践进而会借助反思促进“为什么教”的教学理解，二者也是处于一种螺旋上升的动态的统合之中。

第二，“知”与“行”在动态统合中的发展是一个不断深入而具有创造性的过程，是一个逐渐系统化而走向稳定的过程。专家型教师教学风格的形成正是这样一个过程，即初步建立自己内在的教学主张，在教学实践与反思中不断修正与完善，借助理论学习与同行交流研讨进行提升与强化，最终形成具有个人特点而相对稳定的教学主张与教学行为，呈现给我们的则是耳目一新的课堂教学。所以，教学主张的形成、教学风格的建立不是盲目的标新立异行为，而且它既不能急于求成，也不能刻意模仿。此外，如果我们认为教学行为是教学理解的外化形式，那么课堂教学的改进也就不能简单化地从操作形式入手并试图得到根本的转变。

第三，要处理好共性价值追求与个人主张的关系。每一个专家型语文教师的教学主张都深深植根于语文教学的沃土，它的根系和主干必然是语文学科共性的价值追求，它伸展的枝条、舞动的叶子和盛开的花朵则彰显着其与众不同的个性风采。所以，每一个专家型语文教师的教学主张都是一棵大树，它将语文教学共性的价值追求和个人的倾向性融为一体。这棵大树的成长有赖于诸

① 张岱年、方克力主编：《中国文化概论》，北京师范大学出版社 1994 年版，第 343—345 页。

多因素，如教师的文化积淀、审美情趣、性格特点、思维方式等，我们将在本书的最后一章做具体讨论。

## 第三节 “行为差距”与教学改进

### 一、意向中的课堂与事实上的课堂

教师对教学的意义追求与价值期待会帮助教师构建起意向中的理想课堂，而在课堂教学实践过程中或之后，教师则面对的是现实中的事实课堂。很多情况下，事实上的课堂常常不那么令人满意。这表明，教学主张和教学行为之间具有差异性。

越来越多的研究表明：教师公开宣称的教育见解、主张与追求，往往与他们在课堂上的教学行为之间存在着差距，有时甚至出现较为严重的背离。这种行为与动机之间的不一致，人们称之为行为差距（performance gap）。目前，行为差距已经成为“课堂探究的一个重要切入点”[1]。行为差距出现的原因有以下三点。

第一，如上文所讨论过的，“知”与“行”是一种相互促进的动态统合关系，而非简单的单向决定关系。教学主张不必然带来相应的行为和结果，而是需要我们寻找恰当的教学行为去实现这种主张。“知”与“行”的统合需要一个漫长而艰辛的实践、反思和改进的过程。

---

① ［英］戴维·霍普金斯著，杨晓琼译：《教师课堂研究指南》（第三版），华东师范大学出版社 2009 年版，第 52 页。

第二，“对教育改革运动中由教育理论家或教改先驱者们先行研究、探索和发现的合于规律性和目的性的教育教学思想，如果教师是发自内心的，积极主动地去接受、去更新、去实践，那么教师新观念和行为表现的差异就不会很大，即使大也是短暂的，并随着自己对新观念理解程度的加深而逐步缩小。如果教师是因为外部原因的压力而消极被动地去对待新观念，那么就会出现挂羊头卖狗肉、不伦不类的现象，新观念和行为表现的差异肯定是显著而且持久的”①。就如有时我们宣称的教学主张事实上仍然是一种外在的观念，而不是真正的自我教学信念。那些似乎已经为我们所接受的外在观念需要通过教师不断亲身实践，逐渐感悟和内化，才能演变成自我信念，并促进行为的实质性改善。

第三，教师的教学技能，尤其是个人实践知识②的积累与准备不足，不足以帮助自己顺利实现教学意义的追求。

课堂教学中行为差距的出现是正常的，并且是处于变化之中的。对于绝大多数教师来说，行为差距会随教师不断接受新观念而变大，也会随着教师对其所接受观念的理解与内化、教学技能与个人实践知识的丰富与改进而缩小。事实上，行为差距由出现（变大）到逐渐缩小以至趋于平衡，到再出现（变大）、再缩小、再平衡，这一良性的循环发展过程即教师的教学改进和专业发展过程，它也是一个行动研究过程。所以，许多研究者把行为差距的清晰识别、归因分析与实践改进作为改进教学的一个重要切入点。

## 案例　在阅读教学中怎样帮助学生提高概括文章主要内容的能力③

“为思维而教”是刘老师特别感兴趣的一个话题。近期，通过对中年级学

① 徐燕刚：《教学观念与教学行为差异的心理源分析与对策》，载《教学研究》2004年第3期。

② “个人实践知识一般是指教师关于课堂情境和在课堂上如何处理所遇到的困境的知识……它更集中反映了课堂教学的复杂性和互动性的特征。”见叶澜等著：《教师角色与教师发展新探》，教育科学出版社2001年版，第301页。

③ 来自2009年笔者在北京市顺义区一所农村小学——大孙各庄中心小学——所进行的校本教研。

生阅读能力检测结果的分析，刘老师发现，在概括文章（或段落）主要内容方面全班失分率最高，于是她决定在阅读教学中加大对学生阅读思维能力尤其是概括能力的培养。但一个半月之后的期末检测，她发现学生在概括能力检测这一项上的失分率仍然很高，与前半个学期相比基本没有变化。这给她带来了困惑：为什么自己付出努力所追求的目标未能实现呢？

假期里，刘老师对学生概括能力检测中的失分状况进行了分析，发现学生的错误主要表现在：(1) 不能抓住文章的关键内容（关键句、关键词语）进行概括；(2) 能够写出大致内容，但语言啰唆，不会精炼地表述；(3) 以前概括能力强的学生失分很少，概括能力差的学生失分仍然高。

通过对半个学期以来自己课堂教学行为的反思，她发现可能是下面一些问题导致了教学效果的不理想：(1) 虽然思想上重视了，但缺少有关如何进行概括的方法与策略的指导；(2) 课堂上在组织学生进行概括时，基本是以口头表达为主，语言表达的指导和精确性不够；(3) 课堂上进行发言的经常是少数几个概括能力较好的学生，其他学生可能并未得到锻炼。

下一个学期，刘老师打算换一种教学方式：当提出一个概括性的任务之后，先给学生一些方法和策略的提示，然后同桌两人一组共同完成这个任务，每组把讨论好并经过文字润色的概括语言写在纸条上，随机抽调几组，将写好答案的纸条贴在黑板上，全班比较哪一组概括得好，并讨论原因。

在寻求教学改进时，我们需要注意的是：行为差距过大，会削弱教师对教学工作的胜任感，甚至产生消极心理；行为差距过小（或不能发现），则会带来教学工作的平淡感，甚至有可能模糊教学改进的方向，淡化教学改进的动力。所以，保持适当的行为差距对教学改进是有益的。而事实上，优秀教师的专业生活始终都是一个不断产生差距并弥补差距的过程。行为差距的产生与弥补意味着更新、突破与发展，它会避免教师在教学生涯中处于停滞状态或处于受刻板印象[①]的影响范围内。

---

① 社会心理学对社会刻板印象的定义是：人们对某个社会群体形成的一种概括而固定的看法。刻板印象往往会阻碍人们看到新的现实、接受新的观点，结果导致人们对某类事物的成见。

## 二、行动中的教学改进与个人成长

案例 行走于教学田野中的语文教育寻根者[①]

从汉语言文字的特点出发思考语文、实践语文，通过充分体现着汉语言特点的言语实践活动在儿童个体身上实现汉语的文化功能，这是黄亢美老师语文教育追求的出发点。从作为一种单纯识字方法的字理识字开始，到抓住汉语教学之根本突出汉语教育本色的字理教学研究，再到关注儿童汉语言学习过程中文化—心理整体建构的字理教育之探索，这一研究与实践过程构成了黄亢美老师近三十年来语文教育思想发展的一条主线。

（一）字理识字——从汉字字理出发促进儿童有效识字

从汉字字理出发促进儿童有效识字，这是黄亢美老师语文教育寻根之旅的开始。历经20余年的实践与探索，他为字理识字教学的发展做出了重要贡献。他认为，汉字具有通过字形直接有效传达概念的特质。汉字教学必须从汉字的这一自身特点出发，“因形索义，因义记形”。据此，黄亢美老师提出：字理识字不应仅仅作为单纯的一种识字方法出现，而应成为所有汉字教学必须遵守的一个基本要求和原则。此外，他认为，在字理识字教学中，应该以文字学字源为基础并灵活地从现代生活出发赋予汉字构形的理性。

（二）字理教学——从汉字字理出发促进儿童汉语言学习

“文字有意以立句，句有数以连章，章有体以成篇。”[②]字义乃是句义乃至篇章义的基础，它们之间的关系是“振本而末从，知一而万毕”[③]。汉字既具有以形达意的特质和丰富的文化内涵，同时它又是构成汉语书面语的最基本单位，那么在汉语书面语教学中是否可以从汉字字理出发，从而更好地体现出汉语语言教学的独特特点呢？

---

① 来自笔者对黄亢美老师进行的个案研究，见孙建龙：《黄亢美——行走于教学田野中的语文教育寻根者》，载《广西教育》2010年第1期。

② 《论衡·正说》。

③ 《文心雕龙》。

经过长期的教学实践与思考，黄亢美老师终于实现了汉语教学观的再次跨越，即字理分析仅仅作为识字教学的一条基本原则还不够，作为汉语言学习过程中不可或缺的一个最基本要素，它在其他言语实践活动中也起着重要的作用，应该成为汉语语言教学一个基本的教学原则并体现在汉语教学的实践中。历经实践与思考，“依据字理，品词、品句、品读”的字理教学观诞生了。它的意义在于：字、词教学与文本、语境实现了完美融合，有利于培养学生扣住语言理解文本的能力，体现出了汉语言教学的独特魅力与特点。从“字理识字”到“字理教学”，这是黄亢美老师语文教育探索中的重要跨越与升华。

（三）字理教育——从汉字字理出发促进儿童整体发展

从关注汉字汉语的特点进而思考语文教学，到进一步关注学习汉字汉语的儿童进而思考语文教学，这是黄亢美老师在寻根之旅中完成的再一次跨越。这一次跨越，他将字理教学推进到了字理教育阶段。

“字理＋心理＝合理”的字理教育观。字理，即指汉字自身独特的构字规律，及其所带来的蕴含在每一个汉字、每一个词语、每一篇文章中丰富的文化审美信息。认清这一点，才能把握好“教的是什么”，才能全面清楚地理解所教内容之于儿童发展所具有的教育价值和意义。这是汉语教师从事教学的一个最基本前提。心理，是指儿童汉语言学习的认知过程和心理发展状况。认清这一点，才能从学习者的心理出发设计教学，才能清楚地意识到汉语教学应该并且可以促进儿童哪些方面的心理发展，而这一心理发展的促进又是怎样在学生身上实现的。这是汉语教师从事教学的一个最基本条件。合理，既指汉语教学的过程，又指汉语教学的结果。它建立在教师对字理、心理的清醒意识的基础上。无论是过程还是结果，黄亢美老师所追求的合理都体现为汉语教与学过程中科学与人文的协调统一，语言、智力、文化、审美和谐发展的统一。这是汉语教师从事教学的一个最基本追求。

这样，黄亢美老师就将字理教育上升到了促进人的和谐发展的高度去理解，他要在意蕴丰富的汉字世界与鲜活的个体生命世界产生的交融过程中，去探索一条既发展儿童汉语言能力又促进儿童文化—心理积淀的母语教学之路。在这条路上，他所思考的是：字理教育与儿童智力（观察、记忆、想象、思维）发展之间的关系；字理教育之于儿童个体民族思维方式与文化心理形成的影响；字理教育与儿童审美情感的养成与发展；等等。带着这样的思考，黄亢美老师在花甲之年依然行走于教学田野，他要让所有的孩子喜欢汉字、亲近母语，他要追寻他心中那神圣的汉语教学之根。

从黄亢美老师身上，我们看到了一位语文教师浓厚的母语情结和崇高的文化责任感。正是这样一种情结和责任感，使他保持着对语文教学意义的终身求索。透过他不同时期课堂教学的实践行为，我们能清晰地剥离出他个人教学主张的变化与发展阶段："因形索义，因义记形"的字理识字阶段，"依据字理，品词、品句、品读"的字理教学阶段，"字理＋心理＝合理，促进儿童整体发展"的字理教育阶段。这三个阶段呈现出黄亢美老师语文教育理解和意义追求的发展变化，与之相伴的则是为实现不同时期的教学主张其课堂教学行为的改进与发展。我们相信，这样一种"知""行"并进互促的发展模式适用于每一位教师的专业发展。

## 三、教学改进的启示

教学是师生共同参与的有意义的行动，改进课堂既涉及对教学意义的理解，也涉及教学的行为与方式。为此，我们提出如下建议。

第一，心态调节。无论学校还是个人，都要努力营造一种积极、开放、充满时代气息的环境和心理氛围，使教师感受到时代前进的脉搏，有接受新事物、新观念的期待和勇气，保持对学科教学新的理解与追求的关注、期待与挑战，促使自己不断产生新动机、新思考、新发现。

第二，让自己处于学习状态。语文教师需要丰厚的文化积淀与知识背景，这些常常会诱发我们对教学产生打破固有思维界限的新思考。而理论知识的学习能够帮助我们不断修正、改进头脑中已有的教学认识，帮助我们对自己的观念与行为进行批判，甚至产生新的冲击与困惑。同行间的交流则会带给我们不同的视角，让我们听到不同的声音，这些声音有时会让我们大吃一惊。总之，新的理解与生成来自学习与交流中的碰撞，在碰撞中我们原有的学科教学信念才会受到新的冲击。新的冲击会促使我们重新界定自己的教学信念、反思自己的教学行为，从而带来课堂的改进和自我的发展。

第三，为原始积累的实践经验带来理性思辨的光芒。个人的实践经验是我们进行教学思考的宝贵资源，如果没有理性光芒的照射，它们可能会在日复一日、年复一年的繁忙工作中尘封于心底而失去活力，对后续的教学发展起不到明显的助推作用。因此，定期对已有的实践经验进行梳理和反思是必要的。比如，这一段时间以来，我进行语文教学的关注点是什么？事实上我是怎么做的？这样做的效果如何？我积累了哪些有益的经验？我产生了哪些新的困惑？后续的教学我打算去做什么？等等。这样的思考会帮助我们对经验进行提炼和概括，有助于我们获得新的教学发现，生成新的教学预期，坚持下去则会帮助我们逐渐形成富有个人特征的学科教学信念及教学行为。

第四，善于发现教学问题。发现问题是课堂教学改进和发展的起点。教师必须学会从自己（或他人）真实的教学情境中去发现、提取课堂教学中的“小问题”。首先，要对所发现问题进行具体的文字描述；其次，要对问题进行分析、窄化，避免空泛；最后，要对问题进行剖析并能够从较高的理论视角做出判断并寻求问题解决的策略。事实上，我们所发现的一般均为“意义—行为—结果”三者之间的差距问题。我们也可以借助图 2-2 描述的思路去发现问题、反思课堂。

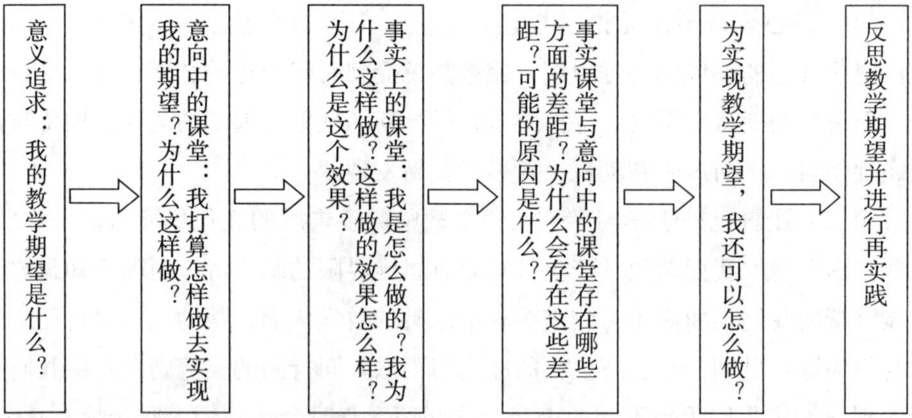


图 2-2 “发现问题、反思课堂”的思路

第五，无论是教师的职前培养还是职后培训，都不能忽视引导教师对课堂教学行为背后的意义进行追问。这一追问的目的在于：帮助教师逐步建立并强化“为什么教语文”的课程意识；提醒教师要从“意义实现”这一教学的根本点出发去判断、思考、使用教学技能、方法和策略，以避免不明就里对课堂教学进行简单化的形式模仿。

以上五点建议的核心是：教师在自己所从事并为之努力的专业生活中应塑造一种基本的品质——追问和反思。追问和反思会帮助教师产生、修正、确认、完善自己的学科教学主张及与之相应的教学行为。它不仅是对“为什么教语文”的宏观思考，更是对“怎样教语文”“为什么要这样教语文”的微观探寻。

## 探究与思考

文献研究：阅读不同时期代表性的教学大纲（或课程标准），依次厘清并列出其教学目的的具体内容，发现其变化，并进行纵向的比较分析。

个案研究：阅读李吉林、窦桂梅、于永正、黄亢美、周益民、薛法根、孙双金、王崧舟等专家型教师的相关材料，选取其一进行深入研究，从教学观念和课堂事实两个方面阐述其个人的语文学科教学信念，并进行评价。

比较研究：以课文《圆明园的毁灭》或《卖火柴的小女孩》中的一篇为例，找到不同时期不同教师就这篇课文的教学实录，比较分析其教学处理（目标与行为）的不同之处，并分析产生这些不同的原因。

观念反思：通过本章的学习，理性思考你个人的语文学科教学信念是什么，以及你打算怎样去实现自己的教学信念。

3

# 第三章

# 用什么教语文——“语文教材无非是个例子”

【内容提要】

语文教材无非是个例子，是教师用来帮助学生获得语文素养发展的工具。那么，语文教材该如何作为“例子”来使用？用这样或那样的“例子”去教什么？语文教师又该如何研读、分析好教材并将其应用于教学？这些问题在当前语文学科教学中显得尤为重要，它往往决定着语文课堂教学尤其是阅读教学的效率与成败。

【核心概念】

语文教材　教材分析　教材内容的教学化

# 第一节
# 追问、困惑与思考

## 一、追问：为什么说“语文教材无非是个例子”

教师习惯上被称为“教书先生”，简称“教书的”。在这个名称背后隐含着人们对于教师工作的认识。作为教师，我们需要静心自问：我们只是“教书的”吗？我们投入精力所进行的工作，就是为教完、教好那一本或几本教材吗？不，这其实并不是我们工作的初衷。说起我们所从事的工作，首先浮现在脑海中的应是成长中的儿童，而不是无声的书本。教师是为“教人”而选择了这一职业，是为“教人”而“教书”。换言之，教师是凭借教材、通过“教书”而“教人”。澄清这一点非常重要，它会帮助我们建立起正确的教材观。

“语文教材无非是个例子”，这是叶圣陶先生语文教育思想中的一个基本观点。之所以有这样的观点，缘于他对当时语文教学的如下思考。第一，错误的教学观。一些教师认为“教”就是教师讲课本、讲自己的教案给学生听，“学”就是学生听教师讲课本、讲教案，好像课本、教参就是教师用来讲的，而一“讲”一“听”之间，语文教学就能收到效果吗？第二，语文教学效率的低下。倾筐倒箧容易，画龙点睛艰难。知识是教不尽的，文章是讲不完的，如何通过一篇篇课文的学习达到“举一反三”“用不着教”的效用？就此叶老指出，要善于凭借、运用教材所提供的诸多语言学习的“例子”，在学生身上实现相应的语文教育意义。[①]

然而时至今日，在语文教学的实践领域，一些教师仍以“教完教材内容”“完成准备好的教案”作为自己是否完成教学任务的判断标准，以“教课文代替教语文”[②]，而不是以学生语文能力提高的程度、语文教学目标达成的效果去判断自己教学任务完成的情况。教材，究竟是用来教的还是拿来用的？教学，是“教教材”还是“用教材教”？答案背后所传达出的是教师的教学观问题。前者的教学立足点是语文学习内容，所追求的是如何把书本知识较为完整、全面、高效地传递给学生；后者的立足点则放在学习对象身上，更加关注学生如何凭借这样的学习内容和过程培养能力、开发潜能。

## 二、困惑：用教材教什么

小学阶段开设的各门课程，除语文学科外，其他学科的教材，一般说来其自身就已构成了该学科相对完整、清晰、有次序的知识（含能力）体系。但语文教材，却是由一篇篇相对独立的选文组成。每篇选文都蕴含着语文知识，都可以凭借它对学生进行多方面的语文能力训练，但这些知识与能力训练点并未在教材中以一个清晰、规范的体系呈现。面对这样由选文所组成的教材，它“到底包含哪些具体的内容；要训练学生的到底有哪些项目，这些项目的先后次序该怎么样，反复和交叉又该怎么样；学生每个学期必须达到什么程度，毕业的时候必须掌握什么样的本领；诸如此类，现在都还不明确，因而对教学的要求也不明确，任教的老师只能各自以意为之”[③]。“语文教材无非是个例子”，但怎样用这一篇篇的“例子”通过教学去恰当地实现语文本体的教育意义？这里存在着一个模糊而宽泛的空间。在这样一个空间中，虽有“课程标准”的方向性指导，但具体到每一篇课文，教师仍然只能“各自以意为之”。这样，一方面，一些能力强、悟性好的教师脱颖而出；另一方面，多数教师教学效率低下——他们不清楚该用这一篇课文（语言材料）去教什么（主要指语文能力），

①③　张定远主编：《重读叶圣陶·走进新课标：教是为了不需要教》，湖北教育出版社 2004 年版，第 70—77、79—81、41—42 页。

②　吴忠豪：《教课文？教语文？》，载《小学语文教学》2010 年第 10 期。

导致其教学设计和教学环节缺乏针对性、目的性，不管有枣儿没枣儿，每篇课文反正都要打那么几竿子。

导致上述问题的根本原因是对语文课程内容认识的模糊与缺失。王荣生教授认为[①]，长期以来，人们将“语文教材内容”或者混同于“语文课程内容”，或者混同于“语文教学内容”，甚至混同于“语文教材中的选文内容”。“课程内容”，即“课程要素”（curriculum elements），指特定形态的课程中学生需学习的事实、概念、原理、技能、策略、态度等[②]。就语文课程而言，课程内容指在不同学期、不同学段，学生应学习并发展哪些知识、技能、策略、态度，换言之，应学习和发展哪些陈述性知识、程序性知识、策略性知识。这些应更具体、系统、序列化地表述在“课程标准”中，呈现在语文教材中，并清晰地出现在教师的头脑中。这样，“选文”才能真正发挥其作为“例子”（途径和手段）的功能，有针对性地促进学生语文素养的发展，从而达到从“教选文”到“用选文去教”的质的变化。

案例

## 小学四年级学生阅读能力检测分析及教学改进的研究（部分）[③]

大孙各庄中心小学是北京市顺义区的一所农村小学，该校语文教师普遍感到语文教学用的时间很多，投入的精力很大，甚至总觉得课时不够用；面对一篇课文常常不清楚从何处下手，凭借它去教些什么，一般仅凭感性经验惯性地教、随意性地教。如阅读教学中要培养学生的阅读能力，但构成学生阅读能力的基本要素是什么？四年级学生阅读能力发展中存在的问题是什么？这些都不是十分清楚。所以阅读教学的设计和实施也就缺乏针对性，导致教学实效性

① 倪文锦、谢锡金主编：《新编语文课程与教学论》，华东师范大学出版社 2006 年版，第 56—57 页。

② 张华著：《课程与教学论》，上海教育出版社 2000 年版，第 191、229—232 页。

③ 来自 2009 年笔者在北京市顺义区一所农村小学——大孙各庄中心小学——所进行的校本教研。

差，阅读能力检测中学生的失分率很高。

解决好这一问题的根本在于：教师要清楚四年级学生目前存在的阅读能力问题是什么，应该培养哪些阅读能力，如何利用好一篇篇“例文”去培养这些能力，最后才是实施过程中方法与效果的反思和改进。校本研究的思路大致如图 3-1。

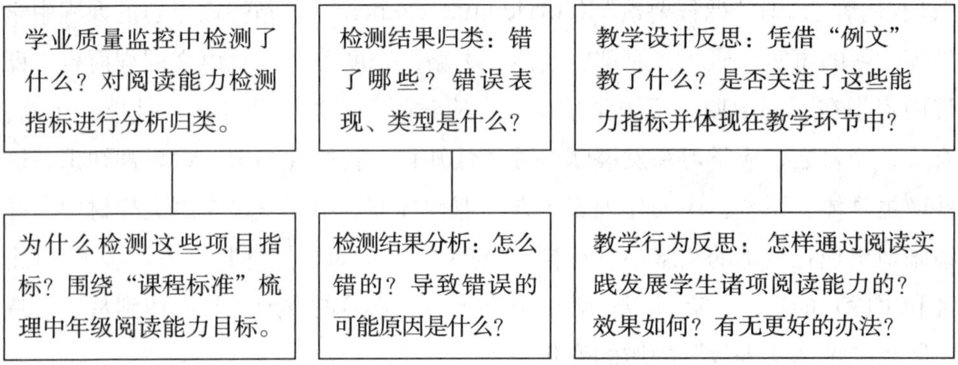


图 3-1　小学四年级学生阅读能力检测分析及教学改进的校本研究思路

通过对一定量的检测样本进行分析、归类，并结合分析结果对教学设计与教学实施环节进行反思，教师们总结出以下几点。

第一，四年级学生阅读能力培养的着力点包括检索文本中信息（含直接信息和间接信息）的能力、理解体悟关键词句的表达内容及表达效果的能力、把握文章顺序和结构的能力、概括文章（或段）的主要内容的能力、文章内容和表达形式的鉴赏迁移能力等。如上诸多能力的培养必须通过一篇篇课文的教学有针对性地进行训练和落实。

第二，通过检测发现，学生掌握如上阅读能力存在的问题很多，错误率偏高，与“课程标准”中相关目标的规定有很大距离。必须从教学设计和教学实践层面进行反思，进而提高阅读教学的实效性。

第三，要解决好这一问题，首要的突破点是用好一篇篇课文，从培养学生阅读能力的角度，结合学生所出现的错误，加强教学设计的针对性，把教材作为“例子”，设计出有利于培养学生阅读能力的有效的言语实践活动。

第四，在用好教材设计出有效的言语实践活动之后，通过实施环节反思操作层面的方法与策略问题，改进课堂教学行为，提高教学效率。

一个学期的校本研究之后，校长和语文教师们确信：要做到理性教学，必须不断反思下面三个问题。(1) 以往我的阅读课事实上教了什么？教学行为的意图是否清晰？(2) 阅读教学应该教什么？应怎样用好每一篇课文去完成这样的任务？教学设计和教学环节是否具有鲜明的目的性、针对性？(3) 为了达成相应目标，我的教学处理方式及其效果怎样？为什么是这样的效果？怎样改进效果会更好？

只有理性系统的思考才会带来合理有效的行动策略。用教材教什么，取决于教师对语文教学意义（价值实现）的理解和追求，取决于教师对“课程标准”中目标系统的清晰把握，取决于教师对学生语言学习过程中所存在问题的准确认识。目标和意义追求清楚了，教材分析与教学设计才有了着落，一切教学方法、技术、策略等才能更好地加以利用。

## 三、思考：怎样用好教材

第一，整体把握教材。要做到教材为我所用，前提是对它的整体把握。一名优秀的语文教师在进行课堂教学时，脑子里装的不是一篇课文、一册书，而是整个小学阶段的十二册书。有了这样一个宏观的教材概念，教师便能考虑到知识和能力的前后衔接，将每一课、每一篇课文的教学准确定位。当然，这一准确定位还有赖于教师头脑中对另外两条线索的把握，即一至六年级语文教学目标的纵向序列和不同年龄段学生语言能力发展的心理基础。能做到对内容序列、目标序列、心理发展序列的把握不是件容易的事，许多教师教了一辈子语文也未必能达到这一境界。“会当凌绝顶，一览众山小”，整体把握教材能力的高下，影响着局部钻研教材的成败。

第二，不能把单篇的“例子”按完整的语文知识与能力体系来教，面面俱到。优秀的语文教师知道应该用一篇选文去教什么、不去教什么，会根据选文特点和学生情况有所选择和侧重，体现出教学的针对性和目的性。做不到这一点，教师就总会觉得“课时不够”“讲不完”，其根本原因是未能做到整体把握课程，用好教材。

第三，不能掉入内容的窠臼。容易掉入课文内容的窠臼仍然是目前语文教学中存在的一个严重问题。一篇选文，对“写了什么”的内容问题讨论很多，对“怎么写的”的语言表达问题探究得很少。教师误以为引导学生理解了选文内容就算完成了其教学任务，这种漠视语言形式本身“妄起浮论”的“对话”是一种必须引起警惕的语文教学现象。阅读教学，不仅要关注选文的内容问题（写了什么、为什么写），而且要关注语言表达的形式问题（怎么写的、为什么这样写），从而做到“言意兼得”。此外，更为重要的是，通过一篇篇“例子”的教学，其终极目的并不能仅着眼于这篇文章本身，而是通过读懂这篇文章的过程去培养学生读的兴趣并使学生日后愿意阅读，帮助学生掌握阅读方法使他们学会如何阅读，提高学生阅读能力使其能够阅读。这样才能做到由篇达类、举一反三，教材内容的学习就成了学生语文素养形成与发展的媒介和途径。

第四，“潜心会本文”。用好教材以准确分析、理解教材为前提。于永正老师的经验表明，要提高教学艺术，就必须把力气花在钻研教材上。他说：“这法儿那法儿，不钻研好教材就没有法儿……任何一篇课文，只读一两遍是很难找到好的教的方法的。但当我们读了若干遍之后，读出味来了，就会有豁然开朗之感，方法也常常随之产生了。”① 这里需要强调的是，教师在“潜心会本文”时，要学会以普通读者、学生、语文教师这样三个角色切入进去。首先，作为普通读者，教师要思考这篇文章从内容到表现形式对自己的“触动点”“敏感点”在哪里？假如没有这样的“触动点”“敏感点”，又怎样去要求和指导学生进行阅读呢？其次，假如自己是即将学习这篇文章的学生，我的问题、困惑或兴趣点可能是什么？这些考虑周全了，才有可能做到知己知彼，从学生的角度出发设计好教学方案。最后，作为语文教师，再次研读这篇文章时，教师所关注的应是如何取舍、运用文章中的语言材料对学生进行语文能力的培养和人文情感的熏陶。

① 雷玲主编：《小学语文名师教学艺术》，华东师范大学出版社 2008 年版，第 3 页。

## 第二节 “这法儿那法儿，不钻研好教材就没有法儿”

### 一、钻研教材的“法儿”

有的教师在备课时，一开始总是愿意先从方法上入手，想方设法地在形式上别出心裁，寻求与众不同。殊不知，方法也好、形式也罢，都是以对教学内容的推敲与琢磨为前提的。凡成功的课堂教学，莫不如此。那么，该如何钻研教材呢?

观点 “这法儿那法儿，不钻研好教材就没有法儿”——于永正[1]

教学艺术（即高明的教学方式、方法）来自执教者对所教内容的准确理解和把握，大到一篇课文的结构，小到一句话、一个词，都要了然于心，把它弄清楚、弄明白，否则就不能教，也无法教。连一般的方法都不会有，还谈什么艺术呢?

我的一切好的方法几乎都来自读。……一个人读不懂，就和同事们一起读，人多力量大，好多高明的方法是我和同事们一起“读”出来的。

一定要下功夫钻研教材，否则就不会有得心应手的方法、行之有效的方法。没有好的方法，也就谈不上艺术。教材把握不好，甚至于把握偏了，方法越高明，越会南辕北辙。

① 雷玲主编:《小学语文名师教学艺术》，华东师范大学出版社2008年版，第4—5页。

于永正老师的话，使我们看到了优秀教师对于钻研教材这一环节的认识和基本经验。诚然，语文课程资源是多元的，教师也应以开放的态度创造性地使用教材，而不能把语文教学封闭、拘泥于语文教材本身。但是，只有“入乎其内”，才能“出乎其外”，只有立足教材，才谈得上创造性地使用教材。语文教师最重要的一项基本功是钻研并恰当地使用教材，对此人们积累了许多经验，基本做法是从整体到局部。

首先，要做好对教材整体上的钻研和把握。通读教材，统观全局，避免只管局部不顾整体，只见树木不见森林。要确切了解学段与学段之间、年级与年级之间知识内容、能力训练点等之间的联系，认清所教学段、所教年级教材在全套教材中的地位、作用，从而正确、有效地使用教材。有研究者提出了钻研教材的基本步骤①，即“通读全套，了解教材编排体系”—“通读全册，把握教材的基本结构”—“通研整组，掌握训练序列与重点”—“逐课琢磨，吃透教材”。需要注意的是，在以上从整体到局部钻研教材的过程中，教师心中一定要装着两个东西：目标和学生。教师要将课程标准中所规定的总目标和学段目标与所钻研的教材建立起联系，以便准确定位每篇课文、每堂课的教学目标；将学生语文学习的具体情况与所钻研的教材建立起联系，以便增加教材使用的针对性与适应性。

其次，要做好单篇课文的钻研。每篇课文都是组织学生通过学习提高其语文素养的一个“例子”。“例子”吃不透，挖掘不出语言学习的探究点，课堂教学就会流于形式，在表面上游来游去，时效性大大降低。

### 观点　钻透教材与用足教材②

**（一）钻透教材：钻“面”、钻“线”、钻“体”、钻“点”**

钻“面”，即整体把握课文，不仅要抓住课文的每段具体内容进行推敲、

① 江平主编：《小学语文课程与教学》，高等教育出版社 2004 年版，第 76—79 页。

② 肖川主编：《名师备课经验·语文卷》，教育科学出版社 2006 年版，第 33—38 页。本书引用时对其中的部分观点及文字进行了修改。

理解，而且要抓住全文的主要内容、主题基调，同时要尽可能多地了解文本背后的相关内容。钻“线”，即纵向把握，抓住文章的结构线、主旨线、情感线，体会其特点、层次和变化。犹如串糖葫芦，要抓住串起糖葫芦的那根竹签。钻“体”，即准确把握文体特点，从文体特点出发做出恰当的教学处理。钻“点”，即从整体中抓住局部，善于抓住牵一发而动全身的“牛鼻子”，吃透重点、难点、特点。

（二）用足教材：品点、扩点、疑点、评点、融点、积点、盲点

品点：如《田忌赛马》一课开头有这样一句看似平常的话：“他们把各自的马分成上中下三等。”教学时可以先让学生用两句话表达出这句话的意思，看学生是否理解并能把意思表达清楚；再启发学生品味原话中“各自”的作用，体会其概括的功能；最后用“各自”造句，扩展运用，培养学生运用语言的能力。任何一篇文章，这样的“点”都很多，关键看教师是否能发现它，是否有这样的意识。

扩点：每篇课文都有简略处、省略处、概括处、暗含处、延伸处。简略处求展开、省略处求补充、概括处求具体、暗含处求明朗、延伸处求续编，这些都是带领学生进行言语实践、提高其语文能力的空间。

疑点：对于学生来说，每篇文章都会有“疑点”。教师要善于抓住这些“疑点”，引导学生敢问、会问，培养他们的质疑能力、思考能力、解决问题能力。

评点：善于抓住教材中揭示出的一些矛盾冲突、不同观点或基本事实，引发学生进行讨论、争论、评论。这既能锻炼学生的口语表达能力，又能培养学生的分析理解和独立思考能力。

融点：融其他学科的“他山之石”。融入课本外的有关材料，促进学生的语文学习兴趣和效率。

积点：教材是范例，积累语言是掌握表达工具的砖瓦。所以要善于利用教材引导学生赏析、积累、运用语言。运用是积极的积累，要组织学生边积累边运用。

盲点：要善于抓住教材中学生不易发现的关键处，抓住学生的认知盲点，引导学生产生疑问、积极探究。

从整体把握到单篇钻研，教师所采取的具体途径和方法必定有所不同，但他们的目的都是要弄清楚怎样利用好课文和教材去更好地实现语文教学的目的。那么，从课堂教学的事实本身来看，教材钻研怎样影响着教师的教学行为呢？

## 二、教材钻研怎样影响教学行为

### （一）字词的钻研与教学处理

“文字有意以立句，句有数以连章，章有体以成篇。”[1] 字（词）义乃是句义乃至篇章义的基础，它们之间的关系是“振本而末从，知一而万毕”[2]。字词是构成汉语书面语的最基本单位，同时它又是小学阶段重要的教学任务之一。汉语教学中的教材钻研自然也应从字词入手。抓住了关键字词，不仅可以引导学生更深入地走进文本，理解、感受文本内容，更能帮助他们增强语感、丰富语言积累，并形成阅读习惯。

#### 案例　“饱经风霜”与“究竟”的教学处理[3]

在《我的伯父鲁迅先生》一文中，作者描写人力车夫时使用了一个很传神的词——“饱经风霜”。教学时，教师解释一下含义，说一说，当然不是不可以，但我没有这样做。因为我每次读到这句话时，脑海里便出现了车夫的形象，出现了他那一张令人同情的脸。我相信学生也会这样想，于是我请他们展开想象，并要求写出他们想象中、理解中的车夫的“饱经风霜的脸”。学生们沉思起来，动情了，动笔了。学生描写出来的脸，虽然语句不同，但都表达了

① 《论衡·正说》。

② 《文心雕龙》。

③ 雷玲主编：《小学语文名师教学艺术》，华东师范大学出版社 2008 年版，第 3—4 页。

一个意思——饱经风霜。

三年级有一篇课文《水上飞机》，文中要求学生用“究竟”造句。我一查词典，竟有两个意思：一个作“结果”讲，可以用“明白”取代；一个是因为有疑问而表示追究。意思弄明白了，造句的教学设计也就出来了。我先让学生读书上的句子：“小海鸥想：货轮、客轮啥样的我都见过，就是没见过这种长翅膀的船。它决心去看个究竟。”接着让学生说说自己在生活中遇到的想“看个究竟”的事。说完，我将“看”擦掉，先后换成“问”“探”，让学生再说说在生活中遇到的需要“问个究竟”“探个究竟”的事。学生很活跃，发言很精彩。接下来，我出示了这样一个句子：这种东西究竟省不省油？让学生体会“究竟”在这句话中的意思。当学生知道了这里的“究竟”作“追问”“追究”讲时，我又请他们仿照例句造句。最后，我请大家以“恐龙”或者“外星人”为话题，写一段话，用上两个“究竟”，一个表示结果，一个表示追究。

## 案例 “字理析词”，突出汉语特点的文本研读与教学处理①

《趵突泉》主要描写趵突泉的泉水喷涌而出、浪花翻滚的情形。在进行教材研读时，黄老师敏锐地抓住了文题中的关键词语并依据字理进行了分析。“趵”是足字旁，足就是脚，“趵”的本义是“跳跃”的意思；“突”是指犬突然从洞穴里窜出来，表示非常急速。顾名思义，“趵突泉”是跳跃的泉，是奔涌而出的泉。这样，在教学时，就可以从文题入手引导学生理解“趵”与“突”的本义，之后再引导学生去品读课文是怎样通过语言的描写表现出趵突泉水势之“趵”与“突”的情势的。显然，这样的处理十分有利于学生对文本的理解。

《五彩池》中有“水池周围的树木长得很茂盛，五光十色的倒影使水池更加瑰丽”的句子。句中的“瑰丽”换成“美丽”行吗？哪个更好呢？黄老师依据字理析词，先把“瑰丽”分解为“瑰”和“丽”。“丽”是美丽，学生容易理

① 根据笔者与黄亢美老师讨论教学问题时的谈话内容整理。

解词义；“瑰”是斜玉旁，斜玉旁的字与碧玉、瑰宝有关。由此可知，“瑰丽”即像碧玉般的美丽。那么，在这个句子里，“瑰丽”为什么要比“美丽”更贴切呢？联系句段内容来看，原来“五彩池”中的水清澈透底，在阳光的映照下五光十色，就像碧玉般晶莹透亮、闪耀着光泽。如果换成“美丽”，就显得空泛了。

日常教学中，很多教师都力求让自己的语文课更扎实一些、更有语文的味道。据我们的观察，凡扎实而充满语文味儿的课，类似上述案例的教学环节比比皆是。

“饱经风霜”在文本中只是一串文字符号，但它却有着强烈的“召唤性”①。用心研读，我们就会想：日常生活中孩子们见到过“饱经风霜”的脸吗？从课文中的这几个字他们能看到“人力车夫”那一张“饱经风霜”的脸吗？透过“饱经风霜”的脸，他们能读懂这张脸背后那些有关人生与生活的更加深沉的东西吗？在研读文本的过程中，于永正老师感觉到了、想象到了、思考到了，于是便有了他的教学设计与实施。围绕“究竟”这个词的教学，案例告诉我们的是：教学艺术来自于教师对所教内容的准确把握，哪怕只是一个词语，也要把它弄清楚、弄明白，否则就不能教、也无法教。

“依据字理，品词、品句、品读”是黄亢美老师倡导的并充分体现着汉语教学特点的语文教学理念。上述案例中，黄老师一是抓住了文题，从字理出发引导学生理解“趵”“突”二字的本义，进而体会到趵突泉的最基本特点，在此基础上引导学生去品读课文是怎样通过语言写出趵突泉水势之“趵”与“突”的情势的；二是抓住了文中关键句子中的关键词语——“瑰丽”，引导学生进行字理析词并与“美丽”进行比较品味，就整篇文章的学习而言，这一处理可以说是切中肯綮。在这里，字、词教学与文本、语境实现了完美融合，在充盈着浓浓语文味的课堂中，既培养了学生扣住语言理解文本的能力，又在体会作者遣词造句之得体与精妙的过程中积累了语词、语感。

---

① 按接受美学的理论，任何文学文本都具有不确定性和意义空白，是召唤性的语符结构。这一理论的代表德国美学家、文学批评家沃尔夫冈·伊瑟尔（Wolfgang Iser）认为：“作品的意义不确定性和意义空白促使读者去寻找作品的意义，从而赋予他参与作品意义构成的权力。”所以说，作品的意义存在于阅读之中，是读者和作品相互关系的产物。

### （二）句段的钻研与教学处理

句段是构成文章的基础，是理解文章的基础，也是培养学生基本阅读能力的重要依据。句段教学是否扎实直接影响学生的阅读积累、阅读思维、阅读方法与能力，同时也通过“读写迁移”影响学生的写作能力。抓住文章关键句段进行钻研，进而才会带来相应合理而有教学意义的教学处理。

#### 案例 “大约是星期六”，这个交代是多余的吗[1]

《在仙台》（节选自《藤野先生》）记叙了藤野检查鲁迅听课笔记的事。这件事的开头是这样交代的：“一天，大约是星期六，他使人把我叫到他的研究室……”事情的最后，鲁迅写道：“第二三天便还给我（指作业）。”鲁迅打开一看，（作业被）改得非常仔细，连文法都一一订正了。为什么鲁迅先生在故事的开头要交代“星期六”？“第二三天便还给我”，第二天是星期几？第三天又是星期几？那么藤野先生最迟是什么时间改的？他都是在休息的时间改的！而且改得那么认真！藤野先生是个怎样的人，还要多说吗？都在字里行间！

我的“发现”使我很兴奋。在课堂上，当我引导学生也这样“发现”后，学生也变得很兴奋。我对学生说：“作者这样写，叫‘前后照应’，我们这样读，叫‘前后联系’。”学生恍然大悟的同时，听课的老师也恍然大悟了。

#### 案例 《花钟》（人教版《语文》三年级上册）第一段的教材分析与教学处理[2]

“鲜花朵朵，争奇斗艳，芬芳迷人。要是我们留心观察，就会发现，一天之内，不同的花开放的时间是不同的。凌晨四点，牵牛花吹起了紫色的小喇

① 雷玲主编：《小学语文名师教学艺术》，华东师范大学出版社 2008 年版，第 3—4 页。

② 2009 年，笔者在北京中关村一小参加该校校本研修活动时采集到的教学案例。

叭；五点左右，艳丽的蔷薇绽开了笑脸；七点，睡莲从梦中醒来；中午十二点左右，午时花开花了；下午三点，万寿菊欣然怒放；傍晚六点，烟草花在暮色中苏醒；月光花在七点左右舒展开自己的花瓣；夜来香在晚上八点开花；昙花却在九点左右含笑一现……”

用这一段的“语料”引导学生学什么？在听了两位教师“同课异教”的两节课并进行课后讨论之后，我们发现至少可以从表 3-1 中的一些方面去发展学生相应的语文素养。

表 3-1 发展学生语文素养的途径

| | |
|---|---|
| 语词积累 | “争奇斗艳”“芬芳迷人”“欣然怒放”“含笑一现”“凌晨”“暮色”…… |
| 朗读能力及语感积累 | 在理解、感悟的基础上，引导学生朗读。抓住“吹起了紫色的小喇叭”“绽开了笑脸”“欣然怒放”“舒展开自己的花瓣”等，通过想象和联想读出情感。 |
| 阅读能力：提取信息、把握顺序、概括内容 | ①完成表格：开放时间—花的种类—开放形态，交流修改；②用一句话概括出这一段的主要内容。 |
| 怎么写的：发现与体会 | ①时间顺序；②时间词语表述方式的变化；③不同的花写法不同，要抓住特点写具体；④拟人的修辞手法带来了生动与情趣。 |
| 以读促写 | ①仿写：参照前面的写法，抓住省略号，再续写几种你所了解的花；②在想象与联想的基础上思考：艳丽的蔷薇展开了怎样的笑脸？写出你和她的一段对话等。 |
| 文学情趣 | 将这一段改写成一首小诗并朗读：<br>凌晨四点，<br>牵牛花吹起了<br>紫色的小喇叭。<br>五点左右，<br>艳丽的蔷薇<br>绽开了笑脸。<br>七点，睡莲<br>从梦中醒来。<br>……<br>月光花在七点左右<br>舒展开自己的花瓣，<br>昙花，却在九点左右<br>含笑一现…… |

“大约是星期六”，这个文本研读中的发现及其所带来的相应的教学行为，至少可以使学生在如下几个方面有所得：严谨的写作态度和扎实的读书态度；在字里行间中展示性格而不是说教与贴标签；“前后照应”的写法与“前后联系”的读法。“庖丁解牛，游刃有余”，于永正老师游刃有余的教学智慧取决于他深厚的文本研读的底子。

每一句段都可以用来发展学生的语文素养，怎么利用句段，取决于教师在研读基础上的发现。就《花钟》的第一段而言，如表 3-1 所示，我们至少发现了六个可以将其“教学化”的点。这正是“语文教师的教学阅读”与“一般人的日常阅读”的根本区别。在“语文教师的教学阅读”中，我们可以发现明显的教学意识。当然，这些“教学点”是否真的要出现在课堂教学中，还要由教师根据本班学生具体的学习情况灵活选择和处理。

### （三）篇章的钻研与教学处理

教师对篇章的钻研与处理往往决定着课堂教学的基本思路和结构，也决定着学生语文学习过程的基本方向和步骤。有的课文可以从标题入手，探求其表达的主旨、情感、思路。如《狼牙山五壮士》，为什么不用“五战士”而用“五壮士”？他们“壮”在哪里？有的课文可以从文章结构入手，把握文章的顺序、脉络，进而引导学生学会提炼信息、整体把握文本。有的则可以从文章的主旨思想和情感基调入手，揣摩、思考、体验，锻炼思维，发展审美。总之，篇章的钻研与教学处理要基于整体感知，进而去探究思路、结构、情感、思想等，培养学生提取信息、理解体验、概括分析、评价鉴赏等基本的语文能力和素养。

### 案例 备课要抓住课文的“课眼”[1]

主题即“课眼”。教师拿到教材不要急于搜集课外资料和参考教案，一定

① 肖川主编：《名师备课经验·语文卷》，教育科学出版社 2006 年版，第 46—48 页。

要“啃”教材，钻进去，找到“课眼”，然后用创意进行设计。找到“课眼”就找到了策略，你的教学就会产生四两拨千斤的功效。

比如《圆明园的毁灭》的教学，我紧紧抓住“毁灭”这个中心词进行如下设计：圆明园毁灭的究竟是什么？不应该毁灭的是什么？永远也毁灭不了的是什么？比如教授《秋天的怀念》，仔细阅读文本，我发现“课眼”是在文本中两次出现的“好好活”上，于是整个课堂就围绕“娘俩好好活”—“我俩好好活”—“我们好好活”展开体验与思考。再比如讲《长征》，我围绕“红军不怕远征难，万水千山只等闲”这句话设计：先带学生走进文本体会红军长征怎么个“远征难”，然后再柳暗花明——体会理解红军怎么个“只等闲”。这样，红军的大无畏的英雄气概就凸显出来了。

如何找到“课眼”？形式、手段都显得次要了，关键靠底蕴——独立思考的勇气与能力。

### 案例 京版教材第7册（四年级上）《自然界之道》的篇的处理[1]

文本特点及学情分析：本文是一篇叙事性记叙文。文章记叙了“我”和几个旅伴到南太平洋加拉巴哥岛上，想实地观察幼龟是怎样离巢入海的，出于好心帮助了一只幼龟，却给很多幼龟带来了灾难。这件事告诉我们：爱护动物就要了解它们、了解自然法则，只有遵循自然界的规律才能把事情办好。根据教材特点和本班学生的语文能力发展情况，通过本篇课文的学习，着重在如下几个方面促进学生发展：词语理解与积累，检索文章相关信息和主要内容的能力，结合上下文理解词语、句子的能力，把握文章主要内容并进行概括的能力，增进对自然之道的理解。

---

① 来自2009年笔者在北京市顺义区一所农村小学——大孙各庄中心小学——所进行的校本教研。

表 3-2 《自然界之道》的教学目标和教学设计

<table>
<tr><th colspan="2">教学目标</th><th>学习活动设计</th></tr>
<tr><td>字词积累</td><td>1. 生字掌握：“率”“龟”“贯”“孵”“颓”等本课要求识写的生字。<br>2. 词语积累：“犹豫不决”“突兀而来”等本课出现的四字词语。</td><td>1. 默读课文，画出本课生字，用不同方法记忆。<br>2. 默读检索出课文中的四字词语，抄下来，同桌互考。<br>3. 字词练习（略）。</td></tr>
<tr><td>检索信息能力</td><td>1. 检索有关绿龟的相关信息，并用简洁的语言表达。<br>2. 检索课文相关信息，整体把握文章的主要内容。</td><td>1. 阅读课文，检索有关太平洋绿龟的基本信息，用简洁的语言为它写个说明（可以用表格的形式），或转换角色，同桌合作（假如你是太平洋绿龟，怎样向同学介绍自己）。<br>2. 检索课文中的相关信息并推想：假如“我和七个旅行同伴”没有来到这个小岛上，“幼龟是怎样离巢进入大海的”？叙述并注意顺序。</td></tr>
<tr><td>关键词句理解能力</td><td>1. 借助工具书理解关键词语。<br>2. 联系上下文理解课文中的关键词语、句子。</td><td>1. 查字典，从“道”的 5 个解释中选出一个适合“自然之道”的解释。<br>2. 阅读第三段：“一只幼龟率先把头探出巢穴，却又欲出又止……犹豫不决”，结合上下文解释：什么是欲出又止、犹豫不决？小海龟为什么欲出又止、犹豫不决？为什么用“探”不用“伸”？<br>3. 阅读并理解：向导发出了悲叹：“不是我们，这些海龟根本就不会受到伤害。”</td></tr>
<tr><td>把握文章主要内容并进行概括的能力</td><td>1. 根据故事的发生发展过程把握叙事顺序。<br>2. 学习用记叙文的基本要素概括故事的主要内容。</td><td>1. 根据故事的发生发展过程复述课文的主要内容，说说这篇课文是按照什么顺序写的。<br>2. 根据课文内容填空。人物：____；地点：____；起因：____；经过：____；结果：____。<br>3. 用一句话概括课文的主要内容。</td></tr>
</table>

续表

| 教学目标 | | 学习活动设计 |
|---|---|---|
| 阅读迁移能力 | 联系现实生活，加深对自然规律的认识。 | 1. 如你就是那只幸存下来的幼龟侦察兵，当一名世界保护动物志愿者来采访你时，你会说些什么？<br>2. 生活中还有哪些违背自然规律的行为？写一个小故事。 |

“文本是个丛林，茂盛幽深，那么深邃神秘地诱惑着我们去探险，去走进它的深处。然而我们也很容易在其中迷路。教师解读文本的过程是个‘披荆斩棘’的过程。”[①] 窦桂梅老师告诉我们在进行“篇”的钻研时，教师要以“我”为主，抓住课眼，创意设计。自然，这需要教师具有较高的文学修养和文本解读能力。

如何用好一篇篇“课文”，将其作为语言学习的工具以提高学生的语文能力？《自然界之道》的教学处理为我们做出了一个基本示范。“用教材教”，取决于教师对语文教学目标的准确理解和对学生学习起点的准确把握。有了这一基础，教师就会清楚地意识到“用教材去教什么”，进而也就能够有所取舍地扣住篇章为学生设计出相应的言语实践活动。这是进行篇章钻研时教师不能逾越的一个基本出发点。

## 三、启示

第一，教师专业发展过程中，尤其是在起步阶段，要“潜心会本文”，要“一字未宜忽，语语悟其神”。小学语文教师要想使自己的教学做到扎实、有深度，这是一项不可逾越的基础能力。否则，课堂教学难免给人以漂浮、虚晃一枪的感觉。

---

① 肖川主编：《名师备课经验 · 语文卷》，教育科学出版社 2006 年版，第 88—89 页。

第二，教师自身对文本的解读有怎样的高度，就会引领学生登上怎样的高度。教师对文本解读的深浅程度直接影响着教学行为本身。“横看成岭侧成峰，远近高低各不同。”小学语文课堂教学要想走上高度，在文本解读这一环节上，必须从依赖教学参考书走向个性化的独立思考，从单一、封闭走向多元和延展。这样，语文课堂才会在语言的波光粼粼中流动思维、涌动情感。

第三，必须清楚地意识到，教师基于教学需要的文本研读不同于一般的日常阅读，必须要从学生的学习起点和语文课程目标出发，审慎考虑该如何使用这样的语言材料，解决学生身上的哪些语言能力问题，发展学生的哪些语文素养。如此，才能做到有所取舍、张弛有度。否则，教师很容易在文本研读中迷路，为了课文而教课文。事实上，教师研究教材、把握教材的诸多问题，大都基于对“教什么”总是不甚了了。对此，必须重申一点：语文教学不是单纯地“讲好一篇篇课文”，不能只是看是否讲得精彩、有深度、有新意、有水平，而是要看教师在文本研读的基础上基于何种目的、为学生设计了哪些有意义的言语实践活动，这一过程即教材内容的教学化。

## 第三节 教材内容的教学化

### 一、教材内容与教学内容

完成语文课程的内容与目标的依据是什么？最基本的依据是教科书。各个版本的教科书都是集中人力将课程内容与目标教材化的结果。当然，“在课程内容教材化的同时，也要求将教材内容‘教学化’。教学化，包括人们一再重申的心理化，也包括贴近教学实际的要求形成具体而有效的教学设计。教材并不是课程内容的简单传递，也不等于课程内容的精炼表述；教材内容和编排的理想境界，是形成可供选择的教学设计。”① 当前，我们的语文教材还未能做到国外许多母语教材已经做到的“形成可供选择的教学设计”的程度，因此，这一“教学化”的任务就压在了广大一线教师的身上。随之带来的是面对同一篇选文教师“各自以意为之”的现象，教学化的形式和效果各不相同。虽然教材留给教师的空间很大，但带来的却是一种较为放任的、“人治”的状态。当教师在整体上对语文课程与教学、对学生语言学习本身的把握等还达不到一定程度的时候，这种“放任”与“人治”事实上带来了诸多弊端。

显然，当前教材内容的教学化水平成为决定语文教学效率高下的一个关键。而要做好教材内容的教学化，我们需要区分“语文教材内容”和“语文教学内容”两个基本概念。

王荣生教授的观点是：“语文教材内容，是语文教材具体形态层面的概念，指为了有效地反映、传递课程内容诸要素而组织的文字与非文字材料及所传递的信息。语文教学内容，则是语文教学具体形态层面的概念，从教的方面说，指教师在教的实践中呈现的种种材料及所传递的信息。它既包括在教学中对现成教材内容的沿用，也包括教师对教材内容的‘重构’——处理、加工、改编乃至增删、更换。”②

曾天山指出：“教学内容又是教材内容的教学化。教学内容是师生在教学过程中各项活动对象及活动方式的组合，是具体而动态的，是主体与客体相互作用的过程和结果，是对静态教材内容多次教学法处理的过程与结果。”③

显然，教师在教学过程中，首先面对的是教材内容。而在研读教材的基础上，则要根据课程目标、学生语言学习的具体情况，将这一静态的内容“教学化”，并通过实践转化为教学内容。在这一转化过程中，教师需要思考的核心问题是：面对这样的学生、这样的文本内容，实际上应该教些什么？为了使学生掌握这样的内容、发展相应的能力，最好应该怎样去教？如上过程恰恰反映出教师职业的研究性和创造性特征。

---

①② 王荣生著：《语文科课程论基础》，上海教育出版社 2003 年版，第 299、301 页。

③ 曾天山著：《教材论》，江西教育出版社 1997 年版，第 116 页。

## 二、课堂教学是教材内容教学化的过程

观点 走近文本的不同角色①

（一）我是作者

“我是作者”是求其“真”的过程，是追寻文本基本含义的过程。“识真”既是对作品的尊重，也是进一步求解的前提。“缀文者情动而辞发，观文者披文以入情。”要识得其“真”，就须真切地走进、实在地揣摩。叶老说：“作者思有路，遵路识斯真。作者胸有境，入境始与亲。一字未宜忽，语语悟其神。”

（二）我是孩子

“我是孩子”是对母语学习规律的认识。教材的主要阅读对象是孩子，阅读学习教材是他们语文素养提高的重要途径。儿童的阅读心理与成人有着很大差异。教学的成功建立在对儿童心理状态的理解上，走进文本，需要教师有着一双孩子的眼睛。

（三）我是教师

“我是教师”是一种专业解读，也是一种“为他”式解读，一切皆是为着更好地辅助儿童，考虑的是如何以文本为凭借促进学生的言语发展。我们要斟酌，作者所寓之意是否适于向孩子揭示？应该领着孩子求解到何种程度？如何带领孩子去发现文本中语言表达的妙处？

教学内容是教材内容教学化的结果，它以课堂教学的形态具体呈现出来。而教材文本的解读，是这一切的开始。周益民老师从作者、儿童、教师三个视角的教材解读经验给我们以相应的启发。对于实践者来讲，要追求优质课堂，必须考虑清楚以下三个问题。

① 余文森、林高明、许玉兰主编：《名师怎样观察课堂·小学语文卷》，华东师范大学出版社 2009 年版，第 4—5 页。本书引用时在原文基础上进行了提炼。

### （一）研读教材，知道凭借这样的教材内容可以教什么

教材内容是发展学生语文素养的一个依据，而要用好这个依据，首先取决于教师在研读基础上的发现。研读教材的首要任务就是发现它所潜存的语文教育因素，发现能够用它来教什么、学什么。没有发现，就谈不上取舍，谈不上为我所用。

还需强调的是，在进行单篇课文的研读时，必须将其置于本册教材甚至整套教材中去整体考虑，以把握好教学的逻辑起点。因为，一篇文章，一旦选入教材，它便不再是独立存在的个体，而是整个语文大厦的有机组成部分。所以，那种绝对化的“我的课文我做主”的做派是要不得的。“这部分教师往往打着‘教师是课程资源的开发者’的幌子，对教材进行随意解读和处理，置整个教材逻辑体系于不顾，一味求新和求巧，结果完全曲解了编者的意图和教材本身具有的‘例子’功能。”①

### （二）把握学段目标，找准学生起点，清楚凭借这样的教材内容事实上应该教什么

语文教材只是我们要“教”和“学”的内容的载体，而具体用它来教什么、学什么，则取决于教师对学段目标及学生学习起点的把握。基于课堂观察，我们认为这是当前语文教学最迫切需要解决的问题之一。“如果把整个语文学习的过程比作一次长长的旅行的话，那么，教师必须要随时了解我们的孩子从何处而来，他们正在什么地方，他们将继续往哪个地方前进。所以，我们要对学生曾经掌握了什么和将要掌握什么，孩子已经有了哪些本领和将要练习哪些本领，有一个通盘的了解。”②

学段目标，是对我们通过研读所发现的教材中的语文教育因素进行取舍的标准。依据这个标准，我们可以判断该教什么、不该教什么，从而避免面面俱到。而学生学习的起点恰恰是课堂教学的起点。通过有限的课堂，教师要帮助和解决的是学生的“不会”和“不能”。那么，学生的“已知”和“已经能做的”是什么？“不会”和“不能”到底是什么？这一起点找不到、找不准，

①② 张祖庆著：《张祖庆讲语文》，语文出版社 2008 年版，第 62 页。

就谈不上有效教学，就谈不上以学定教，就不可能对教材内容进行针对性的教学化处理。换言之，有效教学必须建立在对学生起点的准确把握和了解上，“零起点”教学或“教师起点”的教学不但不能激发学生语文学习的积极性、主动性，更不能对学生语文素养的发展真正产生积极的作用。

### （三）把握学生语文学习的心理，知道这样的内容与目标怎样教才能取得更好的效果

显然，在语文课堂的40分钟时间里，学生的主要任务是按照教师所预设的初步规划去进行一系列的言语实践活动，并通过这样的言语实践活动完成相应的个体发展目标。为此，在教学化处理过程中，教师必须了解小学生的学习心理，并在此基础上，利用教材所提供的语文材料，设计出相应的任务、活动和作业，把学生带到语言的世界中去。这样，教师就需要考虑下面几个基本问题。

第一，引导并激发学生参与语文学习活动的兴趣、动机与期望。让学生对教材内容产生探究热情和认知欲望，使教材内容同学生的经验与体验建立联系，搭建起教材内容通向学生生活世界的桥梁。这取决于教师能否真正把握学生的学习心理。

第二，将整体性的教材内容任务化、问题化。用具体的、富于挑战性的、序列化的任务和问题组织并推进教与学的活动，使学生处于任务或问题情境中，而不只是坐下来听讲。显然，设计哪些问题、哪些任务、何种程度的问题与任务，取决于教师对文本特点的把握，对本课教学的预期，对学生起点的了解。

第三，将静态的教材内容活动化、实践化。现代课程理论的奠基者美国课程论专家泰勒（R.W.Tyler）说过：“学习是通过学生的主动行为而发生的；学生的学习取决于他自己做了些什么，而不是教师做了些什么。”就语文学习来说，学生语文素养的发展也取决于他自身言语实践活动的质量与数量，而不取决于教师在课堂上说了些什么。因此，我们坚信，语文课堂是学生进行语文实践活动的课堂，有效的语文课取决于教师是否设计出并组织学生进行了有效的语文实践活动。基于此，可以从下面几个角度去观察并判断语文课堂的有效

性：学生在40分钟里干了什么？教师为学生设计了哪些语文实践活动？学生是怎样进行这些活动的？这些活动对学生语文素养的发展所起的作用究竟是怎样的？等等。

当我们把目光都聚焦于学生身上的时候，并不意味着教师的作用下降了。正好相反，与过去“一讲一听”的语文课堂相比，教师的作用在各方面都得到了强化，并反映在了学生身上——教师要根据文本特点、教学目标、学生起点，为学生设计出有意义的学习活动；教师要想尽办法高效地组织学生进行这些学习活动；学生在学习活动的进程中遇到问题或发生错误的时候，教师要具有相应的策略和智慧对学生进行指导、给出建议；教师还要具有相应的评估能力和激励策略，对学生的学习活动进行评价和提升。这样在教材内容教学化的过程中，教师角色就由单一的教材内容讲授者转变成为教学活动的设计者、组织者、指导者、评价者。

总之，作为教材内容和学生实际的语文课堂学习之间的媒介，教师要善于通过教学化过程把学生带到语言文字的活动中去。而教材内容的教学化，又以钻研好教材为基础，以理解学生语言学习的心智发展状况为条件，以教师个人的文化底蕴与教学智慧为依托。

## 探究与思考

概念辨析：通过文献阅读，就下列概念做出解释并厘清三者之间的关系：语文课程内容、语文教材内容、语文教学内容。

文献研究：阅读相关文献，找到特级教师教材分析的经验和方法，将其分类罗列，看看哪些是值得我们借鉴和学习的？

案例研究：搜集语文同课异构的典型案例进行具体描述，在此基础上讨论“教材分析是怎样影响教学设计与课堂教学行为的”。

观念反思：通过本章的学习，理性思考你个人的语文教材观。在以后的教学中，你打算怎样分析好、使用好语文教材？

# 第四章

# 谁在学语文——着眼于儿童发展的语文课堂

【内容提要】

“教”是为“学”服务的，不了解“学”的状况，就无法保证“教”的有效。那么，儿童是如何学习语言并获得语言能力的？小学生语文学习的起点在哪里？学习中的“障碍”与“错误”在哪里？怎样帮助儿童突破语言学习中的困难？只有把握准如上问题，教师才称得上是专业的教师，才能真正带领孩子们去攀登语文学习的高峰。

【核心概念】

以学定教　学习起点　儿童语言能力的获得

# 第一节 追问、困惑与思考

## 一、追问：我做到了“以学定教”吗

着眼于学生发展的课堂必然是“以学定教”的课堂。顾名思义，“以学定教”即根据学生的“学”来确定教师的“教”。学生的“学”指的是学习动机、学习起点、学习方式、学习效果等与学生的学习发展有关的内容；教师的“教”指的是教学期望、教学内容、教学方式、教学效果等与教师的教学活动有关的内容。“教”是为学生的“学”服务的，教师必须树立起以“学”为本的教学理念，根据学生“学”的事实来确定自己“教”的行为。诚如陶行知先生所言：“先生教的法子必须根据学生学的法子。”那么，就让我们追问一下自己：我做到“以学定教”了吗？

观点　公开课讲给谁听？谁是课堂的主人？①

这一问题似乎不用回答，但就是这“不用回答”的问题，却出了不少问题。……我们有些人却真的忘记了这一点。他们的公开课，不是上给学生，而是上给评委、上给听课的老

① 支玉恒著：《支玉恒老师教语文》，华东师范大学出版社2009年版，第53—54页。

师的，因此就难免产生取悦评委和听课老师的心理。他们不把课堂当作学生成长发展的圣地，而当成自己展示所谓个人才华的地方；不是关注学生是否有所获得，而更多的是惦记自己讲得是否“出彩”。这样的课，有太多的个人功利色彩，于学生却无实质上的帮助。学生只不过是老师表演的“道具”，最多是讲课老师的陪衬或配角。这样的课堂，看不到对学生耐心细致的辅导，看不到学生由不懂到懂、由不会到会的学习过程，而看到的是老师的歌舞书画，或旁征博引、说古论今的口若悬河般的激情阐述……

支玉恒老师针对当前众多的“公开课”现象，鞭辟入里地指出了其中所存在的核心问题——为教而教，不是为学而教。当教师把课堂视为展示个人授课技巧的场所的时候，他们就更愿意从听课者的角度出发去处理教学问题，而忽视了学生语文学习过程中的真正“需要”。他们关注的是“教”的活动，而不是“学”的活动。

事实上，不仅公开课，常规课堂中也普遍存在着这样的问题，只不过表现为另外的形式。其一，40分钟的课，教师讲话的时间常常占到30分钟甚至更多，有的教师整节课都在喋喋不休地进行着琐碎的问答，并且还在抱怨时间不够。无疑，教师们一定认为自己所讲的对学生而言是最重要的东西，但这毕竟是教师们的主观臆想。在许多教师的头脑中潜存着一种意识——40分钟内的所有教学内容、教学流程应由教师说了算，我叫你学什么你就学什么，我告诉你怎样学你就要怎样学。这种潜意识背后是对学生主体的漠视，是课堂上的教师霸权主义，不是专业教师的行为。其二，教师找不到学生学习的起点，不知道学生的语文学习有哪些问题、障碍和错误，进而进行针对性的活动设计，并给予指导和帮助。教师只是按照自己的教案一路讲下来。我们知道，“问题”与“错误”存在的地方才是学生最需要教师的地方，数学教师似乎很看重这一点，语文教师难道可以置之不顾吗？找不到学生语言学习过程中的“问题”与“错误”，教师就不能真正成为学生发展的帮助者、指导者。

总之，教师的使命是促进学生的发展，“教”的行为基于“学”的活动。教师必须学会根据学生的成长需求、学习动机、认知基础、语言发展水平等设计和实施教学活动，并依据学生的学业进步程度评价和调节自身的教学行为，从而达到促进学生有效学习的根本目的。

## 二、困惑：怎样做到“以学定教”

教学设计与实施的基本环节是：到哪里去（教学目标的确认）—怎样到那里（教学过程与方法的选择）—有没有到那里（语文学习结果的评估）。如上三个基本环节，表面上看都是由教师决定的，但事实上，哪一个环节都离不开对学生学习状况的基本把握。在学生语言学习的过程中，要做到“以学定教”，就必须充分地了解学生。据此，才能把握好“以学定教”中的“学”，从而做好“以学定教”中的“教”。

语文教学设计，说到底就是学程设计；语文教学实施，说到底就是在教师的组织、指导下学程的展开。要做到这一点，教师应努力做到以下几方面。

第一，找准学生语言学习的起点，即“学生在接受新的学习任务之前原有的知识技能的准备”①。具体来说，就是学生在学习新的内容之前已经知道了什么、不知道什么、渴望知道什么，已经具有了哪些语言技能、还缺乏哪些技能、渴望获得哪些技能；还要清楚地意识到“学生在语言学习方面已经习得和拥有了哪些相关的学习策略”②。准确把握学生语文学习的起点，有助于我们设计出恰当的教学目标和学习活动以保持学生语文学习的积极性、主动性。要找准学生语言学习的起点，最重要的是能够认真评估学生的学习状况并进行科学分析，找准学生语言学习过程中所发生的“问题”和“错误”，“问题”与“错误”存在的地方才是学生最需要教师的地方。找到了这些“问题”与“错误”，在归因分析的基础上，我们就可以针对性地使用教材，设计出有助于解决这些“问题”与“错误”的学习活动。

对学生的学习进行准确观察与评估，是小学语文教师应具备的一项基本能力。我们应该知道怎样运用衡量学习标准的评估手段，知道怎样利用评估结

① 王小明等著：《语文学习与教学设计·小学卷》，上海教育出版社2004年版，第19页。

② 倪文锦、谢锡金主编：《新编语文课程与教学论》，华东师范大学出版社2006年版，第207页。

果来获得学生学习和发展的准确反馈，并在此基础上规划教学以满足学生的学习需求。必须把“教—学—评估”看成是相辅相成且循环往复的环节，让“评估”（“问题”与“错误”分析）成为课堂教学改进的重要参照。这是当前小学语文教学中亟待解决的一个问题，也是语文课堂教学效率低下的一个重要原因。

第二，根据学生语言学习的“最近发展区”设计教学。苏联心理学家维果茨基（Л.С.Выготский）认为，每一个学习者都有两种不同的学习水平，其一是学习者已有的、个人独立解决问题的水平，其二是学习者可能具备的在他人帮助下能够达到的解决问题的水平，这两种水平之间的距离与空间即为“最近发展区”。维果茨基进一步认为，教学要促进学生的发展，要走在发展的前面，教学内容要落在“最近发展区”内。① 显然，对学生语言学习的“最近发展区”的了解，是实现“以学定教”的一个基本前提。只有把握住学生从起点能力到终点能力之间的距离，才能够为学生设计出恰当的学习任务，同时为学生提供必要的辅导，帮助学生在不断产生成功的自信中、不断增强的能力中去面对新的学习任务、新的挑战。

当前，很多语文课并未充分考虑学生语言学习的“最近发展区”，或失于简单重复，或失于晦涩艰深，远离了学生认知与发展的现实。语文课堂带给学生的常常是可以不用过脑子的应答，或者是过了脑子也解决不了什么问题的思维挫折。长此以往，学生语文学习的主动性和积极性就丧失了。有的教师自己对教材解读得很深，于是课堂中也一味追求“深入”地分析课文、处理教学内容，却忽视了学生的认知起点和发展空间，这样的课堂对学生阅读理解能力的发展基本无益。

第三，把握学生语言学习与发展的心理特点。语文课为的是帮助儿童学习并发展语言，为此，我们首先要弄清楚的一个问题是——儿童是怎样学习语言的？这个问题不清楚，又如何能帮助儿童呢？小学生言语经验获得与言语能力发展的基本途径是怎样的？小学生基于母语背景下的汉语学习的特殊性在哪里？小学生汉字识写的心理过程与能力发展的基本特征是怎样的？小学生阅读

① 陈琦、刘儒德主编：《当代教育心理学》，北京师范大学出版社 1997 年版，第 35—39 页。

与写作的心理过程与能力发展的基本特征是怎样的？二者之间的关系是怎样的？语言学习过程中的思维发展、文化理解是如何实现的？非认知因素及儿童的个体差异怎样影响语文学习的效果？……如上问题，绝不仅仅是供专业的研究者思考的。事实上，我们每一个教师都是活跃于实践领域的研究者，对这些问题的研究与思考是我们通往专业化路途中的必要一课。

## 三、“以学定教”难在哪儿

确切地说，“以学定教”真正的难点在于：如何根据每个学生的“学”来确定不同的教学目标、内容和方式，尤其在较大容量的班级课堂教学中，要想兼顾学生的个体差异是较为困难的，况且课堂中学生个体差异又正朝着扩大的趋势在发展。但在解决这个真正的难点之前，我们认为如下几个问题应首先得到澄清，因为它们是实现“以学定教”的现实瓶颈。

第一，以教师“讲”代替学生“学”的积习。此种情况下，教师成为课堂的主角，学生只处在听众的地位，即使偶尔举手回答问题，也不过是个配角罢了，谈何“以学定教”？那么，“教师果真是只管‘讲’的吗？学生果真是只管‘听’的吗？一‘讲’一‘听’之间，语文教学就能收到效果吗？”① 要做到“以学定教”，教师首先要反思的是：除去“讲”，我还能为学生的语言学习做些什么？

比如，任何有教学经验的人都知道，要使学生学习取得进展，必须吸引学生参与到课堂进程中来。图 4-1 是心理学从学生学习注意保持的视角得出的一个研究结论②——语文课上单纯的教师讲授，导致学生注意保持的比例最低；而小组围绕学习任务所进行的讨论、实际操作等方式，可导致较高的注意保持；当学生运用所学知识去解决实际问题的时候，将达到最高的注意保持率。所以，怎样想方设法让学生参与到语文学习活动当中来，是“以学定教”的一个基本前提。而语文课堂的改进，首要的一点就是把教育的“重心”从对

① 张定远主编：《重读叶圣陶·走进新课标：教是为了不需要教》，湖北教育出版社 2004 年版，第 72 页。

② 董蓓菲著：《语文教育心理学》，上海教育出版社 2006 年版，第 310 页。

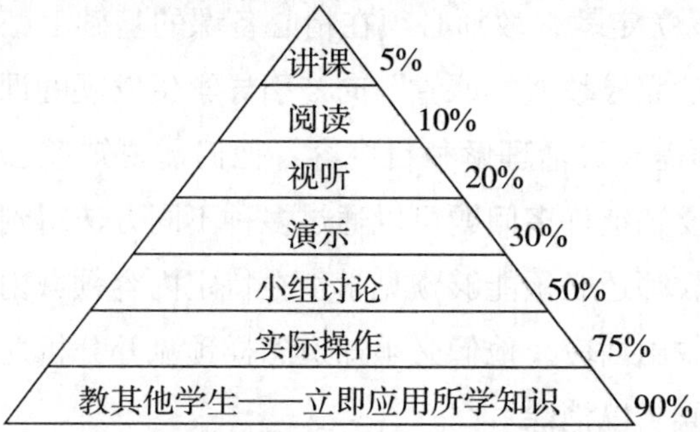


图 4-1 不同的教学和学习活动与学生注意保持的比例的关系

教师、教科书的关注转移到对课堂中学生有效学习活动的关注上面来。

第二，对“学生是怎样学语言的”问题存在着观念上的混乱。“语文的使用是一种技能，一种习惯，只有通过正确的模仿和反复的实践才能养成。”① 语文课堂中，凭借相应的语言材料，教师的基本出发点应是最大可能地组织学生进行言语实践活动。因为学生只有通过有指导的、足够量的言语实践活动，才能真正提高其自身的语文素养，也只有在亲历亲为的言语实践活动中，他们才能够发现问题并需要教师的帮助。换言之，只有让学生通过自己的努力去理解的东西，才能成为他自己的东西，才是他真正掌握的东西。所以，看不到学生相对完整而丰富的言语实践活动的课绝不是从学生出发的课。这样的课堂，教师不可能发现学生的困难点、认知冲突点，不可能给予学生真正的帮助。

第三，出于对自己课堂驾驭能力的担心而不敢从学生出发。许多教师课前“精心”设计教案，丝丝入扣，上课亦步亦趋，“按图索骥”，把“驾驭课堂”变成了“驾驭教案”，以不变应万变。此种做法，一般来讲是出于对自己课堂驾驭能力的担心。但课堂教学绝不能以完成教案为本，而是要关注学生的发展。驾驭课堂就意味着能够驾驭学习进程中学生的思维动态和情感发展。“一个优秀教师在课堂上，最关注的应是学生的思维动态，尽可能根据学生的说和想来展开教学，才能实现‘以学定教’。”自然，“这确实对教师的驾驭能力提出了一个很高的要求，但是你不这么教，这种驾驭能力你就永远学不

① 吕叔湘：《关于语文教学的两点基本认识》，载《文字改革》1963 年第 4 期。

会”。① 要做到以学定教，教师必须在精心备课的基础上，放开课堂，给学生更多的空间，从“完成教案的课堂”向“引导学生发展的课堂”转变。

为此，“教师需要灵活理解科目内容；他们需要知道怎样解决他们向学生提出的问题，需要知道许多问题可以通过多种不同方法得到解决。但是，这样的能力还不够。教师还必须能够预见学生在特定内容领域内的典型理解和误解模式，并且对此做出回应。他们必须知道怎样预见并分析此类误解，怎样在发现这些误解的时候予以消除”②。

第四，对学生语文学习过程中教师自身的角色定位不准，不清楚教师“应该做的”和“能够做的”是什么。前已述及，语文课从根本上讲是学生的语文实践活动课。因此，有效课堂取决于教师是否设计出并组织学生进行了有效的语文实践活动。这样看来，语文教师应该做的事情就是：依据文本特点、目标要求、学生情况，为学生设计出有效的学习任务和活动；在 40 分钟里组织学生进行有序、高效的语文学习活动；在学习活动过程中进行方法指导，帮助学生解决问题；在学习活动过程中或完成活动后，评价学生的学习活动，激励学生进一步学习。上述几项工作为我们完成了自我角色的定位：设计者、组织者、指导者、评价者。教师的角色定位准了，那么课堂教学中，哪些该是教师做的、哪些该是学生做而教师不能代替的，也就清楚了。要做到“以学定教”，语文教师首先应检讨并去除“以教代学”的现象，反思自己曾经的“传道者”角色，找准自己工作的着力点。

在促进学生语文学习的过程中，除上述几项核心工作外，教师还必须养成从学生学习的角度去反思自己教学行为的习惯。如“我在课堂上所表现出的教学技能、策略与智慧是否有效作用到了学生的学习行为上？”这一点至关重要，因为我们相信，发生在课堂中教师身上的所有行为只有一个目的——有效促进学生的学习与进步。

① 支玉恒著:《支玉恒老师教语文》，华东师范大学出版社 2009 年版，第 26—27 页，第 66 页。

② ［美］琳达・达林－哈蒙德、［美］琼・巴拉茨－斯诺顿著，葛雪蕾、王军译:《优秀教师是这样炼成的》，中国青年出版社 2007 年版，第 31 页。

# 第二节 "上课如领学生登山"

## 一、登什么山

人生如同登山，学习过程也是如此。正是在不断攀登与突破自我的过程中，我们获得新的生命力和新的生命体验。语文课堂教学同样是带领学生向上攀登、突破自我而获得生命发展的过程。而作为引领者，教师首先应"会当凌绝顶，一览众山小"，知道带领学生在语言学习的领域中登哪些山，每座山的高度和难度怎样，以及什么时候登山和怎样登山。

观点　上课如领学生登山[1]

好的课像登山，登山的乐趣在过程中，虽然登山艰辛，但乐在其中。课堂中让学生经历"山脚—山腰—山顶"的过程，经历由不知到知的过程，经历由不会到会的过程，经历由不能到能的过程。引领他们登上思维的高山、情感的高山、文化的高山，老师带着孩子们从山脚一步步向上攀登，眼界变得开阔，情感得到陶冶，智力得到发展，自己建构起对知识的理解。如果每堂课都能经历这样的过程，学生就会得到很好的发展。

当我们把目光投放到儿童身上，从儿童生命发展的角度去思考课堂的时候，我们会对孙双金老师"上课如领学生登山"的观点深有同感。语文课堂，

① 雷玲主编：《小学语文名师教学艺术》，华东师范大学出版社 2008 年版，第 37 页。

每一个 40 分钟，我们都在带领孩子们在语言学习的山间向上攀爬。我们带领孩子们所攀爬的是——

“语言技能”的山，因为我们期望他们能够熟练地运用祖国的语言文字，以扎实的听说读写能力助推自己今后的生活与工作；

“思维发展”的山，因为我们期望在语言的学习过程中能够培育儿童的思维能力，赋予他们以思考的力量和创造的智慧；

“文化理解”的山，因为我们期望通过语言这一人类文化的载体，为孩子们铺设更为宽厚的文化背景，为他们奠定多元文化理解的品质与视野；

“审美情感”的山，因为我们期望文学的审美力量能够震撼儿童的心灵，使他们懂得在“物欲”和“占有”之外还有着珍贵的人性之美，保护和养育他们诗意的生命。

为此，我们选择了语文，我们要以语言为凭借，带领孩子们向上、突破、前行，为他们指明方向，给他们以方法的指导。“无限风光在险峰”，面对这几座能赋予我们人生以无限风光的大山，我们希望能够带领孩子们爬得更高、更远。

## 二、怎样登山

### （一）登学生自己的“山”

在带领孩子们登山的过程中，教师首先要清楚的一点是：我们不是要强迫学生去登教师的“山”，也不是强拉硬拽学生去登文章作者的“山”，而是去登学生自己的“山”——是学生在语文学习过程中所遇到的、矗立在自己面前的有关于语言技能、思维、文化理解和审美体验的“山”。因此，教师在备课过程中要尽可能从学生出发预料到他们可能遇到的种种困难、他们应该而且可以达到的高度，并设计相应的教学环节帮助他们攀爬、突破。

## 案例 让孩子对生命过程有所触动——闫学老师对《匆匆》一文的教学处理[1]

对《匆匆》一文的教学，学生身心发展的实际情况成为一个不可忽视的因素。有一首老歌名叫《童年》，里面有这样的歌词："什么时候才能拥有高年级同学那一张成熟的脸，盼望着长大，盼望着游戏的童年。"对于这些十一二岁的孩子来说，时间不是过得快，而是太慢。那么，要让学生真正从内心深处感受到时光匆匆、生命易逝就比较难。所以，在设计教学时，我决定从学生的生活体验出发，帮助他们感受时光匆匆、一去不返。比如，让学生思考"今年的你和去年的你有什么不同"；估算自己的寿命，感受时光匆匆、稍纵即逝；讨论怎样的人生就算没有虚度，以学生知道的一个人为例说明；等等。这样，让学生紧密联系自己的生活体验来思考，孩子的心灵才能真正有所触动。

比如，怎样才算是留下了生命的痕迹？怎样才是没有在这个世界上白白地走一遭？我引导学生就这个问题展开了思考、讨论与交流。

生：就说安徒生吧。安徒生去世一百多年了，但是至少他的灵魂还活了一百多年，直到现在我们还在读他的作品呢！

师：他的作品就是他的灵魂！只要他的作品在，他就还活在我们的心里。

生：朱自清先生的人生是有价值的，他写了很多优美的散文……

师：很好！这些人都做出了轰轰烈烈的大事业。但只有做出轰轰烈烈的大事业的人，他的人生才有价值吗？

学生一愣，继而摇头。

生：我妈妈没有虚度人生！她是一位教师，她为她的学生奉献了青春……

师：我很高兴跟你的妈妈是同行，我更高兴的是你从妈妈，一位普通的教师身上看到了人生的价值！你们不仅看到了那些做出轰轰烈烈的大事业的人，你们还看到了生活在你们身边的人，包括你们的爸爸妈妈，他们也在自己的岗位上做出了对自己、对别人、对家庭、对整个社会都有益的工作，他们的

① 肖川主编：《名师备课经验·语文卷》，教育科学出版社 2006 年版，第 107 页。

人生也是有价值的，他们的人生也没有虚度，他们也没有白白在这个世界上走一遭。

就《匆匆》这篇文章来说，自然有作者意图言说与传达的属于个人的人生理解之“山”，也有教学参考书中分析的或教师阅读后所理解的并认为应该让孩子也去理解的另一座“山”。但上述案例中，闫学老师却以一位教育者的专业敏感，行走于儿童的生活世界与教材的文本世界之间，从而发现了一座真正属于学生自己的“山”！她找到了儿童认知和情感体验的起点，进而带领孩子们从这里出发，去攀登他们人生理解的“山”。苏霍姆林斯基说过：“在每个孩子心中最隐秘的一角，都有一根独特的琴弦，拨动它就会发出特有的音响。要使孩子们的心同我讲的话发生共鸣，我自身就需要同孩子的心弦对准音调。”在引领孩子们前行的过程中，教育者首先应该能够从儿童的视角，“同孩子的心弦对准音调”。

### 案例 披文入情，品悟语言魅力——“邱少云像千斤巨石一般，趴在地上一动不动”《我的战友邱少云》的教学处理）[1]

师：邱少云是一位伟大的战士，作者为什么把他比作“石头”呢？烈火中的邱少云与石头有哪些相似之处呢？

生（思索后回答）：石头在烈火中是不会动的，邱少云在烈火中也一动不动，所以作者把邱少云比作“石头”。

师：这是他们的一个相似之处。还有呢？

生：石头是不会发出声音的，邱少云在烈火中也一声不吭。

生：老师，还有一个原因。石头是坚硬的，不怕火烧的，邱少云也像石头那样坚强，不怕烈火烧身。

师：哦，石头是不动的，烈火中的邱少云也是纹丝不动的；石头是无声的，烈火中的邱少云也一声未吭；石头是坚硬的，烈火中的邱少云也意志坚

① 这一案例根据孙双金老师的课堂教学实录整理而成，有删改。

强，不怕火烧。正因为这三个相似点，所以作者才把烈火中的邱少云比作“石头”。这一比喻句用得多么恰当啊！

师：为什么作者不说“邱少云像石头一样趴在地上一动也不动”，而说“邱少云像千斤巨石一般”，这里的“千”和“巨”各突出了什么呢？

生：“巨”是高大的意思。这里用上“巨”字突出了邱少云趴在烈火中形象的高大，仿佛要抬起头来才能看得清楚！

生：老师，我是这样理解“千斤”的，“千斤”说明很重很重，这里的邱少云像泰山一样稳稳地趴在烈火中，即使别人去推他也推不动的。这里突出了邱少云为了严守潜伏纪律，宁愿牺牲自己、决不暴露部队的决心。

师：看，一个普通的比喻句竟然包含着这么丰富的内容，我们祖国的语言文字是多么有表现力呀！我们读书就应该咬文嚼字，体会语句所表达的情感，读出语言中的味道！

如何真正理解邱少云身上那种精神的力量，并以此去触动孩子们的心灵？又怎样去体会这一看似平淡的比喻句中蕴含的语言的妙处？这正是孙老师要带领孩子们去攀爬的“山”。“烈火中的邱少云”—“石头”—“千斤巨石”，一步一个脚印，每一步都稳稳地落脚在语言文字上，披文入情。烈火中，石头不动、无声，邱少云像它一样，也不动、无声，但石头是没有生命的，邱少云却是和我们一样有感觉、能表达的生命；千斤巨石推也推不动，那是因为它巨大的内在重力使然，邱少云的血肉之躯推也推不动，则是因为在他身上也有一股力量——精神的力量、意志的力量。就这样，我们看到了一个精彩的登“山”过程。通过这一过程，孙老师带领孩子们读出了语言中的情感，品出了语言中的滋味，悟出了语言中的魅力。

（二）让学生自己登“山”

登山需要付出，付出才会使自己登上新的高度。课堂教学中，教师要创造一切可能的条件让学生自己去登山、去实践，不能光说不练，更不能代替。当然，教师首先应当做好的是，把握好教学内容和学生认知情况，以便对“山”的高度和状态做好判断，进而使学生意识到自己的攀登目标，并设计出相应的攀登路线，即根据目标设计出相应的言语实践活动。而课堂上教师要做的是，引领、组织、指导、评价学生所进行的言语实践活动，帮助学生调动登山过程中所需要的情绪、情感、阅历、经验、策略、方法等技能与非技能因素。总之，要让学生迈开双脚，付出艰辛，经历登山的过程。教师还要避免强拉硬拽，更不能试图凭借一己之力把学生空降到山顶。

案例　层层剥笋掀高潮——孙双金老师的《落花生》教学片段[1]

《落花生》中有这么一个关键句子："做人要做有用的人，不要做只讲体面，而对别人没有好处的人。"教学时我采用了层层剥笋法，依次为学生设计出了如下思考题："体面"是什么意思？"讲体面"是什么意思？我们要不要讲体面？"只讲体面"是什么意思？我们能不能只讲体面？我们应该做什么样的人？不该做什么样的人？以上七个问题形成了"体面—讲体面—只讲体面—要……不要……"的问题系列，紧扣词句，组织学生思考、讨论。在经历了一个以语言为基础的思维过程后，学生们理解了"体面"和"讲体面"，以及"讲体面"与"只讲体面"的差别。相信通过这样的语言文字的学习，孩子们幼小的心灵中定然会生发出对人生态度的新的理解。

上述案例中，孙双金老师紧扣语言文字，为学生设计出了精彩的言语实践活动。在层层递进、颇具思维内涵的活动过程中，我们看到了孙老师组织、引导学生登山的过程。我们没有看到教师深邃而详尽的分析，却看到了孩子们热情的参与与积极的思维，看到了孩子们前行与成长的脚步。在孩子们簇拥前行的过程中，孙老师巧妙地把自己藏了起来，引导却不着痕迹，而这恰恰展现出一位真正的教育者的本色与智慧。

① 余文森、林高明、许玉兰主编：《名师怎样观察课堂·小学语文卷》，华东师范大学出版社2009年版，第24页。

## 案例 让那张“饱经风霜”的脸触动孩子的心灵①

“我们走过去，看见他两只手捧着脚，脚上没穿鞋，地上淌了一摊血。他听见脚步声，抬起头来，饱经风霜的脸上现出难以忍受的痛苦。”这是《我的伯父鲁迅先生》中的一段话。显然，“饱经风霜”是本段词语教学的重点。一是因为这个词语是小学阶段第一次出现，多数学生还不能深入理解；二是“饱经风霜”反映出了车夫的身份与生活处境，深刻理解这个词语对于理解、体会文本起着重要作用。

那么，如何拉近人力车夫“饱经风霜”的那张脸与孩子们心灵的距离，进而收到好的教学效果？经过讨论我们认为可以为学生设计出如下言语活动序列并组织学生进行。

活动1：闭上眼睛，回想一下生活中有没有看到过“饱经风霜”的脸？用自己的话描述一下你看到的那张“饱经风霜”的脸。

活动2：结合文本并借助自己的想象，说一说人力车夫那张“饱经风霜”的脸可能是怎样的？力求说得具体。

活动3：会观察的人有两只眼睛，第一只眼睛看到这张脸，第二只眼睛看到这张脸的背后，你还能从车夫这张“饱经风霜”的脸的背后看到什么？引导学生讨论与交流。

活动4：写的练习——将你头脑中人力车夫那张“饱经风霜”的脸及你的所思、所感写成一段话。

让学生自己登山，不意味着放任。恰恰相反，他对教师的教学设计、组织引领、指导评价等作用要求得更高。对于文中“饱经风霜”的教学，如果教师只是要求学生查一下字典，抄录并背下来这一词条的解释，这种教学处理的结果发展的可能只是学生的查字典能力和记忆能力，对于高年级学生来说，谈

① 这一教学设计是在阅读了于永正、王崧舟等老师的相关教学实录后，笔者与几位研究生共同设计的一个教学思路。

不上是登山。按照上述案例，如果教师能设计出相应的四个活动，我们就能看到学生攀登的痕迹——

活动 1：调动起学生的生活经验和感受，唤起学生的情感经历和情绪记忆，激活学生头脑中的相关图式，拉近与学生心灵的距离；

活动 2：扣住文本，借助想象，从而将“饱经风霜”一词具体化为一张脸、一件事、一种生活；

活动 3：让思维与情感参与，从表象延伸到深层次的理解与体验，进一步体会人力车夫生活的辛苦，感受作者给予他的同情；

活动 4：读中练写，通过写又反过来促进读的理解与感受。

通过这四项活动，学生经历的绝不仅仅是一个简单的词语理解过程，更是一个文本情感的体验过程和人生的感受与思考过程。所有这些，都是在学生主体的活动过程中获得的，而不是教师讲述、分析的结果。

当今语文课堂，倾盆大雨似的满堂问、满堂讲依旧普遍，较为完整的学生言语活动时间依旧太少。一些教师的困惑在于：语文课上不要教师讲，那让我去干什么呢？这是问题的核心，是教师对自己的角色在认识上出了问题。“教师果真是只管‘讲’的吗？学生果真是只管‘听’的吗？一‘讲’一‘听’之间，语文教学就能收到效果吗？”[①] 今天，面对叶老的追问，我们仍需反思。我们必须清醒地意识到，教师绝不能仅仅停留于“讲”的角色。教师更应该能够为学生设计出合理、高效的言语实践活动，并在 40 分钟的课堂中组织、指导、评价、激励学生进行好这样的言语实践活动，即让学生自己亲身经历一个又一个登山的过程。

### （三）帮助学生攻克登“山”过程中的难点

任何前行的过程都会遇到困难与挫折，语言的学习与发展也不例外。要想有效地帮助儿童，语文教师必须能准确把握儿童语言学习的困难点与认知冲突点。为此，教师应该更多关注儿童的心理发展、思维方式与情感特征。优秀

---

① 张定远主编：《重读叶圣陶 · 走进新课标：教是为了不需要教》，湖北教育出版社 2004 年版，第 72 页。

教师应该“知道学生可能会犯什么样的错误，并能够及时地指出这些错误，以及能指出学生会犯这些错误的原因，从而对学生的学习起到帮助”，“他们应该知道学生在这门科目的学习过程中取得进步和犯错的规律，知道在出现问题时如何加以解决”。①

## 案例 这个字为什么总是写错——“虐”字的教学反思与改进②

“虐”字作为生字，学生非常容易将虎字头下面的部首写错：或者方向相反，或者中间一横不出头。那么，小学生为什么常犯这样的错误？可能的原因有以下几点。

第一，汉字作为“以形达意”的表意文字，儿童在学习时首先要做的是感知字形结构和空间配置。但小学低年级儿童的空间知觉发展水平低，对于左右、上下等方位往往容易混淆。

第二，儿童由于认知能力发展还不完善，感知较为笼统，往往不能精确辨认字形的细微差别，而其字形的学习大致要经过“泛化—初步分化—精确分化”等阶段才能建立起较为稳固的记忆。

第三，“影响学习的最重要的因素是学生已经知道了什么。”在这里，“山”“雪”“扫”等已经学习过的熟字可能对学生产生了负迁移。

针对上述原因，如何设计好教学，让学生准确牢固地记住“虐”字的字形呢？显然，这既要考虑到儿童识字的心理，也要考虑到“虐”字本身的字理。经讨论，大家觉得可以考虑的教学改进办法如下。

第一，充分理解儿童的心理发展水平，帮助儿童精加工字形。如采用醒目的颜色或动画的方式标注或演示易错笔画和部首，调动儿童多种感觉器官，帮助他们强化认知；也可以采用比较辨析的方式（如比较“虎”与“虐”、

① ［美］琳达·达林－哈蒙德、［美］约翰·布兰斯福德等著，陈允明等译：《教师应该做到的和能够做到的》，中国青年出版社 2007 年版，第 169 页。

② 这一案例来自笔者与几位研究生及北京市平谷区马昌营小学的语文教师的教学课后研讨。

“雪”与“虐”)，发挥学生识字的主体性，让他们经历一个观察、比较、分析的过程，并指导学生说给大家听。

图 4-2　小篆“虐”字

第二，充分理解汉字的字理基础，从字理出发进行字形分析，帮助学生分化汉字。小篆“虐”字（见图 4-2)，有“虍”有“爪”有“人”，以爪搏击人之意，是个会意字。隶变后楷书写作“虐”，省略了“人”。原来，“虐”字的下部为虎爪之形。那么教学时就可以灵活地把“虍”的“丿”看作虎尾，因而虎爪必须向右，这样才意为虎张开爪子朝前捕食人或动物，故有残暴、侵害之意。帮助孩子们记住虎爪与虎头朝向是一致的，就可以更好地避免在字形上出错。

学生在学习过程中出现错误不可怕，但教师如果不能发现这些错误、不善于分析错误，错误就会不断重复下去，那就变得可怕了。正如医生要能够“望、闻、问、切”一样，专业化的教师面对学生学习过程中的问题，也应该有分析、诊断进而改进教学的意识和能力，这样才能真正起到帮助学生不断向前、不断发展的作用。当然，教师也要善于将学生学习中的成功经验加以总结、概括，使之成为更多学生可供参考、借鉴的策略。

**案例**　《卧薪尝胆》教学片断①

师：《卧薪尝胆》的故事读完了。现在谁能根据自己的理解说说“卧薪尝胆”的意思？

生：晚上睡在柴草上，每顿饭前，先尝尝苦胆的滋味，提醒自己要报仇雪恨。

生：为了报仇雪恨，勾践晚上睡在柴草上；每顿饭前，先尝尝苦胆的滋味。

师：如果勾践仅仅“晚上睡在柴草上；每顿饭前，先尝尝苦胆的滋味”，算不算真正的“卧薪尝胆”？

① 这一案例根据薛法根老师的课堂教学录像整理而成。

生：不算。因为勾践还亲自下田耕种，使自己的国家富裕起来。

生：他还要练兵，建设一支强大的军队。

生：勾践还会找那些有本事的人，为国家的强大出谋划策。

师：这就叫“奋发图强”！如果勾践仅仅坚持了几天、或者几个月，算不算真正的“卧薪尝胆”？

生：不算！因为“卧薪尝胆”需要很长的时间。课文中讲勾践“卧薪尝胆”了二十多年，才取得了最后的胜利。

师：这就叫“坚持不懈”！现在你理解“卧薪尝胆”的含义了吗？

生：“卧薪尝胆”表示为了实现一个目标，要忍辱负重、奋发图强、坚持不懈！

师：同学们，勾践需要卧薪尝胆，我们要不要卧薪尝胆？

生：不需要。

师：为什么？

生：因为我们不需要报仇雪恨。

生：我们的生活很幸福，不需要这么苦。

师：请同学们认真听老师的这句话：“为了中国的航天事业，中国科学家卧薪尝胆几十年，终于将中国的第一颗人造地球卫星送上了太空。”你们说，中国科学家有仇恨吗？他们是否每天都睡在柴草上，每顿饭前都要尝一下苦胆？

生：（若有所思）老师，我觉得我们需要卧薪尝胆。比如，中国足球队要成为世界冠军，就必须卧薪尝胆。

师：中国足球队需要的是卧薪尝胆的精神！

生：我也要卧薪尝胆。

师：你又没有仇恨，怎么也要卧薪尝胆？

生：我将来要成为一个有所成就的人，现在就要卧薪尝胆，刻苦学习。

师：为了实现自己的远大理想，也需要卧薪尝胆的精神！

要想真正帮助学生，首先要了解学生，了解学生的知识基础、思维水平、情感特点等。上述学习过程，很明显地体现出了小学生的思维水平以及在教师启发下的思维进展状况。从对“卧薪尝胆”一词进行字面解释的表层理解，到透过文字进行内涵分析的理解，再到对故事所传达的本质精神的理解与认同，由表及里，由浅入深。如果教师不清楚学生认知与思维发展的特点以及学习过程中可能的难点、冲突点，还能够在“最近发展区”内有效地帮助、引导学生进行思维吗？还能够呈现这样丝丝入扣、充满智慧与启迪的课堂吗？

## 三、启示

第一，无论对于教师还是学生，在语文学习过程中，我们所面对的、所要攀登的到底是怎样的山，它的特点怎样，高度如何，一定要了然于心。每个学期、每篇课文、每一堂课，都是如此。

第二，语文知识的积淀与能力的发展，语文思维的进步与审美情感的丰富，是一个循序渐进的过程，不可能一步登天。千万不要以一步登天的思维去处理语文教学问题，永远不能在情急之下企图把学生空降到山顶上。哪怕学生的理解还浅显，写作表达还存在问题，他们必须经历这些所谓的幼稚、浅显、错误与问题，教师不要想当然地把所谓的精确、完美、深刻以告知的方式传达给他们进而试图改变他们，因为这往往是徒劳的。

第三，面对语文的“山”，教师头脑中要有一个学生知识、能力、情感发展的序列，并根据这样的序列去帮助学生设计处于“最近发展区”内的攀登目标。教师要学会思考：学生现在的认知水平在哪里？与文本内容、教学目标的距离是怎样的？不同的教学内容适合学生的喜闻乐见的教学方式是什么？学生在言语实践活动中的具体困难可能是什么？怎样帮助他们突破这些困难？

第四，正如野外登山一样，语文学习不仅是一个有关体力、技术与策略的活动，也是一个有关个人意志品质、情绪情感等因素的活动，艰辛又充满诗意。教师必须关注学生语文学习过程中的意志与情感状态，给予他们这方面的支持、激励与调节，让语文学习充满愉悦的精神体验，成为一个充满诗意的成长过程。

# 第三节
# 儿童是怎样学习语言的

## 一、儿童语言能力的发展

### （一）儿童语言发展的两种典型理论

迄今为止，有关儿童语言发展的研究形成了两种典型理论：学习理论（经验论）（learning theory）和先天论（nativism）①。

学习理论的基本观点是：后天学习和经验是语言获得的基础，其典型代表为行为主义学派和模仿主义学派。行为主义学派认为，语言活动同其他任何技能一样，是在刺激和反应之间建立联结。例如，有人说“对不起”，而你说“没关系”，这一过程就是在两个词语之间建立联结。而人类语言的获得正是学习和不断强化的结果。模仿主义学派则认为婴儿语言是对成人语言的模仿。上述观点支持了语言学习过程中要加强模仿练习并进行强化的基本教学方法。但是，强化论或模仿论都难以解释婴儿为什么可以在短短两三年内掌握结构严密而复杂的语言，为什么处于不同语言环境的儿童能在同一时期以基本相同的程序获得语言，为什么错过了某些年龄阶段后语言的习得会异常困难甚至不可能等问题。

---

① 彭聃龄主编：《普通心理学》（修订版），北京师范大学出版社2001年版，第496—498页。

美国语言学家乔姆斯基（N.Chomsky）是先天论的代表人物。① 他认为，不同种族、不同语言环境的人具有一种天生的普遍语法知识，具有一种先天的加工语言符号的大脑内在机制。在儿童的发展过程中，只要这种内在机制被激发，就能获得语言。乔姆斯基认为句子有两重结构——深层结构（deep structure）和表层结构（surface structure）。人们利用这种先天的语言能力获得的不是句子的外壳或句子的形式，也不是一堆零散的句子，而是句子的深层结构。儿童之所以能分析和理解不同语言环境中的语言素材恰恰是大脑中这种先天的“语言获得装置”（language acquisition device，LAD）在起作用。正是由于LAD的存在，才能解释为什么婴儿只听到有限的句子，却能理解他们从未听到过的句子并创造出大量的新句子。但是先天论很难解释为什么儿童在语言获得中存在着显著的个别差异。

上述两种理论曾引发激烈争论。随着研究的增加以及思考的深入，对于先天因素与后天学习在语言获得中的作用，人们取得了如下共识。

第一，在儿童与成人的相互作用中，婴儿确实有许多可以模仿和得到强化的机会。

第二，儿童与成人之间的互动是影响儿童语言获得的重要基础，社会环境在儿童的语言习得中有重要作用。即儿童先天的语言潜能若要现实地表达出来，需要一定的外部条件。

第三，虽然LAD的存在目前还是一种假设，没有得到神经生理学研究的证实。但是，语言作为人类与动物区别的最重要标志，存在其独特的脑机制是完全有可能的。

---

① 在乔姆斯基之前，意大利教育家蒙台梭利已经发现，儿童具有一种天生的语言潜能，她称其为“语言的特殊机制”，并将其比作“儿童内部的老师”。正是儿童先天的语言潜能决定了儿童可以“吸收”周围成人的语言并获得语言的发展。她进而指出：“所有的儿童天生具有一种吸收文化的能力”，“教育并非教师教的过程，而是人的本能发展的一种自然过程”。参见［意］蒙台梭利著，任代文主译校：《蒙台梭利幼儿教育科学方法》，人民教育出版社1993年版，第429—432页。

## （二）儿童语言发展的阶段

### 1. 学前儿童语言的发展

虽然不同语言在性质上存在差异，但不同民族的儿童掌握母语的阶段以及在各阶段中表现出来的特征是相似的（见表 4-1）。①

表 4-1 儿童口语获得的阶段与阶段特征

| 口语习得的年龄阶段 | 口语习得各阶段的特征 |
|---|---|
| 刚出生后 | 能够分辨语音刺激与其他声音刺激 |
| 9—12 个月 | 说出第一个指示词 |
| 18—24 个月 | 出现双词话语 |
| 3—4 岁 | 出现完全符合语法的完整句子 |
| 7 岁前 | 获得完全符合语法的口头语言 |

学前儿童以口语的“习得”为主，它是入学后儿童有目的、有计划的语言“学得”的基础。小学语文教师应了解初入学儿童语言习得的基本水平（如口语中的词汇积累、句式积累及使用水平等），并在此基础上设计教学。此外，儿童语言习得的经验②也为语言学得中语文教学的过程与方法提供了重要启示。

### 2. 小学生语言的发展

一般而言，书面语言的学习开始于儿童进入小学的时期。正规而系统的书面语言学习会进一步扩大儿童的词汇量，尤其是抽象性高的、在口语中较少

① 彭聃龄主编：《普通心理学》（修订版），北京师范大学出版社 2001 年版，第 498 页。

② 语言习得，即在日常生活与他人的交往过程中自然而然地获得语言的能力。它的基本特点是：（1）通过反复的言语实践获得语言能力，如尝试模仿、在成人的帮助下纠错、再尝试，直至形成正确的语言表达；（2）发生在自然的生活情境中，是一种无意识的学习；（3）不讲究知识的系统性；（4）没有人刻意进行指导和规则的讲解。美国应用语言学家克拉申（S.D.Krashen）认为，习得的结果是潜意识的语言能力，而学得的结果是对语言结构有意识的掌握。

使用的词汇；同时，它帮助儿童掌握更复杂的语法结构。儿童此时开始学习阅读理解和写作，并进一步完善阅读和写作技能。小学阶段，儿童的书面语言和口头语言的发展是相辅相成、互相促进的。口头语言是书面语言的基础，而书面语言的发展又使口头语言的表达更严密、更连贯。当然，在入学初期，小学生的优势语言仍然是口语，因此教师要帮助学生借助口语去发展相应滞后的书面语言，如写作教学中的“先说后写”策略等。到了三、四年级，书面语言就会逐渐赶上甚至超过口头语言的水平了。

下面的表 4-2 列举了小学生语言发展的基本内容和特点①。

表 4-2　小学生语言发展的基本内容和特点

| 口头语言的发展 | 书面语言的发展 | 内部语言的发展 |
| --- | --- | --- |
| 言语发音朝着普通话的语音方向发展。<br><br>伴随着书面语言的学习，口头词汇更加丰富和深刻。 | 识字与语词积累：在整个小学阶段，识字始终是儿童学习的一项基本任务，而尤以低年级为重点。语词积累是儿童书面语言学习与发展的重要基础。<br><br>阅读：阅读是书面语言的重要形式，培养阅读能力是整个小学语文教学的中心环节。初入学儿童处于低级的出声朗读阶段。二年级，学生的内部语言得到初步发展，开始向默读过渡。三年级后，发展到无声默读阶段。默读时，词的视觉形象直接引起理解，阅读效率大大提高。 | 内部语言是无声思维的载体。儿童的思维由直观行动思维发展到形象思维和抽象思维，是与其内部语言的发展直接相关的。入学后，小学生需要养成独立思考、先想后说、先想后写和先想后做的习惯，这促进了他们内部语言的发展，进而促进了他们思维的发展。（初入学儿童还不善于思考，还会常常出现出声思维的情况。到三年级以后，他们的内部语言就会日益复杂起来。但整个小学阶段儿童的内部 |

① 参见卫灿金著：《语文思维培育学》，语文出版社 1994 年版，第 42—46 页。此表参照本书中“小学生语言的发展”这一部分的相关内容编制而成。

续表

| 口头语言的发展 | 书面语言的发展 | 内部语言的发展 |
| --- | --- | --- |
| 独白语言逐渐成为口头语言的主要形式。（学前及初入学儿童在口头表达上以对话为主，入学后则开始要求学生能独自完整、连贯地表述观点。独白语言的练习要求学生既要迅速思考所要表达的内容，又要考虑用怎样的语言形式来进行表达，这对儿童的口头语言、内部语言和思维都会产生重大影响。） | 写作：写作是书面语言的高级形式。低年级处于写话阶段，三年级开始向正式的篇章训练过渡，这时主要依照课文的范例进行模仿写作。四年级以后，学生逐步开始独立的写作活动，写作能力（主要是记叙能力）初步得到发展，他们能够具体地记叙自己所熟悉的人和事，同时记叙中出现了议论的开端。 | 语言还是不完善的，仍有待于到中学生阶段的继续发展。） |

## 二、儿童语言能力的获得

语文教师应该了解儿童语言发展的规律，并懂得如何运用这种知识来帮助学生进行语言学习。同时，语文教师还应在此基础上进一步懂得儿童语言能力获得的具体途径和方式，以便吸引学生参与到有意义的课堂活动中来。关于儿童语言能力获得的途径，语言教育研究者目前达成了如下共识。①

### （一）在积累的过程中学习语言：丰富心理词典②，扩大语言内存

语言能力的提高首先依赖大量的语言输入，语言输入是学习者学习的蓝

① 这一观点来自于上海师范大学吴忠豪教授于2010年5月在全国小学语文教学法研究中心年会上所做的学术报告。

② 心理词典（mental lexicon）是语言心理学家在有关“语言的表征”的研究中提出的一个重要概念，指保存在人脑中的一部词典。它储存了大量的词条，每个词条又包括词的写法、语音以及词义等各种知识。心理词典中的词语并不是杂乱无章的，而是按照一定的方式组织起来的。

本，也是学习过程的起点。没有语言输入，根本谈不上语言学习。语言输入的内容、数量和方式，往往直接影响着学习的质量和速度。因此在小学阶段，教师要努力为儿童提供足够量的语言范例，并采取各种教学形式帮助儿童丰富语言积累、形成语感。

### （二）在理解的过程中学习语言：同化（内化）语言，构建言语图式

皮亚杰关于儿童认知发展的理论认为，人类所有的心理反应归根结底都是适应。适应分为两种不同的类型：同化与顺应。同化指将新信息纳入已有的认知结构中，而顺应指改变已有的认知结构以适应新的环境和信息。① 儿童语言学习正是对自己已有的语言心理图式不断同化的过程，包括词语、句子结构、语法规则的同化，段落与篇章中言语内容与言语表现形式的同化等。正如英国应用语言学家皮特·科德（S.P.Corder）所言："语言学习不仅仅是一个积累的过程，也是一个结合的过程。"

#### 案例　《我的战友邱少云》一课的结尾处理②

课文《我的战友邱少云》的结尾是："我永远也忘不了那一天——1952 年 10 月 12 日。"教师就此提出一个问题："我们过去学过的记叙文都把时间写在开头，为什么这篇课文把时间写在结尾？"

五年级学生原有认知结构的状态是：记叙文的时间写在开头。教师的这一问题把学生已有的认知结构与新的情境之间的矛盾揭示出来，引起学生的认知冲突。经过思考，学生悟出其中的道理：特别难忘的日期，写在结尾可以加深读者的印象。

教师进一步追问："作者仅仅是让我们记住这个日子吗？"进而引导学生理解作者这么写的用意。

---

① 林崇德著：《发展心理学》，浙江教育出版社 2002 年版，第 100—101 页。

② 这个案例来自于 2011 年 1 月笔者在新疆石河子大学"国培计划"研修班上与一线教师们的研讨。

揭示矛盾—引发思考—理解领悟，这是一个阅读理解的过程，同时也是学生原有认知结构改造的过程，即新的言语图式的构建与丰富的过程。通过这个过程，儿童可以去适应更多的新的语言情境。

### （三）在实践与运用中学习语言：同化（外化）语言，巩固言语图式

活的语言总是存在于认识和交往中的，儿童语言教育也应当在认识世界和社会交往的过程中展开。语言的获得，不仅需要学习者广泛地接触语言材料，而且还要直接使用这些语言材料参与交际，通过交际变成理解性的语言材料。换言之，语言使用的规则、习惯的掌握，需要在理解的基础上通过实践与运用实现转化。

吴忠豪教授在其《促进消极语言向积极语言的转化》一文中指出：消极语言即能够理解，但是在口头和书面语言中不会运用的语言（包括词和句）；积极语言指既能理解，又能在口头和书面语言中运用的语言（包括词和句）。在语言学习过程中，帮助学生实现从“能理解”到“会运用”的跨越，完成从“消极语言”向“积极语言”的转化，从而使更多的学生能尽可能多地将课文中的语言转化成为“积极语言”，实在是语文教学应该承担、而且是必须花大力气研究的一个非常重要的问题，这对学生掌握语文工具、提高语言质量和表达能力至关重要。① 潘新和教授甚至认为，语文教育的天平应由“吸收”倾向“表现”。语文教育的基本功能应指向言语“表现”，为了“表现”的“吸收”才是有意义的“吸收”。②

“语文是实践性很强的课程”，应“在大量的语文实践中体会、把握运用语文的规律”③。但是很显然，在当前语文教学的实践中，重吸纳不重表达、重分析不重运用的现象还很普遍。“课堂教学中大量时间耗费在文本解读训练上，

---

① 吴忠豪：《促进消极语言向积极语言的转化》，载《小学语文教学》2002 年第 5 期。

② 潘新和著：《语文：回望与沉思——走近大师》，福建人民出版社 2008 年版，第 81—82 页。

③ 中华人民共和国教育部制定：《义务教育语文课程标准（2011 年版）》，北京师范大学出版社 2012 年版，第 3 页。

挤压了用于表达（说话和写作）训练的时间和空间。”①

**案例** 指导学生运用“谁在什么地方干什么”的句式进行表达的教学片段②

师：今天我们学习了“谁在什么地方干什么”这个句式，同学们用这个句式也来说一句话，看谁说得完整、通顺。

生123：我在教室里读书。小明在操场上踢球。妈妈在家里看电视。

师：大家再想一想，能不能把句子中的地点（什么地方）换成你最想去的地方，把句子中的事情（干什么）换成你最想干的事情呢？想好了先说给同桌听，然后再说给大家听。

生1：我在月球上和嫦娥姐姐一起跳皮筋。

生2：雨后，我站在美丽的彩虹桥上看世界。

生3：我在草坪上给小虫们讲杀虫剂的功能。

生4：我坐在银河边上看神仙们钓鱼。

在新的言语图式得以建立之初，其灵活性、稳定性和熟练性都是有限的，必须逐步加以巩固，不断丰富其内涵，增强其适应性。儿童语言的发展是在活动中获得的，是在使用中掌握的。如果仅仅对语词、句段、篇章做输入性的积累、分析，而不在模仿的基础上进行足够量的言语输出，那么要真正掌握一门语言是不可能的。

### （四）言语策略的获得与丰富：发展言语智慧

言语策略指的是用于完成言语活动任务的方法和技巧。言语策略的具体内容包括知道并能运用恰当的策略去学习语言，且能监控自己的语文学习活动；知道怎样去阅读、理解语言，并能够恰当提取和运用有价值的信息；知道如何

① 吴忠豪：《关于语文训练的讨论》，载《课程·教材·教法》2008年第12期。

② 王小明等著：《语文学习与教学设计·小学卷》，上海教育出版社2004年版，第101—102页。

使用语言去表达，如什么时候应该表达、对谁表达、表达什么、怎样表达等。

## 观点 从“能阅读”到“会阅读”——“阅读策略”教学的理论与内容①

根据新的阅读观，策略教学是培养学生阅读能力的发展趋势。同时，这也是改革我国传统的阅读技能训练的必然需要。阅读策略教学比阅读技能训练具有更大的优越性。熟练的读者运用他们原有的知识和灵活的策略去建构文章的意义模式，他们监控正在进行的理解，并在理解出现困难时根据自己的知识水平选择、调整、改变策略。阅读能力的发展是读者形成阅读策略来理解文章的过程。“策略阅读”的教学目标是教给学生有效的阅读策略和怎样恰当地运用策略。下面的策略能有效促进阅读理解。

1．确定重要内容（区分重要和非重要信息）的策略。文章的重要内容可以从两个角度去确定：一是作者在文章中所表达的重要意思；二是读者所需要的重要信息。

2．概括信息策略。这一策略的运用，有利于促进分析加工和整合加工的认知活动，从而提高读者对文章的理解和记忆。

3．推理信息策略。指读者在具体的语言环境中，运用自己的原有知识和文章提供的信息创造出新的语义信息。

4．质疑释疑策略。在阅读中进行质疑和释疑是促进理解的有效策略，引导学生掌握这一策略对培养阅读能力具有十分重要的意义。原因是：(1) 质疑释疑在阅读中起着导向的作用；(2) 可以促进积极的信息加工活动；(3) 可以提高学生的元认知能力；(4) 有利于激活学生的原有知识，从而加深对文章的信息加工。

5．监控理解策略。包括：(1) 定向——阅读前，通过分析阅读要求、读物特点、学习环境来确定阅读目的，以便按照目的来引导信息加工，这是成功阅读的前提；(2) 计划——选择适合阅读目的、读物特点和自身特长的阅

---

① 倪文锦、谢锡金主编：《新编语文课程与教学论》，华东师范大学出版社 2006 年版，第 160—165 页。

读对象，以使阅读活动能顺利进行；（3）检查——是否理解所读文章的内容；（4）调节——根据理解情况来调整阅读策略，改变注意水平和阅读速度；（5）评价——评价自己的理解程度，了解认知活动的结果是否达到目的。

6. 激活原有知识策略。阅读认知过程的一个重要信息加工方式是同化加工，即读者利用原有知识去理解、消化文章的信息。激活原有知识对阅读的促进表现在：（1）在阅读前激活原有知识，能使学生产生阅读期望或图式；（2）阅读时激活原有知识，能使学生运用原有知识来补足文章里省略的信息；（3）阅读后激活原有知识，能促进学生对文章内容的回忆。

当前，小学语文教学在重视语感积累、加强技能训练等方面取得了共识并较为充分地体现在课堂教学中。但是，关于读、写、说策略的教学意识还很薄弱，有关言语策略的知识也不够系统、清晰。

## 三、对课堂教学的启示

### （一）依据儿童语言能力发展的阶段性特征设计语文教学

语文教师应了解儿童语言发展的规律，并懂得如何运用这种知识来帮助学生进行语言学习。如依据儿童语言能力发展的阶段性特点深入理解并设计好各学段、各年级、各学期的语文教学目标，做到有序教学、有所侧重、螺旋发展；利用好低年级儿童的优势语言（口头语言）促进其书面语言（读、写）的发展①；把握好儿童思维发展的规律和不同阶段的特点，组织好恰当的言语实

① 吕叔湘先生从语言发生学的角度出发，认为先有语后有文，语是文的基础，文是语的提高，二者有明显差异而又互相渗透，这是人类语言起源和发展的规律，也是“人们学习一种语文的过程”。语文教学应从语入手，由语及文，二者并举。他说：“语文教学从口语训练入手，是顺乎自然，事半而功倍。放过口语练习，孤立地教学书面语，是违背自然，事倍而功半。”“尽管我们天天讲‘语文’教学，实际上我们教的和学的都仅仅是‘文’，并不包括‘语’，我们的语文教学仿佛有点半身不遂似的。”可参见吕叔湘《从汉语拼音方案想到语言教学》《关于语文教学的两点基本认识》《关于语文教学问题》《对语文课的理解》等一系列文章。

践活动等。

### （二）在“语言习得”与“语言学得”间建立起有效连接

学前儿童的语言发展主要是在日常社会生活中“习得”的。入学后，儿童开始通过语文课堂这一途径“学得”语言，以获得语文素养的全面发展。但即便在入学后，学校也不是学生语言学习的唯一场所。在语文课之外的更多时间和空间里，他们浸润在更为广泛而丰富多彩的语言生活中。因此，在进行小学语文教学时，教师必须处理好学前儿童“语言习得”与入学后“语言学得”的关系，处理好入学后语文课堂中的“语言学得”与课堂外“语言习得”的关系。换言之，语文教师既要关注课堂本身，更要关注学生在课堂外的语言活动，并将其与课堂教学有效地连接起来。在语言教学中，教师必须认识到多种多样的言语环境是言语活动赖以发生和进行的前提条件。

### （三）从“构建言语图式”到“巩固言语图式”

语文教师应懂得儿童语言能力获得的具体途径和方式，以便组织学生进行有意义的课堂学习活动。叶圣陶先生认为：“口头语言和书面语言都有两方面的本领要学习：一方面是接受的本领，听别人说的话，读别人写的东西；另一方面是表达的本领，说给别人听，写给别人看。口头语言的说和听，书面语言的读和写，四种本领都要学好。”而要学好这四种本领，在教学中组织学生进行语言学习时应经历“构建言语图式”和“巩固言语图式”两个阶段（见图 4-3）。

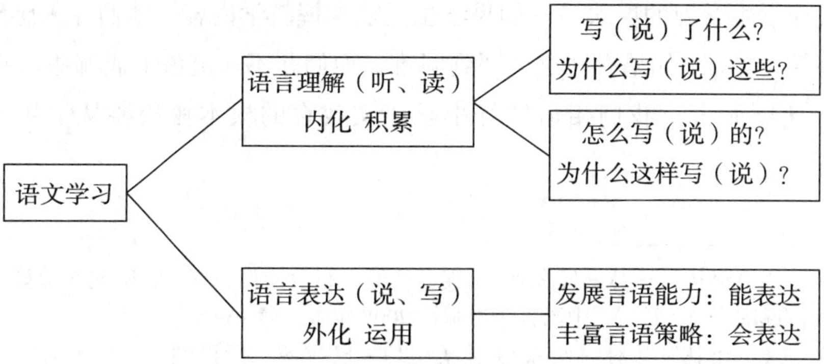


图 4-3 语文学习的途径与内容

### （四）学会评估学生的语文学习并帮助学生获得语言发展

优秀教师能够借助多种不同手段评估学生的知识水平与能力层次，发现学生学习过程中的困惑和问题，进而利用相应的语言学习材料，设计有针对性的语言学习活动，组织学生完成并期待他们取得进步。这样，评估就不是对学习者学习的单纯评定，而是改进教学的重要参照和资源，评估后的反馈也不是单向地指向学生，也指向了教师自身。优秀教师“应知道学生在这门科目的学习过程中取得进步和犯错的规律，知道在出现问题时如何加以解决”①。

例如，在进行语文教学之初，教师应能基于对学生发展的了解并借助各种评估技术，准确把握学生在知识、技能、思维、情感等方面的起点和生长点，使自己设计的教学活动保持在“最近发展区”。毋庸置疑，有效教学必须建立在对学生学习起点的了解上，漠视这一起点，教的行为就没有了着落，教学效果自然不好。而在教学过程中或之后，教师同样需要借助评估技术去发现学生学习的难点和错误：难在哪儿？错误在那儿？怎样帮助学生去解决困难、避免错误？我们都知道，从根本上讲，教师的“教”是为学生的“学”服务的，如果不了解、不知道学生的困难、错误，又何谈“为学而教”呢？

回到本章开始，要做到“以学定教”，从根本上讲，就是要把我们的注意力投放到学习者身上，必须对教育的意义怎样在自己的学生身上得以实现形成清醒的意识。“大多数教师最初把注意力集中在自己身上（如其他人会怎样看待他们的教师身份和他们控制课堂的能力），最终会转移到学生和他们的学习身上。有些教师花了很长时间才从关注自己转向关注学生，有些教师始终没有达到关注学生学习的层次——如果学生无法掌握教学内容，他们并未感到有必要调整教学方法；如果有些学生遇到困难，他们并不知道该采取哪些措施。”②从这一角度而言，我们相信做好小学语文教育的根本秘诀要从学生那里去寻找。

---

① ［美］琳达·达林－哈蒙德、［美］约翰·布兰斯福德等著，陈允明等译：《教师应该做到的和能够做到的》，中国青年出版社2007年版，第169页。

② ［美］琳达·达林－哈蒙德、［美］琼·巴拉茨－斯诺顿著，葛雪蕾、王军译：《优秀教师是这样炼成的》，中国青年出版社2007年版，第51页。

## 探究与思考

文献研究：阅读相关文献，解释“语言能力”的内涵，并厘清6—12岁儿童语言发展的阶段性特征。

实证研究：对某年级学生的阅读能力（或写作能力）进行检测，分析其语文学习的起点，并提出有针对性的教学改进建议。步骤：确定检测指标—设计检测题目—实施检测—统计分析结果—反思教学并提出改进意见—形成研究报告。

观念反思：通过本章的学习，理性思考你个人的语文教学观。在以后的课堂中，你打算怎样处理好“教”与“学”的关系？

# 第五章

# 怎样教语文（上）——语文课堂教学本质的把握

【内容提要】

怎样教语文是课堂教学的方法与策略问题。任何教学的方法与策略都是为实现该学科的教育意义服务的，所以必须扣住学科教学的本质去讨论方法与策略的问题。那么在语文课堂中，怎样扣住语文学科教学的本质努力培养学生“语言文字的运用”能力？为什么说语文是发展儿童心灵的学科？怎样在语言学习的过程中实现儿童心灵的发展？如果说语文也是思维学科，那么又该怎样通过语言学习促进学生思维的发展，增长儿童的智慧？

【核心概念】

语言文字的运用　工具性与人文性的统一

语言学习与思维发展

# 第一节 扣住学科本质，发展语言能力

## 一、追问：为什么说“语言文字的运用”是语文课程的核心目标

“语文课程是一门学习语言文字运用的综合性、实践性课程。”①“语言文字的运用，包括生活、工作和学习中的听说读写活动以及文学活动，存在于人类社会的各个领域。”②如上表述聚焦于“语言文字的运用”，明确了语文课程的基本目标和内容。可以说，义务教育阶段语文教学的核心，即凭借语言文字运用的范例，通过教师指导下学生的言语实践活动，使学生具有适应实际生活需要的识字写字能力、阅读能力、写作能力、口语交际能力，能够正确地理解和运用祖国语言文字。如叶圣陶先生所言：“学语文为的是用，就是所谓学以致用。经过学习，读书比以前读得透彻，写文章比以前写得通顺，从而有利于自己所从事的工作，这才算达到学习语文的目的。”

①② 中华人民共和国教育部制定：《义务教育语文课程标准（2011年版）》，北京师范大学出版社2012年版，第1—2页。

### 观点　语文教育的“独当之任”①

基础教育为什么要开设语文课？我以为答案是简单而又明确的：为了提高学生母语的听说读写能力，亦即正确理解和运用祖国语言文字的能力。这就是语文教育的原点、基准，也就是叶圣陶所一再强调的语文课程“独当其任”的“任”。此“任”，是我们基础教育非完成不可的，因为听说读写的能力是一个现代公民所必须具备的基本素质，没有讨价还价的余地；此“任”又是语文课程的特殊使命，别的课程无法取代，不可能越俎代庖，非要由语文来承担不可。

基础教育阶段，扣住语言、积累语言、发展学生的言语实践能力，实乃语文课堂存在和发展的根本。语文教师应循此而致力于研究课堂、实践课堂。

## 二、问题：语文教学的核心任务何以被弱化

然而，在基础教育课程改革的过程中，出于理解上的模糊或偏误，或者是由于矫枉过正，一些语文课堂弱化了语言文字的积累与运用的基础性训练，进而也就不可避免地弱化了对作为现代公民所应具备的基础的读写能力的培养。语文教学这一核心任务何以被弱化，我们从以下几点做简要分析。

### （一）目标认识偏误

认为阅读教学的任务主要就是理解文本内容，可以说这是当前很多小学语文阅读教学的通病。“除了带领学生去理解课文内容，阅读课我还能去教什么呢？”这是很多教师的疑问，反映的是他们对阅读教学目标认识上的偏差。

① 王尚文著：《走进语文教学之门》，上海教育出版社2007年版，第432页。

观点

## 重“理解”还是重“运用”[①]

语文作为一种社会交际工具，其核心功能在于能够熟练“运用”口头和书面语言参与社会交际。我国语文课程将大量时间消耗在文本解读上，文本解读式的课程形态与语文课程培养学生社会交际能力的诉求是不对称的。语文课程应该对接现代社会对本课程的诉求，建构“理解”和“运用”并重，并且朝向“运用”的课程形态。

### （二）理论基础薄弱

6—12岁儿童语言学习与发展的心理机制是怎样的？他们言语经验的获得与言语能力发展的路径是怎样的？小学生汉语学习有什么独特性？专业化的儿童语言的教师对如上问题如果没有清晰的认识，就自然导致他的教学实施过程没有基本的理论参照，他就不可能真正从小学生语言学习的心理出发设计出合理的语文教学活动。无论其教学形式怎样翻新，教学方法怎样变化，教学行为如何精益求精，都有可能游离于儿童语言能力的发展之外。

### （三）实践的浮躁与求新的形式化

在“满堂灌”或“满堂问”的教学形式还未完全退出历史舞台，学生无法作为听说读写的主体进行充分言语实践活动的同时，一些打着“新课程”旗帜，在浮躁与张扬中过分追求“形式化”与“标新立异”的语文课堂，又开始不断损害语文教学的内在功能与真正价值，可谓是买椟还珠、舍本逐末。有效性是教学的生命。语文课堂应该使学生学到什么、发展什么，这是每一位教师需要严肃思考和澄清的本质问题。如果只是“提口号、树旗帜”，只是在方法和形式上花样翻新，只是追求表面的“热闹”与“新鲜”，那么，我们离语文、离学生只能越来越远。

① 来自吴忠豪教授在“中国高等教育学会语文教育专业委员会小学语文教学法研究中心第十五届学术年会”上所做的报告，题为：“国际视野下的小学语文课程改革”，2010年，上海师范大学。

基于此，许多语文教育的研究者和实践者不断呼吁义务教育阶段“语文的回归”。这一“回归”不是时间范畴的概念，而是在对学科本质属性的理解与价值思辨基础上的一种反应。为此，教育部制定的《义务教育语文课程标准（2011 年版）》在“课程设计思路”中特别强调：“语文课程应注重引导学生多读书、多积累，重视语言文字运用的实践，在实践中领悟文化内涵和语文应用规律。”①

## 三、策略：如何扣住语言，发展语言能力

### （一）强化语文的课程意识与教学的目标意识

学生的发展是以有效地应对布置给他们的任务为基础的，而任务的布置又取决于教师的课程意识和目标意识。

所谓课程意识，即教师要“对自己所授学科特有的教育意义有清醒的意识”②。每一门学科之于学生的发展都有其独特的价值。教师应以自己所授学科本身的意义去触动学生、影响学生，而且必须时时思考的是：我对学生的影响该怎样体现我所教授的学科的特点？

案例　体现学科意识的《笋芽儿》一课的课前导入③

师：你知道现在是什么季节吗？

生：春季。

（师板书“春”，随后在“春”字后面画横线）

---

① 中华人民共和国教育部制定：《义务教育语文课程标准（2011 年版）》，北京师范大学出版社 2012 年版，第 4 页。

② 宁虹：《实践——意义取向的教师专业发展》，载《教育研究》2005 年第 8 期。

③ 余文森、林高明、许玉兰主编：《名师怎样观察课堂 · 小学语文卷》，华东师范大学出版社 2009 年版，第 14—15 页。

师：谁能在“春”字后面添上一个字或几个字组成词语？

生：春天、春节、春雨、春风、春暖花开、春风得意……

（师擦去已有横线，重新在“春”字的前面画了横线）

师：现在你还会组词吗？

生：立春、阳春、早春、初春……

（师再擦去已有横线，在“春”字后再次画了加长的横线，并加上句号）

师：以“春”字打头，说一句话，你能行吗？

生：春风吹绿了小草。

生：春天，小燕子飞来了。

生：春天真美呀！

师：“春天真美呀！”这是抒发感情的句子，表示感叹的语气，应该用什么标点符号？

生：感叹号。

师：这么美好的春光，谁都不愿错过。它也一样，它是谁？

（师出示笋芽儿图，板书标题，学习“笋”字）

上《笋芽儿》这节课，课前和学生聊聊“春天里的发现”很正常。然而，即使是这样的一个导入环节，也能充分体现出语文学科的特点，融知识性、趣味性和语言积累、思维训练为一体，从例子中我们可以看到教师对自己所教学科的教育意义有着怎样清醒的意识，并如何扎实地落实在教学行为中。

所谓目标意识，即教师对自己所设计、组织、指导学生进行的语文学习活动要有明确、清晰的发展指向。语文教学指向的是学生语文素养的整体发展，而这一发展又总是通过每一学期、每一天、每一堂课、每一个学习任务甚至每一个瞬间而形成的。因此，语文教师必须时刻清楚地知道“自己到底在做些什么”，必须时时反思“这堂课、这一环节、这一个点我到底要让孩子们发展什么”。教师的目标意识模糊，就会导致方向的模糊，进而导致教学效率低下。

## 观点　把握好阅读教学的重点和目标①

低年级阅读教学的四个重点：

● 让全班每个学生都能用普通话正确流利地朗读课文。

● 每节课中识字、写字的教学任务都要落实到位。

● 把理解词句、读懂意思落实到位。

● 词语、句式、篇章的积累背诵落实到位。

中年级阅读教学的三个加强点：

● 不单要抓朗读、诵读，还要加强默读和略读的指导。

● 在理解的基础上能体会关键词句表情达意的作用，既要能把握课文的主要内容进行概括，又要能复述叙事性作品的大意。

● 给学生创造更多的独立阅读的机会，重视积累拓展。

高年级阅读教学的三个延伸点：

● 继续提高朗读水平，提高默读速度，开始锻炼浏览的能力。

● 要抓关键词语，体会它们在语言环境中的意思，辨别其感情色彩，体会表达效果；要抓表达顺序，体会作者的思想感情，领悟作者的表达方法；要抓文体的教学，把握好不同文体的阅读要求和阅读方法。

● 加强独立阅读，进行广泛的拓展与积累。

## 案例　中年级阅读课到底教什么②

北京市顺义区大孙各庄小学中年级组教师在语文阅读教学中曾普遍存在如下现象：花的时间很多，投入的精力很大，甚至总觉得课时不够用，但在教

① 付宜红主编：《教育部义务教育新课程远程研修丛书·小学语文》，华东师范大学出版社2008年版，第9—13页。

② 这一案例来自笔者2009年在北京市顺义区大孙各庄中心小学与中年级语文组教师进行的校本教研。

学过程中，面对一篇课文又常常不知道用它教什么，仅凭感性经验，常常是惯性地教，不明所以随意性地教。例如，在围绕阅读能力的培养上，教师因为不清楚构成学生阅读能力的基本要素是什么，学生的阅读能力发展中存在的真实问题是什么，所以也就不能确保每一个教学环节的设计具有针对性。这必然带来高耗低效、阅读能力检测失分率高的事实。

为解决如上问题，校长一方面带领教师对课程标准等相关文件进行学习，明晰中年级阅读能力目标和检测指标；另一方面搜集了10份典型的中年级阅读能力水平检测试卷并对学生进行测试，并要求教师对检测的维度、类型、失分率、错误类别及原因等进行统计和分析。

通过研究，教师们初步明晰了中年级阅读能力的基本构成，并制成图5-1。教师们又对检测结果进行分析，明晰了本校学生阅读能力发展存在的问题及具体的表现形式，进而又从教学设计和教学实践层面进行了如下反思：为什么学生的阅读能力发展存在这些问题？我在语文教学过程中是否有意识地、很清楚地对学生进行了相关能力的培养？如何用好教材，用好每一篇课文，从

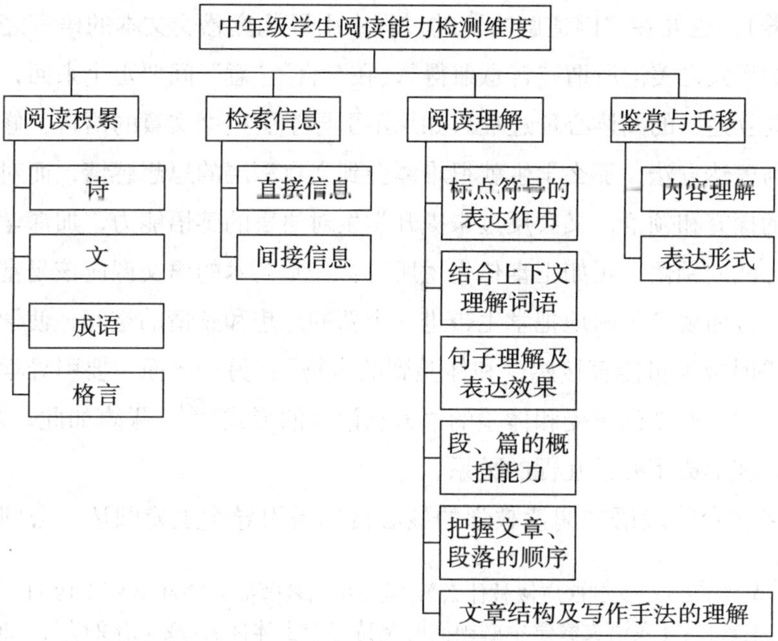


图5-1 中年级阅读能力检测维度示意图

学生阅读能力培养的角度，加强教学设计的针对性，进而设计出有利于学生阅读能力发展的教学活动？

通过如上研究，教师们发现他们找到了中年级阅读教学的着力点。

事实上，许多语文课的效率低下缘于教师学科课程意识的淡薄和目标意识的模糊，从而导致课堂上忽视了必要的具有针对性的知识积累与技能训练。“语文到底该教什么”，这是语文教师在进行课堂教学之前应澄清的一个首要问题。这个问题得不到澄清，就会带来如李海林先生所言的“泛语文”“反文本”的倾向，即“语文成为一个筐，什么都可以往里装”，“文本成为一只软柿子，想怎么捏就怎么捏，想捏成什么样子就捏成什么样子”，这对语文课堂教学效率而言是致命的。①

（二）因文悟道，因道解文

“夫缀文者情动而辞发，观文者披文以入情。”就语文阅读教学而言，我们既要在“因文悟道”的过程中引导儿童会阅读（方法的学习）、能阅读（能力的培养），也要在“因道解文”的过程中引导儿童感受文本的语言之美，领悟文章的形式之美。所谓“言意兼得”，在“言”“意”间要走个来回，从而完成“双向互逆”的阅读心理过程。如果不引导学生揣摩文章的语言、修辞、表达顺序与表达方法，那么学生就很难体会到文章深层的思想感情；而对文章深层内涵的探究和领悟，又会反过来提升学生对语言的感悟能力，加深学生对文章写作方法的领悟。正如王富仁先生所言：一堂艺术的语文课应该是富于情境性的，一方面要“不断地把学生带进一个新的思想和感情的空间，使学生感受和体验平时极少可能直接感受和体验到的事物”；另一方面，要引导学生“掌握表达这样一些新的感受和体验的语言和语言的形式”②。果真如此，则“言”与“意”就形成了并进互促的关系。

义务教育阶段语文阅读教学的核心目标是引导学生爱阅读、会阅读、能

① 翟晋玉：《语文到底应该教什么》，载《中国教师报》2009 年 8 月 19 日。

② 王富仁：《在语文教学中必须同时坚持三个主体性》，载《语文学习》2003 年第 1 期。

阅读，与此同时使学生在潜移默化中获得文化与审美情感的熏陶，其本质意义是引导学生掌握阅读方法、提高阅读能力、促进阅读行为的变化。从这个意义上说，阅读教学就不能只停留在对文本内容的理解、感悟上，它还有其更为重要的使命。那种“进行烦琐的内容分析”的阅读教学必须被摒弃，必须“向分析课文内容式的阅读教学说再见”①。

## 观点 语文课教材文本的教学价值重点在于理解文本语言及其表达形式②

理解文本语言的训练应该有两个路向：一是通过文字符号理解文本旨意，即课文“说什么”；二是理解文本的表达形式，即课文“怎么说”。……在语文教学实践中，许多教师是把重点放在“说什么”的解读上，教学设计围绕课文“说什么”展开，把课文内容理解当作教学的重点，因此出现了把语文课上成思想品德课、社会课、历史课、常识课等倾向。如果语文课上经常引导学生讨论“怎么写”，久而久之学生就会养成一种良好的阅读习惯，就是研读课文怎样遣词造句把事情表达清楚，把人物描写具体。这样不仅可以让学生在阅读中获取更多的语文营养，而且可以对课文的人文内涵有更加深刻的认识，从而提高阅读的效率。

叶圣陶说：“如果不着眼于形式方面，只在内容上去寻求，结果是劳力多而收获少。”夏丏尊曾指出：“学习国文应该着眼在文字的形式方面。”王尚文先生也坚持“语文教学的聚焦点应该是话语形式，即‘怎么说’，而非‘说什么’”。我赞同他们的观点。语文课固然要理解文本内容，但是理解内容并不是主要目标……语文课教材文本的教学价值重点在于理解文本语言及其表达形式。

① 崔峦：《建设高质量的小学语文教育》，载《小学语文教学》2007年第11期。

② 吴忠豪：《关于语文训练的讨论》，载《课程·教材·教法》2008年第12期。

## 案例 《猴王出世》教学实录（片段）[①]

原文：那猴在山中，却会行走跳跃，食草木，饮涧泉，采山花，觅树果；与狼虫为伴，虎豹为群，獐鹿为友，猕猿为亲；夜宿石崖之下，朝游峰洞之中。

师：读着这样的句子，你仿佛看到石猴在干什么？

（师生交流。略）

师：谁再来读这句话？读出他的快乐，读出他的自由！（指定一生读）

师：谢谢你。同学们，请你们把目光聚焦在语言文字上，从“怎么写”的角度，你们发现了什么秘密？

生：我觉得这段文字用了排比的修辞手法。

师：你能把这个排比句读给大家听吗？

生（读）：食草木，饮涧泉，采山花，觅树果；与狼虫为伴，虎豹为群，獐鹿为友，猕猿为亲。

师：你发现了四百多年前的两个排比句，真了不起！同学们，吴承恩先生写石猴，遣词造句非常讲究，里面有很多秘密。我们随着他的发现，走进去看一看。（课件出示第一分句：“食草木，饮涧泉，采山花，觅树果”）同学们自己读读，你还能发现什么？（学生自读）

生：我发现每句话都是三个字，前一个字是动词，后两个字是名词。

师：真是大发现呀！写的都是石猴的动作，如果把它读出来，会是一种什么样的节奏呢？

（指导学生读出猴子在山中快乐行走的轻快、跳跃之感。略）

师：同学们，三个字的短句，具有跳跃感，让石猴在字里行间跳起来、动起来了！往下读，你还会有发现，自己试试看。

（课件出示第二分句：“与狼虫为伴，虎豹为群，獐鹿为友，猕猿为亲”。学生自读）

---

① 参见郭利萍：《略读耶？精读耶？——关于〈猴王出世〉一课教学的讨论》，载《课程·教材·教法》2009年第1期。本书在引用这个课堂实录时因篇幅的关系在语言上做了删减和处理。

生：我发现这是个四个字的排比句。

师：这四个字是随便排列的吗？

生：我还发现，前两个字都是一些动物，后面一个字是石猴和别人的关系。

师：这些动物是石猴的——

生：是石猴的亲戚朋友。

师：是哪些动物？

生：狼虫、虎豹、獐鹿、猕猿。

师：这石猴与狼虫——（生：为伴）

师：虎豹——（生：为群）

师：獐鹿——（生：为友）

师：猕猿——（生：为亲）

师：这是一只怎样的石猴呀？请你把他读出来。

（指定二生读，读得很有感情）

师：同学们，往下读，更有意思了！（课件出示第三分句：“夜宿石崖之下，朝游峰洞之中。”）自己读读看，你又发现了什么？

生：（欣喜地）它们就像诗一样，对得非常整齐。

师：一对对子！你们经常诵读古诗文，一定有感觉，我们来对一对。夜对——（生：朝）。

师：宿对——（生：游）。

师：石崖之下对——（生：峰洞之中）。

师：谁能读出这样的石猴？

生（带着古诗文的韵味读）：夜宿石崖之下，朝游峰洞之中。（众笑声、掌声）

师：非常非常好！同学们，我们一起来读这一段好不好？我来起头，你们接着读。

师（引读）：“那猴在山中，却会行走跳跃，——（生接读：食草木，饮涧泉，采山花，觅树果；与狼虫为伴，虎豹为群，獐鹿为友，猕猿为亲；夜宿石崖之下，朝游峰洞之中）。”

师：读到这儿，你读到了一个怎样的石猴？拿出笔，在这个句子边上写下批注……

（学生默读、批注）

## 观点 《猴王出世》一课的教后反思（摘录）[①]

近些年来，我对语文阅读教学只重课文内容（写什么），而轻形式（怎么写）的倾向已有所反思，以为这还不能算真正的语文课。……重内容的语文课往往与思想品德课、科学课没有太大的本质区别。只有引导学生去关注课文怎么说、怎么写的言语形式，才能真正提高学生读写听说的水平。正因如此，我确定了本课的探索重点——实现由重“内容”向重“形式”的转变。

我抛开了原先“内容—形象”的套路，紧抓经典名著的语言表达，整堂课以引导学生感知、品味、领悟课文语言体现于节奏、韵律、结构等方面的特点为主线，培养学生对文学作品的鉴赏力，从而体验由此带来的深度快感，激发阅读名著的兴趣。

离开了“形式”，不但不可能真正理解“内容”，只会停留在大体如此的表面上而无法深入，更不可能从中领悟运用语言的技巧，学习运用语言的本领。

我的教学语言直指言语表达。诸如：“猴王的形象已经活灵活现地留在了我们的脑海里。那么，吴承恩先生是用怎样的语言把它写出来的呢？”“请你把目光聚焦在语言文字上，从‘怎么写’的角度，你发现了什么秘密？”“作者写的是活泼、跳跃的石猴，用的语言也非常短促、跳跃、有节奏。反过来说，正是这样的语言，让我们读到了一个顽皮可爱、活泼跳跃的石猴。内容与语言高度融合，这就叫经典。”“上了这堂课，大家一定发现：读经典，不仅要读懂‘写什么’，更要去思考作者是‘怎么写’的，因为‘写什么’人人看得见，‘怎么写’对于大多数人却是个秘密。”

---

① 参见郭利萍：《略读耶？精读耶？——关于〈猴王出世〉一课教学的讨论》，载《课程·教材·教法》2009年第1期。本书在引用王春燕老师的观点时因篇幅所限而做了删减。

从《猴王出世》这一课的教学片段我们可以清楚地看到：王老师通过自己的教学行为诠释着自己的语文教学信念，即阅读教学的重点是学“言语形式”，而不是学“课文内容”。用她自己的话说就是：“‘写什么’人人看得见，‘怎么写’对于大多数人却是个秘密。”带着这样一种信念，王老师引导学生走进文本，不仅使学生读懂了“写的是什么”，更着力于引导学生去体会作者是“怎么写（表达）这样的内容与情感的”，把重点放在品味、探索语言形式的秘密上。在王老师的带领下，孩子们穿行在串串闪光的满篇珠玑之间，探索着语言的密码，品味着语言的节奏、韵律，感受着经典作品语言表达的魅力。在这种认真爬梳、细细玩索之中，孩子们是否发现了他以前不曾在意的某种新的语言表达形式？又是否对名著产生了某些新的兴趣？

我们暂且不去讨论王老师个人学科教学信念产生的背景与学理依据，仅就这一教学片段而言，她以自己的教学实践很好地阐释了阅读教学中“言”“意”并进互促的关系。这节课也提示我们：如果语文课没有研究如何表达，而仅仅局限于意义的获得，那么语文课就不再是语文课。

### （三）既要输入，又要输出

语文“这门课是学习运用语言的本领的”。那么，儿童“运用语言的本领”，即儿童的“言语能力”又是怎样获得的呢？

中国传统语文教育给我们留下的经验是熟读、精思、博览、多看、多作、多改，强调的无非是多积累（阅读）、多实践（写作）。积累（阅读）就是语言的输入，实践（写作）就是语言的输出。显然，古人已经认识到：大量积累是学好语文的前提，故而强调多读、多背；大量实践是运用好语言的关键，故而强调多作、多改。这与现代语言学的观点并不相悖。现代语言学认为，完整的语言学习过程应该由语言的“输入”（理解、记忆）和语言的“输出”（表达）两个环节构成。

关于语言的输入，语言学家克拉申（S.D.Krashen）认为：语言能力的提高首先依赖于大量的语言输入，“学习者在语言学习过程中所接触到的各种语言素材，是学习者学习语言的蓝本，也是学习过程的起点。没有语言输入，根本谈不上语言学习。语言输入的内容、数量和方式，往往直接影响着学习的质量和速度。”“语言能力的提高首先依赖于大量的语言输入，语言输出必须在有足够语言输入的情况下完成。”①

关于语言的输出，现代语言学的观点是：“语言的获得，不仅需要习得者广泛地接触语言材料，而且还要直接使用这些语言材料参与交际，使接触性的语言材料通过说明、证实、修正、重新组织等交际手段变成可理解的语言材料。”②“语言输出并不仅仅是语言能力的运用和表现，而且也是语言学习不可或缺的一环。……如果没有语言输出，而要真正掌握一门语言是不可能的。”③

之所以花较多笔墨解释言语能力获得过程中有关“输入”与“输出”的相关观点，是想借以强调：第一，小学阶段的语文教学要保证有足够时间引导学生通过朗读、背诵、练习、巩固等方式在品味、感悟和体验中丰富他们的语言积累，包括字、词、句、段、篇等语言材料，语言运用的素材和案例，语文知识，精彩的语句及其所表达的思想观念等；第二，小学阶段的语文学习要坚持通过“运用的实践”将语文积累提升到“能运用”的层次，以将儿童“运用语言的本领”落实到位。所谓“纸上得来终觉浅，绝知此事要躬行”，而当前的语文课堂在这一点上做得还远远不够。

## 观点　重构语文课程形态——从“阅读”向“表达”倾斜④

要想使中国语文教学有实质性的推进和突破，就必须重构小学语文课程形态：在课程目标设置上，应变“阅读核心”为“读写并重”，并向“表达”倾斜；在教材编写上，应变阅读本位的“阅读教材”为听说读写并重的“语文教材”；在教学时间分配上，应变“阅读主导”为“读写均衡”；在教学内容上，

①② 张国扬、朱亚夫著：《外语教育语言学》，广西教育出版社 1996 年版，第 122、126 页。

③ 李海林：《语言能力的心理模型及教学策略》，载《中学语文教学参考》2004 年第 Z2 期。

④ 吴忠豪、于龙：《回顾与检讨：改革开放以来小学语文教学三十年》，载《课程·教材·教法》2009 年第 8 期。

应变“理解课文”为注重“读写结合”的实践活动。

观点 学习诗歌的结构及其句式，完成《树枝上有一条路》的仿写[①]

大山妈妈
把吃的和喝的
送给叶
送给花
送给星星似的果……
树枝上
有一条爱的路

阳光踏上树梢
把温暖和光明
送给芽
送给根
送给树下的草
树枝上
有一条春的路

鸟儿登上枝头
把歌和舞
送给早晨
送给黄昏
送给整座森林

① 张永德著：《香港小学文学教学研究》，广东教育出版社2006年版，第222—225页。

树枝上

有一条欢乐的路

| 送的主体 | 送出之物 | 送的对象 | 送的含义与收成 |
|---|---|---|---|
| 大山 | 吃的和喝的 | 叶、花、果实 | 关怀、爱护<爱的路 |
| 阳光 | 温暖和光明 | 芽、根、草 | 生命、生气<春的路 |
| 鸟儿 | 歌声和舞蹈 | 早晨、黄昏、森林 | 快乐、活力<欢乐的路 |

教师引导学生明白原诗的组织与意念表达，再请学生仿写。考虑到学生只有三年级的程度，仿写设计采取填词写句的方式，如图 5-2 所示。

诗歌仿写工作纸设计

我走到树阴下
把______和______，
送给______，送给______，
送给______，
树枝上，
有一条______的路。

学生创作 1：

我走到树阴下
把水和食物，
送给蚂蚁，送给毛虫，
送给整棵树上有生命的小动物，
树枝上，
有一条欢乐的路。

学生创作 2：

我走到树阴下
把清新的空气和轻轻的风，
送给树木，送给花，
送给整个树林，
树枝上，
有一条清凉的路。

学生创作 3：

我走到树阴下
把开心和愉快，
送给青青的草，送给红红的花，
送给小小的叶，
树枝上，
有一条美丽的路。

学生创作 4：

我走到树阴下
把朝气和热闹，
送给鸟儿，送给小动物，
送给小朋友，
树枝上，
有一条幸福的路。

学生创作 5：

我走到树阴下
把字和书，
送给动物，送给植物，
送给森林里所有生物，
树枝上，
有一条学习的路。

图 5-2　诗歌《树枝上有一条路》的仿写设计与学生创作示例

完整的语言学习过程由“输入”和“输出”两个环节构成，这两个环节都离不开言语实践活动。正如夸美纽斯所说：“一切语文从实践去学习比用规定学习来得容易。这是指的听、读、重读、抄写，用手用舌头去练习，在可能的范围以内，尽量时时这样去做。”这一强调言语实践的语言教学思想在《义务教育语文课程标准（2011 年版）》中表述得十分清楚：“语文课程是实践性课程，应着重培养学生的语文实践能力，而培养这种能力的主要途径也应是语文实践。……应该让学生多读多写，日积月累，在大量的语文实践中体会、把握运用语文的规律。”①

### 案例　“用语文的手段解决语文的问题”②

一位老师讲《詹天佑》中“人字形线路”一段，学生读完这一段后，老师问：“火车到底是怎么上的山啊？”学生没读懂。好了，老师就展示了一个课件，很漂亮。一演示，学生懂了。但他们是通过什么手段懂了的？是语文的手段吗？是通过语文实践懂的吗？是经过语言实践提高了他语言实践的能力吗？不是的，那是看懂的，那是非语文手段，与提高学生的语文实践能力没关系。

一位老师讲《雪地里的小画家》，先用多媒体课件，有声有像、有动有静地演示课文内容，让学生理解了课文内容；又引导学生“扩散思维”“发挥想象”，到黑板上画“自己”的脚印。孩子们争先恐后跑到黑板前“涂鸦”，画出了形形色色的“脚印”。请问，这是在学语文吗？其实这样的课文，只需引导学生有情趣地读，熟读成诵，再加上适当的想象，并指导学生用口语表现想象和思维，体会雪天给小动物带来的欢愉欣喜之情，就已经很好了。画一画也无妨，但要有序，要少而精，画完了再用口语把自己的想法表达出来，借以进行口语训练，反而显得扎实有效。

---

① 中华人民共和国教育部制定：《义务教育语文课程标准（2011 年版）》，北京师范大学出版社 2012 年版，第 3 页。

② 支玉恒著：《支玉恒老师教语文》，华东师范大学出版社 2009 年版，第 37、83 页。

可以看到，支玉恒老师的语文教学关注的是“实践”，是“语文的实践”，是“读写听说的实践”，是“语言的输入与输出的实践”。其教学设计所展示的基本路径是：语言感知—内容理解—语言感悟—语言应用。凡优秀、高效的语文课堂莫不如此。诚如一些老师所总结的：语文课凭借的是字、词、句、段、篇，靠的是听、说、读、写、思，具体的行为表现则是“识（扎扎实实地识字）、写（工工整整地写字）、读（认认真真地读书）、背（原原本本地背诵）、作（快快乐乐地习作）、说（大大方方地进行口语交际）、习（反反复复地训练良好的学习习惯）”。这样的课堂，才能真正使儿童语言能力的发展落到实处。

## 第二节 语文是发展儿童心灵的学科

### 一、追问：为什么说语文是发展儿童心灵的学科

语言文字是“人类文化的重要组成部分”，语言文字及其运用属于文化现象。语言文字在其产生和运用的过程中，不可避免地会融入个人的情感态度、思想观念、价值取向、审美趣味等主观成分，也不可避免地会受到民族、地域、时代文化的影响。语文课程不能背离这一基本认识。换言之，人通过学习语言融入周围的世界，人也通过学习语言接受特定文化的浸染熏陶，语言“不仅是人发展的工具，而且是人发展的本身”①。所以，语言活动即人的生命活动：离开了“人”，言无所依附；离开了“言”，人难以自立。

① 饶杰腾著：《语文学科教育学》，首都师范大学出版社 2000 年版，第 238 页。

观点 语文教育与民族的母体文化①

我们整个中华民族的语文教育，受方块汉字的特点所制约，同时也受我们整个民族母体文化的制约。方块汉字与母体文化是血肉相连的。这种母体文化，如同母亲的乳汁，哺育一代又一代受教育者。由于有这种乳汁的哺养，在接受汉语教育的时候，我们民族的心理、思想思维方式以及我们民族的风俗习惯、生活方式等，就自然而然地深入到我们每个民族成员的血肉之中，并且成为我们中华民族生存繁衍、休养生息的一种凝聚力。

正如语言学家帕默尔（L.R.Palmer）所言："获得某一种语言，就意味着接受某一套概念和价值。在成长中的儿童缓慢而痛苦地适应社会成规的同时，他的祖先积累了数千年而逐渐形成的所有思想、理想和成见也都铭刻在他的脑子里了。"② 因此，我们可以说："语言犹如我们的气质禀赋、文化态度、精神品格、世界观点得以养成和生存的精神空气。在语言的外延之外，我们就无法呼吸。"③ 这样，语文教育就成了以语言为中介的文化与主体的双向创生过程——文化滋养了主体并使其生成，而在滋养主体的同时，文化也在主体那里获得了新生。

由此看来，学生个体的精神培育已经成为语文教育不可推卸的任务。一方面，我们要从交际的角度充分重视语言文字运用的重要作用；另一方面，我们还需关注语言文字的运用对人的文化塑造功能。那么，这种文化塑造功能又该如何体现在语文教学中以及怎样作用于儿童个体呢？

## 二、问题：语文课堂中的人文关注出了哪些问题

21 世纪初，在功利主义的应试教育、技术至上的机械训练背景下，"人文

① 张隆华、曾仲珊著：《中国古代语文教育史》，四川教育出版社 2000 年版，序。

② ［英］L. R. 帕默尔著，李荣等译：《语言学概论》，商务印书馆 1983 年版，第 49 页。

③ 郑国民等著：《当代语文教育论争》，广东教育出版社 2006 年版，第 60 页。

关注”犹如一股春风，给沉闷而僵化的语文教学带来了新的活力。但这一“人文关注”该怎样恰当地体现在语文的学习过程中，从观念理解到教学操作曾一度处于澄清与摸索的阶段，这不可避免地带来一系列的教学问题。

## 观点　语文课堂中的人文教学到底出了什么问题①

把丰富的人文情愫压缩为教条的思想。几乎所有同一类的文章都无一例外地被相同的情感绳索捆绑在一起：写景的都归结到热爱大自然、热爱祖国这一思想层面；写人的全部落实到学习主人翁的某种品质这一情感角度。试想，从一年级到六年级，学生们都在从不同的文本中提炼出相同的思想……所谓的思想体验已经变作标签贴在了学生的心灵深处，惯性让学生不仅学会说正确的废话，或许还会说正确的假话……

把多元的人文情感强制地化为单一的霸权信息。面对一篇文本，我们常常自觉不自觉地用过滤器把自己认为属于旁枝末节的情感滤掉，把处于次要地位的人物忽略，剩下唯一的情感让学生体会，留下唯一的主角和学生对话。就如一棵大树，当它只剩下光秃秃的一节主干，没有枝枝蔓蔓纠缠的时候，即使浑身长满嫩绿的叶子，也不能成为一棵大树，也会因其单一的色调和形态而变得乏味。

把成人的思想强加在儿童文本之上。这导致：虽然他们不懂，却还要装出懂的样子；虽然没有触动心灵的体会，却要努力和老师的情感保持一致；虽然对文中场景的描写感到不可思议，却一定要按老师的要求读出某种感情……

把生动的情感体验演化成主题先行的情感灌输。很多老师习惯于先把结论呈现给学生，如“哪些语言让你感动”“哪些地方让你难过”，之后，再引导学生依据这个结论从文章中寻找能体现结论的词句进行品析。是真的感动、真的难过吗？

---

① 余文森、林高明、许玉兰主编：《名师怎样观察课堂·小学语文卷》，华东师范大学出版社 2009 年版，第 81—90 页。

### （一）虚设议论，弱化语文

在实际教学中，一部分教师由于片面强调人文性，过度开掘课文中的人文因素，课堂上将大量时间用于人文内容的讨论或感悟，人文教育脱离了语言学习的过程，使得语文课的语文含量大大缩水。有的课堂“很少进行针对语言本身的推敲、揣摩和品味，而是围绕文本内容，外加大量的教化性补充‘学习材料’展开，甚至不惜整堂课用多媒体课件狂轰滥炸，过度渲染、张扬所谓人文性，说是要给学生以新时代的‘心灵的洗礼’”①。有的教师则误解了“尊重学生个人的理解”的本义，任由学生的表达脱离文本、信马由缰，毫无原则地予以简单肯定，忽视了对学生学习的有效引导。

文化认同、价值理解、审美情感是以潜移默化的方式作用于儿童心灵的，它融于汉字的识写、文本的阅读、语言的表达等语言文字的运用过程。脱离语言文字，“妄起浮论”，大搞“清谈之风”，如蜻蜓点水一般进行“过嘴、过眼、不过心”的“泛语文”教育，将无益于学生语文素养的发展，无益于学生个体精神的培育。

### （二）试图把“人文”强塞给学生

“所谓教育，不过是人对人的主体间灵肉交流活动”，而“所有外在强迫都不具有教育作用，相反，对学生精神害处更大”。② 所以，教育是一种对话和影响的行为，而不是心灵的入侵。而在实际教学中，一些教师却试图把“人文”强塞给学生，正如盛新风老师所描述的：一些教师“着力挖掘文本文意，并把自己对文本解读的结果不加转换地强塞给学生，使教师和学生都‘疲于奔命’、‘曲高和寡’，结果造成师生在课堂上‘水油难融’的局面”③。试问：如此这般，儿童获得的是谁的思想、谁的情感？是经过自己的思维与情感活动而产生的结果吗？如果不是，那么这样的思想、这样的情感真的属于他自己吗？

①③ 余文森、林高明、许玉兰主编：《名师怎样观察课堂·小学语文卷》，华东师范大学出版社 2009 年版，第 51—52、184 页。

② ［德］雅斯贝尔斯著，邹进译：《什么是教育》，生活·读书·新知三联书店 1991 年版，第 3—5 页。

这样的思想与情感又能否长久守候儿童的心灵呢？

对人的关注、对生命的关注无疑是任何教育的旨归。但这些关注又永远不可能脱离生活情境、脱离学科内容抽象而孤立地直接“教”给学生。就语文学科而言，学生的情感、态度、价值观的发展，是伴随着他们的读写活动，在知识与技能的掌握与运用过程中获得的，而且主要是通过学生的无意识心理机制而“潜移默化”地发生的。那种强制的、简单化的处理，无异于揠苗助长，其效果往往适得其反。我们坚信，人的精神世界是人自己寻找的、自己创造的，而且只有自己创造的精神世界，才是自己能够享用的。

### （三）“人文”理解表面化、单一化

“人文关注”在语文教学行为中的扭曲表现，其根源在于一些教师对语文教学“人文性”在理解上的偏误。例如，有的教师把“人文性”理解为“文学性”，认为多讲些情感、态度、价值观的东西便是加强人文性了；有的教师把“人文性”理解成“文化性”，在语文课里增添了许多有关人类文化的内容。如上理解脱离了“语文课程是一门学习语言文字运用的综合性、实践性课程”这一性质，歪曲了“工具性与人文性的统一”这一“语文课程的基本特点”①。

语文课程的“人文性”体现在教师对学习材料和表达话题的选择上，教师要选择那些文质兼美的作品和最值得学生“咀嚼”的话题组织教学；它也体现在教师对学习目标的把握上，教师要使学生在学习语文材料或运用语言文字表达交流的过程中受到优秀文化的熏陶感染，掌握运用语言文字的规范，展现自己的独特感受和体验，发挥或发展自己的创造才能；它还体现在学习方式方法的选择上，学生在“接受”有关知识、思想、文化和学习方法的同时，可以选择适合自己的方法，展开自主、探究性的学习。总之，“人文性”的实现必须紧紧围绕语文课程目标与内容的核心——语言文字的运用。语言文字这种工具始终负载着人文内涵，语文课程的实施应将“人文性”的教育融入培养语言

---

① 中华人民共和国教育部制定：《义务教育语文课程标准（2011 年版）》，北京师范大学出版社 2012 年版，第 2 页。

文字运用能力的过程中。①

## 三、策略：“人文性”何以实现在儿童身上

“语文课程丰富的人文内涵对学生精神世界的影响是广泛而深刻的。”②那么，又该如何实现这一“影响”，将语文课程由外在于学生的“对象之物”转化为内在于学生的“体验之物”呢？

### （一）以“言”得“意”，以“意”悟“言”

前已述及，“工具性”与“人文性”不是相互平行的两个东西。就语言的使用而言，每个人总是会选择合适的言语形式来表达自己的思想和情感，这样，“人文性”就不仅表现在内容中，同时也表现在个体所选择的言语形式中。换言之，“思想不是在词中表达出来，而是在词中实现的”，言语形式和言语内容是同时成就的。所以，在语言的学习中，不存在单纯的工具性，也不存在单纯的人文性。任何言语内容的理解、言语形式的学习、言语技能的训练都是“工具性”与“人文性”的统一。个体语言运用能力的发展，正是在“言”“意”互转、“言”“意”融合的过程中实现的。

观点 **如何在语文课堂中实现工具性与人文性的统一③**

工具性、人文性是水乳交融、互为表里的，如何在语文课堂教学中实现二者的统一呢？我认为必须从语言文字入手，你不能离开语言文字、离开文本

---

① 教育部基础教育课程教材专家工作委员会组织编写：《义务教育语文课程标准（2011年版）解读》，高等教育出版社2012年版，第100页。

② 中华人民共和国教育部制定：《义务教育语文课程标准（2011年版）》，北京师范大学出版社2012年版，第2页。

③ 魏本亚、尹逊才：《小学语文课改十年的问题与反思——对话中国教育学会小学语文教学专业委员会理事长崔峦》，载《语文建设》2011年第3期。

去搞什么升华，那不是语文课。我们必须从语言文字入手引导学生理解思想内容、体会思想感情、塑造美的心灵、接受美的熏陶，我将其称为“得意”；我们要在此基础上，引导学生理解这些思想情感是怎样通过语言文字表达的，这才是语文的任务，我们要研究语言、品味语言，揣摩语言的表达形式，我们要探究作者的表达方法，我认为这叫“得言”。

## 案例　让精神的建构扎根于丰厚的语言土壤①

《卢沟桥的狮子》一文中，描写狮子神态各异、栩栩如生，用“有的……有的……有的……”的句式串联，语言很有规律，用人格化的写法写出了狮子的可爱，读后让人惊叹古代劳动人民的智慧。笔者在教学时，设计了两个板块的语言训练，使言意巧妙地融合在一起。

第一板块：让学生在抒情轻音乐的伴奏下，顺着作者的思路继续想象——有的狮子（　　），好像（　　）。

第二板块：在枪炮声的渲染下，让学生改写和补写文本。

有的狮子，蹲坐在石柱上，好像（　　）。

有的低着头，好像（　　）。

有的小狮子偎依在母狮子的怀里，好像（　　）。

有的小狮子藏到大狮子的身后，好像（　　）。

这两个板块的设计，既是语言训练，又不是在纯粹机械地进行语言训练。学生的语言表达，融合了很多情感因素：对古代劳动人民智慧的赞叹之情，对在“七七”事变中英勇牺牲的勇士的敬佩、怀念之情，还有对侵略者的无比愤恨之情。在语言训练的过程中建构精神，在精神的建构中发展了语言，语言和精神在训练过程中同构共生。

语言是精神建构的土壤，只有当精神的建构扎根于丰厚的语言土壤，才

① 余文森、林高明、许玉兰主编：《名师怎样观察课堂·小学语文卷》，华东师范大学出版社 2009 年版，第 185—186 页。

能使精神在学生的生命中生根、发芽，否则，精神便成了符号，成了空洞的说教。

上述案例中，盛新风老师一方面借助语言的表现形式引导学生对文本内容进行理解和感受；另一方面，又借助学生对文本内容的理解和感受，组织学生进行语言运用的实践。这样，既带领孩子们进入对语言本身的探究、体会之中，又在对语言的体会和运用中使人文和情感在孩子们的头脑中渗透、融合。人文情感教育不露痕迹地融入语言文字运用的实践过程中。

所以，语文课程所承载的文化情怀的使命绝不是额外加上去的，而是生发于语言文字的学习中，融入在语言文字的运用中。语言文字的研读和训练扎实了，人文情感自然也就在这个过程中作用于学生个体了。换言之，“培养学生正确的思想观念、科学的思维方式、高尚的道德情操、健康的审美情趣和积极的人生态度，是与帮助他们掌握学习方法、提高语文能力的过程融为一体的”①，正所谓“皮之不存，毛将焉附”。只有学生自己在语言文字中感悟到人文力量，才真正做到了工具性与人文性的统一。

### （二）以文学的方式审美

小学阶段的文学教育是融入语文教育之中的。这就要求语文教师在面对教材中的诸多文学作品（儿童诗、童话、儿童散文、古诗等）时，既要考虑到以之培养儿童听说读写等基本的语言运用能力，又要基于文学文本的特性，用恰当的方式借以发展儿童的文化理解力、生命感悟力和艺术审美力，并在培养这些能力时针对不同年龄阶段的儿童有所侧重。

在文学众多的特性中，审美是其根本特质。换言之，文学是以审美的方式作用于读者的内心与人格的。在文学教学中，教师只有带领学生经历这一审美过程，才能够在潜移默化中对学生的精神领域产生影响。正如苏霍姆林斯基所言：“我千百次地证实，缺少了诗意的、美感的涌流，孩子就不可能得到充

① 中华人民共和国教育部制定：《义务教育语文课程标准（2011 年版）》，北京师范大学出版社 2012 年版，第 20 页。

分的智力的发展。”

具体而言，这一文学审美过程大致要经历以下三个阶段：语言文字的感知与品味—想象与联想中文学形象的丰富与呈现—基于文学形象和个体经验的体验、感悟与沉思。如果说，一般文章的教学我们要做到“言意兼得”，那么文学教学就要做到“言象意兼得”。正如古人所阐释的：“夫象者，出意者也。言者，明象者也。尽意莫若象，尽象莫若言。言生于象，故可寻言以观象；象生于意，故可寻象以观意。意以象尽，象以言著。”[1]

基于此，文学作品的教学，首先要带领学生对语言文字（包括语音、字词、句段、篇章等）进行感知，以领悟作品语言的节奏、韵律以及语言所含的旨意、情理等显性和隐性信息。在这个基础上，要进而带领学生通过想象与联想，把抽象的语言符号（含语言空白）转化为头脑中的“内部视像”。这是一个充满个性化的艺术再创造过程。“内部视像”越丰富，学生所获得的感受、体验和人生思考就越充实，其审美体验就愈加鲜明化、个性化、深刻化。总之，文学教学中“言”“象”“意”三个要素不可或缺，唯如此才能构成一个动之以情的文学体验活动。当前文学作品的教学中，审美过程的缺失或审美空间的窄化，皆因“言”“象”“意”三者中某一因素的缺失或弱化所致。

### 观点　文学教学的文学视角[2]

文学具有多重功能，如认识、教育和审美等。但文学的特质以审美为本，审美也就成为了文学的主导功能。自然，文学教学的内容也就应当以审美为主体。

童话故事《小蝌蚪找妈妈》显然有着很强的认识功能，教师可以通过故事教学生很多知识，如不同动物的特征、关于青蛙的生物演化历程等。我们不是说教师不可以利用本篇的知识元素作为教学点，不过，如果教师以此为教学的重心，甚至是唯一的教学内容，教学就与常识课无异，而本篇作为语文课堂

① 《周易略例·明象》。

② 参见张永德著：《香港小学文学教学研究》，广东教育出版社2006年版，第93—95页。本书引用时做了文字上的修改和删减。

的文学材料，也就失去了其自身的特殊意义。文学作品带给读者的，最主要的不是知识，而是强大的审美感染力量。

从文学的角度，《小蝌蚪找妈妈》讲述的是小蝌蚪成长过程中的一次历险经验、一个追寻过程，其中包含了不可预知的情节，主角的心情会因追寻的成败有失望、也有喜悦。引导学生进入文本，体会小蝌蚪在这一历程中的感受，才能帮助学生感受文学文本的意义。例如，当小蝌蚪接连两次、三次都找不到妈妈时，它的心情会怎样？当小蝌蚪最后找到妈妈时，它的心情会有什么变化？你有过这样的情绪变化吗？等等。

儿童小说《蓝色的树叶》讲述的是卡佳有两支绿颜色的铅笔，而莲娜只有一支蓝颜色的。美术课上，教师要学生画一颗树，卡佳因为吝啬，不愿意把绿颜色铅笔借给莲娜，并把妈妈、哥哥搬出来当挡箭牌，说要得到他们的同意才可以把铅笔借给别人。最后在不得已的情况下才借给莲娜，却千叮万嘱莲娜要小心使用、不要削、不要太用劲儿画、不要放到嘴里去、不要用得太多，说时脸上还表现出很不乐意的样子。小说的结尾写道——莲娜看了看卡佳的样子，没有借用她的铅笔就走开了。她把自己那棵树画成一棵长满蓝色树叶的树。

显然，这篇小说有着很好的教育功能。教师可以教导学生不要吝啬自己拥有的，也可以教导学生要帮助有需要的人，又可以教导学生帮助人家时要有良好的态度。但如果仅从教育功能出发，把作品中的教育功能提取出来教导儿童，文学课就很容易变成德育课。如果我们从审美的角度试图引导学生更为深刻地感受作品的感情，那么教师可以请学生想象当卡佳向莲娜说要回家问妈妈、哥哥时，她的内心想的是什么；想象一下卡佳“脸上很不乐意的样子”是怎样的一种神情；想象莲娜被卡佳用神情“拒绝”的那一刻是怎样的一种内心感受；想象莲娜用蓝颜色铅笔画树叶时是怎样的一种心理活动；想象在日常生活中，当我们被拒绝时，又该如何去面对；等等。这些问题的设计都是从文学文本的审美功能出发的，学生一定有许多不同的感受和想法，但这些感受和想法都是以文本的审美元素（如人物的神态、感情、思想）为基础的。

文学的特质以审美为本，如果不能产生审美功能，文学就不称其为文学[1]。同理，文学阅读如果不从审美的角度出发，其本质的文学功能也不可能实现在儿童身上。当我们抓住文学特质引导儿童阅读文学作品、经历审美过程时，必须注意以下几点。

第一，关注儿童的阅读期待、阅读动机和阅读心境。阅读期待包括对即将阅读的文本体裁或类型的期待，对所阅读文本即将展现出的形象或情节的期待，以及文本内容是否契合自己的思想或情感的期待等。而阅读动机自然影响着阅读的效果，也影响着阅读心境，这些因素在教师的教学设计与实施过程中均应有所考虑。

第二，关注并落实儿童言语能力的发展。作为语文课程中的文学教学，发展儿童的言语能力是其割舍不掉的一项基本任务；此外，文学是语言艺术，学习者要得到文学的审美教育、文化教育，必须从文学语言的认知开始。所以，在强调文学教育的审美视角时，我们不能忽视对儿童基本言语能力的培养。而且，“无论在我国还是外国，文学教育从来都以语言教育为基础”[2]。

第三，在语言认知的基础上，要引导儿童展开想象和联想，与文本进行充分的填空、对话与交流[3]，关心他们的情感体验过程，并引导儿童表达出他们的想象与联想、感受与体验。这是文学阅读作为审美过程最为关键的一步，也是读者以文本为基础、个人化色彩浓厚的文学再创造过程。它决定了文学审美的质量。

第四，要尊重、珍视学生独特的审美过程和结果。无论思想与感情的共鸣，还是情感得到的升华与净化，抑或生命奥妙的领悟，都应生发于学生个

---

① 顾祖钊著：《文学原理新释》，人民文学出版社 2000 年版，第 83 页。

② 朱绍禹：《文学教育值得重视》，载《语文学习》1998 年第 10 期。

③ 波兰现象学美学家罗曼·英加登认为，文学作品的最终完成必须依靠读者自己去体验、去“填空”。德国接受美学理论家伊瑟尔继而指出，文学文本只是一个不确定性的“召唤结构”，它召唤读者在其可能范围内充分发挥再创造的才能。德国阐释学理论家伽达默尔也认为，艺术存在于读者与文本的“对话”之中，作品的意义是在读者与文本的“对话”中生成的。如上观点，表明了文学作品阅读接受过程中的再创造特征——文学文本中的文字符号，只有经由读者的理解、想象、体验，才能还原为可以构成审美的对象，而这种“还原”过程必会伴随读者的再创造因素。参见童庆炳主编：《文学理论教程》（修订版），高等教育出版社 1998 年版，第 289—308 页。

体，而不应以模式化的解读来取代。体验、理解和感悟是不能替代的，在儿童的文学阅读中，教师应做好鼓励和引导这两项工作——鼓励学生把自己的体验、感受和想法表达出来，发展其文学审美能力；引导学生学会尊重文本的价值取向和他人的观点，帮助他们建构健康的精神格局。

### （三）尊重儿童，化育人格

语文教育中人文关怀的终极表现是：尊重儿童，化育人格。尊重源于理解，语文教师应充分理解儿童的生活世界、情感世界，理解儿童的学习方式、学习感受，尽可能以儿童适合的方式进行语文教学，以帮助他们养成良好的学语言、用语言的习惯、态度和方法，切切实实发展他们的言语能力。

## 案例　从一组二年级小学生的“写话”眺望儿童的世界[①]

**老了多可怕啊**

爷爷老了，走路用拐杖了，说话漏气了，牙齿松动了，东西咬不动了。老了多可怕啊！

**糖被我吃了，这可怎么办啊？**

（注：利用去年“六一”节我搞了个综合实践活动，道具是我发给每个孩子的一块糖，其中一项活动就是引导孩子写日记，有个孩子写了如下的文字。）

今天，我们老师发给我们一人一块糖，因为“六一”儿童节到了。

我要了一块蓝莓味的，袋子也是蓝颜色的，很漂亮。老师还说先别吃，看谁放的时间长。下课了，我看着我的糖，不知不觉地就撕开了，然后迫不及待地吃了。吃完了，我想起来老师说的话，可是，我已经吃了，这可怎么办啊？

---

① 这一案例来自笔者在各地教师培训过程中收到的由教师们搜集并提供的写作教学案例。

**树叶为什么落下来**

“妈妈给小树叶留了太多的作业，小树叶不想做，于是就趁妈妈去上班的工夫偷偷地溜到地上来玩。”

“老了多可怕啊！”，你能想到这个在爷爷身边撒娇调皮的六七岁的孩子正在不言不语地进行着生命的思考吗？“糖被我吃了，这可怎么办啊？”已经吃了，还有什么办法呢？你感受到儿童语言所展现的真实了吗？你读出了孩子充满童真的懊恼与无奈吗？树叶落下来原来是不想做作业，多么富有想象力的回答啊！有人说：“儿童写的东西，可以说是天使在说话。”不错，那简直就是最美的诗！写作，表达的是一种真实的生命状态。这组儿童的“写话”，在记录儿童成长足迹的同时，也让我们得以窥见多彩而丰富的儿童内心世界。

## 案例　为什么蛇和青蛙没有出来①

《雪地里的小画家》叙述了雪后的一个清晨，公鸡和小白兔等小动物们都出来散步的情形。它们在雪地上画出了很美的图画，大公鸡画出了竹叶片片，小白兔画出了梅花朵朵……

故事读完后，教师提出一个问题：为什么蛇和青蛙没有出来？一个孩子马上站起来回答：“老师，因为蛇和青蛙没有毛衣服，怕冷，所以呆在家里没出来。”教师听了以后很不高兴，严厉地对他说：“不知道就不要乱说！”

接着，教师又问全班的孩子：“谁知道？谁能告诉大家正确答案？”此时，教室里安静极了，再没有人回答。见此情形，教师说：“我告诉你们，蛇和青蛙是冷血动物，冬天需要冬眠，它们怎么能出来呢？所以，它们是不可能出来的。”接着又问：“你们知道什么是冷血动物吗？”教室里没有回应。最后，教师意味深长地说：“你们要好好学习，等你们长大了，自然就会明白了。”

---

① 丁海东著：《儿童精神：一种人文的表达》，教育科学出版社2009年版，第245—246页。

“现代教育的悲剧之一，就是认为唯有认知学习才是最重要的。”① 当教师固守于理性而刻板的知识视角对孩子的童言童语进行评判时，我们强烈感受到的却是成人之于儿童的狭隘、冷漠、功利与拙劣。反之，“没有毛衣服穿”的回答，恰恰传达出了人性的浪漫、诗情与灵性。人生的每个发展阶段都有其独特的精神世界和相应的认识方式，而且这种认识方式具有不可逆转性。孩子们的世界，并不比成人的世界简单。孩子们的世界经由儿童独特的精神世界和认识方式，被建构成一个“儿童世界”，正是在这个世界中，儿童的精神和认识不断发展、成长。② 而教育永远不能与儿童的天性相违背，反之，它要走进“儿童的世界”，激活那些纯粹而充满诗意的天性。诚如杜威所言：“儿童在没有教育以前，有一种天生的本能、性情和冲动。教育就应该以这些东西为根据、为基础，不然就没有教育可施。”

从儿童出发的语文，要借助语言的学习，用心呵护、培育儿童的心灵。为此，它必须尊重儿童发展的“自然进程”③ 及个体差异，尊重儿童认识方式的独特价值；它不能企图用成人的认识方式去替代儿童的认识方式，更不能想当然地把成人的价值标准强加于儿童；它必须想方设法地创造适合儿童特点的语言学习情境，激发、唤醒、引导儿童的认识方式，使其获得自然、自由和充分的发展。

最后，让我们以下面这段话来结束这一内容的讨论：“大自然希望儿童在成人以前就要像儿童的样子。如果我们打乱了这个次序，我们就会造成一些早熟的果实，它们长得既不丰满也不甜美，而且很快就会腐烂：我们将造成一些年纪轻轻的博士和老态龙钟的儿童。儿童是有他特有的看法、想法和感情的；如果想用我们的看法、想法和感情去代替他们的看法、想法和感情，那简直是

---

① 施良方著：《学习论》，人民教育出版社 1992 年版，第 403 页。

② 张华著：《课程与教学论》，上海教育出版社 2000 年版，第 362 页。

③ 瑞士心理学家皮亚杰认为，主体的发展程序存在一种“必经途径”，“每一必经途径各有其自身的日程表”。“必经途径”实际上是由遗传信息抽象地规定着的。人为地推动儿童超越其自然的水平，乃至无限制地加速发展，对儿童的正常成长并无益处，反而可能导致长期发展中的阻滞。参见［瑞士］J. 皮亚杰著，左任侠、李其维主编：《皮亚杰发生认识论文选》，华东师范大学出版社 1991 年版，第 13—18 页。

最愚蠢的事情。”①

## 第三节 让语言学习带给学生智慧

### 一、追问：语文课为什么要强调思维含量

哲学家维特根斯坦认为：“语言是思想库”，在对人类已有思想的理解中，我们也学习了语言，因为“思想库”是由语言来表征的。②一个正常的人，思维的发展与语言的发展总是同步协调进行的。人们在头脑中思考问题时，是运用语言在进行思维加工；人们以听、说、读、写为方式进行的交流和互动，又是思维过程的结果或外化。这就是语言与思维互为工具又互为目的的天然关联。语言模塑思维模式，思维反构语言模式。所以，语文学习是一个既需要语言参与又需要思维参与的活动。早在20世纪60年代初，叶圣陶先生就提示我们，“教语文的一项很重要的任务就是训练学生的思维”，“不要只顾到语言文字方面，忽略了思维的训练”③。朱绍禹先生也曾指出：“语文科是语言学科，同时也是思维学科。……在语文教学中，对语言和思维同等重视，是众多国家的现状，也是世界性的趋势。”④

---

① ［法］卢梭著，李平沤译：《爱弥儿》上卷，人民教育出版社2001年版，第88页。

② 刘晓东著：《儿童教育新论》（第二版），江苏教育出版社2008年版，第334页。

③ 张定远主编：《重读叶圣陶·走进新课标：教是为了不需要教》，湖北教育出版社2004年版，第63页。

④ 朱绍禹编著：《中学语文教学法》，高等教育出版社1988年版，第16页。

## 观点 语文科对学生思维发展的功能[①]

第一，语言学习可以使学生获得思维的工具。如思维中的概念是用词来表示的，学生对概念的掌握正是通过对词的理解来达到的，学生概念数量的发展也是通过词的不断积累而实现的。思维中的判断是用句来表示的，学生的句、段理解和表达能力的发展，会使自己的思维判断和表达更严密。所以，语文科学生思维的发展，是随着他们对语言这个思维工具的不断掌握而向前发展的。

第二，语文阅读可以使学生获得间接的思维经验和思维材料。语文教材中的名篇有些运用的是形象思维，有些运用的是抽象思维，它们同是思维的创造，但形式不同，风格各异。学生通过一篇篇课文的学习，就逐步学到了前人各类思维的经验和以语言为工具、选择不同文体形式来表达思维的经验。同时，每篇课文所反映的社会生活和所阐述的各种道理，又大大丰富了学生的知识和经验，从而转化为学生感性的和理性的思维材料，使学生的思维结构不断得到充实和发展。

第三，读、写、听、说，是学生语言水平的思维操练，是语文科实现学生思维能力转换的最基本的实践形式。读与听的过程，是以理解他人思想为核心的思维过程。从对语言的感知到对文章内容本质的理解，再到对文章内容及形式做出评判，其间要经过一系列的、多层次的分析、综合等思维过程。写与说的过程，是以表达自己的思想为核心的思维过程。从对生活的感知到形成自己的认识，再到以语言的形式把这种认识表达出来，其间也要经过一系列多层次的分析、综合等思维过程。正是通过读、写、听、说这种语言和思维相结合的实践形式，学生的各项思维能力受到实际的训练，他们的思维结构不断地完善，从而推动他们的思维向前发展。

① 参见卫灿金著：《语文思维培育学》，语文出版社 1994 年版，第 35—37 页。本书在引用时做了文字上的删减。

从语文学科教学的意义这一角度来看，诚然，语文学科担负了传递知识、训练技能和涵养文化的任务，但不能否认的是，它同时肩负着培养能够独立思考的创造者的使命。子曰：“学而不思则罔，思而不学则殆。”长期以来，我们在“不殆”上做足了功夫，“教学材料及其所蕴涵的知识被误解为目的本身，而发展人的思维的根本目的反而被不知不觉地遗忘了。”① 教育，从本质上来说，是为了生成个体智慧，而“智慧是人们获取、应用、创造知识，以及在实践中创造性地解决问题的能力、方法、谋略和思维方式”②。

“学问”，在疑问中学习，在学习中生发新的疑问。我们希望语文课堂能带给学生更多的智慧。然而事实并不乐观。很多课堂中，孩子的脑子只习惯在别人走过的路上活动，问题意识缺失，不敢想象，怯于创造。很多课堂中，所谓的“师道尊严”正培育着一种畸形的“权威—依存”型师生关系，以书本和考试为中心，强调“统一性”和“标准答案”的教学，将使学生的个性化和批判性思维萎缩。

儿童总是带给我们生命的活力，这种活力缘于他们有很多很多的“问号”，有很多很多的“幻想”，有很多很多属于自己的“想法”。假如在我们的课堂上，这些“问号”“幻想”“想法”都渐渐溜走以至消失的话，剩下的又是什么？那时，我们的教学是成功还是失败？

“真正的学校乃是一个积极思考的王国。”教师的教学行为应以引发学生积极思考为出发点和归宿。语文教学要给学生以思维能力的养育、人生智慧的提升。语文学习如果没有了思维，所谓的知识就会因失去了联系而变得杂乱，所谓的技能就会因失去了灵魂而变得机械，所谓的情感就会因失去了理性而导致疯狂。所以，让我们来重温先哲孔子的教诲：“疑是思之始、学之端。”也让我们去沉思美国哈佛大学的那句名言：“教育的真正目的就是让人不断提出问题、思考问题。”

---

① 郅庭瑾著：《为思维而教》，教育科学出版社2007年版，前言。

② 邓刚、陈放、王谦：《教育理念的革新——塑造“智慧人”》，载《教育发展研究》2006年第17期。

## 二、问题：语文学习中学生的思维发展何以弱化

语文课堂中学生思维弱化的原因可能有很多，暂且从以下三方面尝试做出解释。

第一，对“语言”和“思维”二者关系的理解不到位。关于语文教育的学术讨论，我们有过“文道关系之争、读写地位之争、训练比重之争、语言因素和文学因素之争，唯独很少涉及语言和思维的各自地位和相互关系的讨论，这足见我们对这一关系语文科根本性质的问题认识的不足”①。这一认识和理解上的不足，自然带来语文教学过程中思维的弱化。而思维的弱化，又反过来弱化了语言学习效率本身。

正如乌申斯基所言：“语言并不是什么脱离思想的东西，相反地，语言乃是思想的有机的创造，它扎根于思想之中，并且从思想中不断地发展出来；所以，谁想要发展学生的语言，首先应该发展他的思维能力。离开了思想单独地发展语言是不可能的；在发展思维以前发展语言甚至是有害的。”② 因此，在发展语言能力的同时，帮助学生掌握科学的思维方法，发展思维能力，激发学生的创造潜能，教师们必须对这样的语文课程目标予以足够重视。

观点　发展语言和发展思维的活动是统一的③

过去我们谈发展语言能力，往往忽略了语言和思维、思想的关系，因此在语文教学中会出现两种倾向：一是只强调语文形式，忽略语言所反映的思想内容和思维过程；二是只突出思想内容，而忽略了语言形式。要解决这个问题，必须对语言和思维、语言和思想的关系了解清楚。

语文教学中发展思维能力，是由语言的性质决定的。语言与思维是相联

① 朱绍禹编著：《中学语文教学法》，高等教育出版社 1988 年版，第 16 页。

② 张焕庭主编：《西方资产阶级教育论著选》，人民教育出版社 1964 年版，第 470—471 页。

③ 田本娜著：《我与小学语文教学》，人民教育出版社 2006 年版，第 33 页。

系的，语言和思维处于同一个统一体中，发展语言和发展思维的活动是统一的。学生语言学习的过程，一方面，在进行着思维活动，另一方面，通过语言学习又能进一步发展思维。

第二，对语文学科教学意义的理解存在偏差。很多教师以“记住了”“掌握了”“没有问题了”作为一堂课的完美结局，认为向学生传授得越多学生就懂得越多。这反映出以记忆、存储为目的的教学观，反映出学生在课堂学习中的被动接受性。教学是为了记忆知识还是发展智慧？“问题”与“答案”到底哪一个更为重要？

### 观点　一位美国教师的教学观[1]

有一位儿子在美国读书的中国家长，询问儿子的老师：“你们怎么不让孩子们背记一些重要的东西呢？”

美国教师回答：“对人的创造能力来说，有两个东西比死记硬背更重要，一个是他要知道到哪里去寻找他所需要的比他能够记忆的多得多的知识；再一个是他综合使用这些知识进行新的创造的能力。死记硬背，既不会让一个人知识丰富，也不会让一个人变得聪明。这就是我的观点。”

掌握知识的目的是为了解决我们所遇到的问题，知识至多不过是“问题解决”的工具，而不应成为目的本身。如果教师的教学只停留在传递已有知识、训练基本技能这一层面，而不上升到有效激发学生思维、指导学生学会学习这一层面，就不会培养出有智慧的儿童。换言之，一个孩子养成爱动脑的思维习惯比学到这种或那种知识更为重要。

长期以来，语文教学过程的教师中心、书本中心、考试中心，带来的最大弊端是强化了学生对所学知识的服从性、学习过程的被动性、思维方式的单

① 高钢：《我所看到的美国小学教育》，载《南方周末》1997年6月20日。

一性。语文课堂在“静静地听讲”的表象下，是思维的贫乏、创造性的泯灭和才智的消磨。学生发展的是一种依附权威的思想，他们所受的教育就是听教师告诉他们应该怎样想和应该怎样做，他们最终成为被动的、没有创造力的劳动者。

一堂课快结束的时候，我们常常见到这样的情景——教师问：“还有问题吗？”学生异口同声地回答：“没有了！”于是，教师满意地宣布下课。把学生教得“没有问题了”“全懂了”，这真的就是我们教学的终点吗？如果通过我们的课堂，学生从没有问题到产生了问题，甚至产生了更多问题、更多疑惑，这又算不算成功的课堂呢？其实，爱因斯坦早已深入阐述过这个问题：“提出一个问题往往比解决一个问题更重要，因为解决一个问题也许仅是一个数学上的或实验上的技能而已，而提出新的问题、新的可能性，从新的角度去看旧的问题，却需要有创造性的想象力，而且标志着科学的真正进步。”①

第三，语文教学思维训练的具体策略缺失、途径不明。思维通过“问题解决”得以展现。因此，语文思维训练的具体策略与途径也是在“问题解决”的过程中得以丰富和完善。那么，我们的语文课堂是探究式的、以“问题解决”为核心的课堂吗？我们的语文教师是否在学生疑惑、困难、错误的状态下给予了他们有效的解决问题的思路与策略呢？在长期以传递知识、技能训练为旨归的语文教学实践中，与学生一样，教师的思维品质亦趋弱化。而要培养学生的思维，教师首先要善于思维，具有良好的问题解决策略。可以说，教会学生思维的策略与思维训练途径的丰富，是伴随着教师习惯性思维的改变而发生的。

## 三、策略：怎样提高语文课堂的思维含量

“问题”是思维的起点，思维则通过“问题解决”的过程而得以展现。要提高语文课堂的思维含量，教师首先要善于通过提问引导学生经历“问题解

① ［美］A. 爱因斯坦、［波］L. 英费尔德著，周肇威译：《物理学的进化》，上海科学技术出版社 1962 年版，第 66 页。

决”的思维过程，进而培养学生主动质疑、自我发现问题的能力，最后还要引导学生以正确的态度面对问题并发展学生解决问题的能力。

### （一）教师提问要有效

提问具有启动学生思维、引导思维发展方向的重要作用。教师提问一直是课堂研究的一个热门话题，有关研究较为系统、深入。借助这些研究，我们可以有针对性地去观察课堂，并基于所记录下的数据进行教学质量的分析。

#### 课堂研究　课堂提问技能的聚焦式观察、分析与反思

教师可以根据语文教学的实际情况，共同设计一个类似表 5-1[①] 的课堂提问观察量表，然后互相听课，把课堂中教师提出的每一个问题都记录下来，之后进行分类编码。然后，大家坐下来对观察的结果进行讨论、分析，看看是否遵循了有效提问原则，还有哪些需要改进。

表 5-1　课堂提问观察量表

| 行为分类 | 编码 |
| --- | --- |
| A 问题类型 | A B C D |
| 1. 选择型：要求学生做出“是不是”或“对不对”的选择性回答 | 问题 1：__ __ __ __ |
| 2. 事实型：要求学生从记忆或课本中搜索事实性答案 | 2：__ __ __ __ |
| 3. 理解型：要求学生对所阅读的内容进行思考（分析、综合）后 | 3：__ __ __ __ |
| 才能得出结论或解释 | 4：__ __ __ __ |
| 4. 运用型：要求学生运用已有知识去解决问题 | 5：__ __ __ __ |
| 5. 评价型：要求学生运用个性化、创造性思维发表个人的见解和 | 6：__ __ __ __ |
| 主张 | 7：__ __ __ __ |

① 这个观察量表参考了美国教学论专家布罗菲和古德的教师提问技巧检测量表，考虑到本土语文课堂教学的实际情况，对其中的问题类型等部分做了改动。参见［美］古德、［美］布罗菲著，陶志琼、王凤、邓晓芳等译：《透视课堂》，中国轻工业出版社 2002 年版，第 511 页。

续表

| 行为分类 | 编码 |
| --- | --- |
| B 挑选回答者 | 8：＿ ＿ ＿ ＿ |
| 1. 在提问之前先点名 | 9：＿ ＿ ＿ ＿ |
| 2. 点举手回答问题的学生（在提问之后） | 10：＿ ＿ ＿ ＿ |
| 3. 点没举手回答问题的学生（在提问之后） | 11：＿ ＿ ＿ ＿ |
| C 提问后的停顿 | 12：＿ ＿ ＿ ＿ |
| 1. 在点学生回答问题之前，停顿几秒 | 13：＿ ＿ ＿ ＿ |
| 2. 在点学生回答问题之前，没有停顿 | 14：＿ ＿ ＿ ＿ |
| 3. 教师在提问之前先点名，没有停顿 | 15：＿ ＿ ＿ ＿ |
| D 提问时的声调和方式 | 16：＿ ＿ ＿ ＿ |
| 1. 以挑战或激励的方式呈现问题 | 17：＿ ＿ ＿ ＿ |
| 2. 不带任何感情色彩地呈现问题 | 18：＿ ＿ ＿ ＿ |
| 3. 以威胁或检测的方式呈现问题 | 19：＿ ＿ ＿ ＿ |
| 记录与下列有关的任何情况：<br>● 序列：所提问题是被整合成了有序的序列呢，还是随意选取的问题或者是问题之间毫无联系呢？<br>● 学生自己提出过问题吗？<br>● 在试图解决问题的过程中，学生与学生之间有互动吗？有多少？<br>● 教师是否就同一问题向几个学生提问，或让学生评价自己或同学的答案？ | |

有效提问能有效促进学生思维的发展。教师应关注不同提问类型对学生思维发展的不同价值，从而有针对性地设计出不同类型和层次的问题，使所有学生都有机会在课堂中获得发展思维的机会。教师的课堂提问还要注意扣住语文学科特点进行整体设计，促进学生聚合思维与发散思维、抽象思维与形象思维的协同发展。当我们判断课堂提问是否有效时，其核心指标就是看它激发、促进了学生的思维发展，还是限制、阻碍了学生的思维发展。

实践表明，教师提出问题的水平越高，越能活跃学生思维、促进学生思维发展，教学效果就越好。而课堂中那种“为赋新词强说愁”式的“强行提问”“为提问而提问”，以及从“已知”到“未知”之间跨度过大或过小的提问，都会直接损害学生问题解决的求知欲和思维的能动性。在语文教学中，每个学期、每个单元、每一节课，到底应确定怎样的思维训练目标？结合哪些教学内容训练哪些思维能力，以何种方式进行？这些都需要教师在备课过程中做出具体设计，以促进学生思维不断地由量变到质变、由低级向高级发展。

观点

### 以下情况中，学生的学习成果会提高①

- 难度较低和难度较大的问题适当混合；
- 教师提出问题后至少留出三秒钟的时间空隙，再请学生作答；
- 学生的回答能得到教师有针对性的反馈；
- 让学生回答难度较大的问题时，鼓励学生提出反问；
- 教师不像在许多班级中司空见惯的那样仅仅青睐几个优等生，而是能够在适当的范围内提问到所有学生。

需要强调的是，在提问后的回答环节中，教师必须有明确的目的意识。如果提问的目的是为了发展学生思维，那么教师就必须给学生思维的时间、让学生经历思维的过程。有研究者发现，在实验条件下，教师的候答时间增加至三秒以上时，教学效果明显提高。②如果提问的目的是为了发展学生思维，教师就应更加注重学生思维的过程而不是类似标准答案的那个思维结果。为此，教师必须学会倾听，不要过早、过于直接地给学生解决问题的线索、角度和思路，而是乐于听到学生的真实想法，引导学生说出思维的过程，包括“差错”和“问题”。教师可以扮演引导者或助手的角色，要求学生加工或反思自

---

① 这是美国教学论专家布罗菲、古德1986年的研究结论，转引自［德］希尔伯特·迈尔著，黄雪媛、马媛译：《怎样上课才最棒：优质课堂教学的十项特征》，华东师范大学出版社2011年版，第26页。

② 施良方、崔允漷主编：《教学理论：课堂教学的原理、策略与研究》，华东师范大学出版社1999年版，第205页。

己的回答结果，如教师可以追问“你是怎么得出这个结论的”“你为什么这样认为”。通过这样的交流，让大家了解回答问题的学生在思考什么、怎样思考，启发学生的反思思维。这有助于培养学生良好的思维习惯，引导学生监控自己的学习过程，并使学生通过反思自己的思维过程，获得思维的策略。总之，要教会学生思维，就要关注学生的思维过程，并采取相应的策略让学生知道应该怎样思维，进而促进学生思维的深入发展。

### （二）培养学生的问题意识与提问能力

有“疑”才有“问”，教师在提高课堂提问效率的同时，还要注意培养学生主动质疑、发现问题的态度和能力。“学贵有疑，小疑则小进，大疑而大进。疑者，觉悟之机也。”教学中，教师应努力创设一种平等融洽的学习氛围，为学生创造吐露思想的各种机会，鼓励、培养学生敢质疑、会质疑，通过解放儿童的嘴巴进而去解放他们的思想，发展他们的思维。

“儿童的发问意味着他对周围世界或自我的积极思考，意味着主动探究的开始。这在他们的建构性学习中是极为关键的。遗憾的是随着儿童年龄的增长，主动的发问越来越少，反而把一切视为理所当然，这实在是学校教育的悲哀。”① 有人说，小学生入学时像个“问号”，天真烂漫，想象丰富，充满好奇；几年的学习后，却习惯了接受与服从，没有了问题，成了个“句号”。有的课堂美其名曰“启发式”，实质上是学生被教师以“提问”的形式牵着鼻子走，思维轨迹单一，缺乏个性思考。长期“被考被问”的结果却是学生反而不会甚至不敢独立思考，进而也不敢主动提问。这种变了味儿的所谓“启发式课堂”还很多，它未能真正使学生获得思维发展，也没有培养学生对所学内容的兴趣。这样的课堂、这样的学习结果，都不是我们所期望的。要培养学生主动质疑、发现问题的态度和能力，日常教学中应注意以下几点。

第一，鼓励学生质疑，培养学生的问题意识，使他们逐步养成良好的独立思考与质疑的习惯。

---

① 柳夕浪著：《课堂教学临床指导》（第三版），人民教育出版社 2011 年版，第 121 页。

## 案例　把提问的主动权交给学生[1]

师：请同学们再次自读课文，这次读完后，老师要提一个问题，老师会提什么问题呢？你们一边读，一边想，读课文时就想老师可能提什么问题。

（学生自己读课文，边读边思）

生：老师想问课题为什么叫“只有一个地球”。

生：您会问地球上的资源为什么不会再生。

生：您会问我们怎样保护地球上的有限资源。

生：为什么说地球最可爱？

（学生连续提了十几个问题，支老师都摇头否定，这激起了学生强烈的兴趣）

师：我想问，读了三遍课文，你心里是什么滋味，酸、甜、苦、辣？

猜测老师会提出什么问题，其实结果并不重要。重要的是，这一教学设计起到了引导学生自主深入阅读课文、自己主动进行思考、学会发现并表达出自己问题的学习促进作用。试想，学生如果没有对课文进行仔细的阅读、思考，怎么会提出这么多涉及文章主题的、有质量的问题？课堂由谁来提问？在我们固有的观念中似乎理所当然的是老师提问。支玉恒老师却反其道而行之，发动学生来提问。我相信，这不是在做表面文章，也不仅仅是一个“问”和“答”的角色转换问题，它反映出支玉恒老师对语文课堂教学的理解与追求，即培养学生独立思考、敢于提出问题的意识与习惯。

第二，引导学生在学习的过程中发现问题、生成问题。

当前，许多教师开始着意于学生问题意识的培养，但在现实的课堂教学中却遇到了新问题，如教师们所描述的“许多学生提不出有质量的问题”，“所提问题往往停留在较为肤浅的层面”。对此，我们需要思考的是：学生所提问题“有质量与否”“肤浅与否”的判断标准是什么，是相对于教师而言还是相对于学生而言？对于学生个体来说，什么问题对他来说是有价值的？难道教师

① 支玉恒著：《支玉恒老师教语文》，华东师范大学出版社 2009 年版，第 110 页。

预期的问题对于学生而言就真的有意义吗？显然，这些问题不难回答。因为学生的认知起点不同，新知识与学生已有知识间的不一致并由此导致的认知冲突，无论时机还是内容都不可能相同。有的学生对某个词不理解，有的对一个句子不理解，有的对表达方式不理解，等等，这完全取决于学习者本人。作为教师，则要以尊重和热情去面对学生所提出的问题，同时采取一定策略去诱发学生认知水平上的冲突，使学生产生疑问，而不是只按照教师设计好的问题去展开教学进程。

同时，我们还要思考这样一个问题：学生语文学习过程中的“疑”从何来？朱熹给了我们一个回答，他说：“读书须是仔细。逐句逐字，要见着落。若用工粗卤，不务精思，只道无可疑处。非无可疑，理会未到，不知有疑尔。”① 这告诉我们，语文阅读中所谓有质量的问题是在熟读、精思、理解的过程中逐渐生发而来的。读之愈切，思之愈深，疑则越多、越精、越有质量。换言之，学问学问，越学问题越多，越学越会提问、越能提问。目前的许多课堂，学生还没读两遍课文，教师就让学生质疑，提出文中不懂的问题，这必然导致学生无从质疑或只是提出一些浅层次的问题。这种教学行为，从形式上看是在鼓励学生质疑，但并不得法，只是把质疑作为教学进程的一个过渡形式而已。

第三，引导学生学会问问题，教会学生把他的疑惑描述出来。

### 案例　《落花生》一课的教后记②

初读课文之后，我说：“读书最可贵的是能发现问题。下面请大家拿出笔来，默读课文，把自己不理解的地方画出来，待会儿提出来我们一起学习。”学生照着指示做。奇怪的是绝大多数人都是拿着笔做做样子，根本没在课本上画任何记号。

---

① 《朱子语类辑略》卷二。

② 孙双金：《“情智语文”理论与实践的研究》，载《语文教学通讯·小学刊》2006年第12期。

五分钟后，没有人举手提问，都一脸茫然地望着老师。

我有些愕然：都读五年书了，竟然还不会提一个问题。我决定，这节课一定要让他们学会提问，而且要提出有价值的问题。我笑了笑："你们有没有不理解的词语？有就提出来。我最喜欢勇敢的同学。谁第一个举手？"

过了好一会儿，终于有一个男生小心翼翼地举起了小手。

"老师，'茅亭'是什么意思？"

"你是班上最勇敢、最聪明的同学，你提了第一个问题，了不起，请大家掌声鼓励！"其他学生的眼里有了一丝羡慕。

"老师，'新花生'是什么意思？"

"老师，'开辟'是什么意思？"

由于被激励，许多学生开始产生属于自己的"？"，但都还停留在就词语提问的水平。我决定打破他们的思维定势。"你们有没有不理解的句子呢？"

学生不再像刚才那样茫然，而是陷入了思考。

"'那天晚上天色不大好，可是父亲也来了，实在很难得。'这句话我不懂。"一个女生说。

"你真能干，一下子就找到这么一个重要的问题。"教师立即把课文的这句话给投影出来，并提示："我想，就这句话我们起码可以提三个问题。你们动脑筋想想看。我相信你们一定可以提出来。"

有了明确的"攻击"目标，大家脑筋开动起来了。

"那天晚上为什么天色不好？"一个男孩问了一个不着边际的问题，引得全班一片笑声。

"老师，在我们家里父亲和我们在一起吃饭是经常的事，为什么这家父亲'很难得'呢？"

"真聪明，你联系自己的家庭生活实际提出了很有价值的问题。"

"那天晚上天色不大好，父亲为什么也来了呢？"又一个有价值的问题出来了。

"'可是父亲也来了'，为什么要用上'也'呢？"学生开始咬文嚼字了。

"父亲来就是为了吃花生吗？他还有什么用意呢？"

一个个精彩的"？"产生了，一个个脑袋里的智慧被唤醒了。

面对一脸茫然、无人发问的课堂情况，孙双金老师的做法是：一方面鼓励，一方面在方法上加以引导。他先就词语提问，再就句子提问，然后抓住一个句子引导学生开动脑筋从不同角度提问。一路下来，我们看到了教师的作用。显然，在指导学生“会问”的过程中，“法”的引导是重要的。

语文课堂上，有些教师常这样鼓励学生：“你想提什么问题就提什么问题。”结果却往往是学生面对整篇课文不知所措，因为缺少了思维的方向性引导。这种做法表面上是把学习的主动权交给了学生、尊重学生，事实上是教师技能缺失、角色责任缺失的表现。语文教学中，鼓励学生提问，引导学生思维，教师不能只提要求，而要想方设法地去诱发学生内部的认知冲突，并给予学生方法和思路上的指引。比如，有时提问可以从所读文章的内容理解入手，小到对一个词语、一个句子的理解，大到对一个事件、一个人物的认识与评价；有时又可以从所读文章的语言形式入手，小到一个字、一个词语、一处修辞的表达效果，大到文章的思路线索、结构次序等；有时问题可以在横向迁移（联想、比较、综合）中产生；有时又可以在纵向深入（分析、概括、推理）中出现；等等。

### （三）教师要积极正确地对待学生的发问

在教师有效提问、学生善于发问的讨论基础上，我们可以进而去研究教师是如何面对学生发问的。

**课堂研究** 我是怎样面对学生发问的？

在课堂上，我们期望学生围绕有关学习内容提出这样或那样的问题。学生提出的问题越多，说明他们思考得越积极，说明我们的课堂在促进学生思维发展中越有效。那么，在学生提出问题后，教师又是怎样做出反应的呢？我们的反应会对学生质疑能力的发展产生何种影响呢？利用表5-2，教师可以对自己以往的相关教学行为做一个反思。

表 5-2 教师对学生问题的反应①

| | |
|---|---|
| 使用范围：当学生向老师提出合理的问题时 | |
| 目的：检测教师是否对教学投入并鼓励学生质疑，善于培养学生提出问题的能力 | |
| 使用说明：把教师对学生问题反应的具体行为尽可能详尽地记录下来，然后按类别进行编码、统计、分析 | |
| 行为类别 | 记录 |
| 表扬学生提出的问题（“问题提得好”） | |
| 批评学生提出的问题，认为问题不相关、愚蠢、不恰当等 | |
| 忽略问题，或很快将问题置之一边不予回答 | |
| 回答问题或把问题转向全班学生 | |
| 如果没有人回答，教师准备寻找答案或布置一个学生回答问题 | |
| 如果没有人回答，教师就继续下面的内容学习，把问题留在那儿 | |
| 其他（详细说明，如教师解释说，明天的课要涉及该问题） | |

对于小学生的每一个问号，教师都必须小心呵护、积极回应，以我们的知识去帮助他们，以我们的智慧去引领他们，以我们的情感去鼓励他们，而不能轻易回避、打击或强拉硬拽地使他们回到自己设计好的问题或答案中。

### 观点　面对学生的发问②

教室外面有并排生长的三棵树，第一棵的叶子掉光了；中间那棵的叶子颜色参差不齐，黄多绿少；第三棵却绿叶茂密。学生问：“三棵树以前看上去是一样的，为什么现在变得这么不同呢？”

假如老师一时不能直接回答这一问题，怎么办？

第一，回绝问题。装着没听见，“王顾左右而言他”。这给学生传达的基

① 参见［美］古德、［美］布罗菲著，陶志琼、王凤、邓晓芳等译：《透视课堂》，中国轻工业出版社 2002 年版，第 356 页，本书引用时做了改动。

② 柳夕浪著：《课堂教学临床指导》（第三版），人民教育出版社 2011 年版，第 122—123 页。

本信息是闭上嘴巴，提问不得体（非课本知识），节外生枝，或者令人讨厌。这种对学生积极发问的忽略，等于对其心灵的惩罚。长期下去，学生自然不会发问，也就不再主动学习。

第二，重复问题。试图回答学生的问题，但没有具体回答，不过是把原来的问题重复一遍罢了，至少表示自己注意到学生的发问。这样的回答如："三棵树本来就不一样"，"第三棵树生命力旺盛"，等等。但教师在年幼的孩子面前试图掩盖自己的无知，不能真实地面对自己，不懂装懂，暴露出人格上的不健全。

第三，给予鼓励。"这是一个好问题"，或者"我很高兴你问这个"，这能够激励学生进一步的发问。同时承认自己也不清楚。孩子会想，"原来老师也不是什么都知道的"。这种对成人认识的改进，也是一种学习。但作为教师，仅仅做到这一步是不够的。

第四，停顿，提供可能的解答（思路或方法的提示）。如："可能是因为第一棵生病了，或者有害虫，或者地下有毒物质的侵害"等。教师不知道确切的答案，但却做出了有关猜想。他可启发学生进一步的思考，让学生意识到会有多种可能性，需要去查实；或者鼓励学生做出种种猜想："同学们，你们认为那三棵树为什么会变得如此不同呢？"让学生提出初步的猜想（假设）。

第五，鼓励调研，寻找证据，检验猜想。如学生猜想："三棵树年龄不同，第一棵明显老化。"教师问："你怎样证实你的想法？你能不能拿出证据来说明你的想法？"对于教师做出的猜想，也应当让学生认识到这只是一种猜想，并不一定就是真的，并鼓励学生寻找证据反驳。在教师的鼓励下，学生可能会查资料，询问他人，进行实地考察，等等，开展深入的探究。达到这一层级很重要，因为对于科学探究来讲，种种猜想是否成立，不是看它是否为某个权威人士讲的，或者某种"百科全书"是不是这样写的，而最终取决于能否得到足够的实证。对话如果发展到这一层级，不仅对学生，对教师来讲也是极为重要的学习经历。

第六，鼓励学生对探索结果质疑，进一步发问。学生调研，寻找资料，对自己的猜想做出说明与解释。教师还应当鼓励学生对同伴的答案进行质疑，审查他的证据是否真实、足够，调研方法是否恰当，解释是否充分；众多的解释中哪些完全不成立、应当排除，哪些比较合理，但还需要做进一步的验证。对话进展到这一层级，学生会批判性地反省自我，认识到科学的探究是无止境的，即这一问题初步解决了，还会有更多的问题出现。

从拒绝儿童问问题到鼓励儿童形成并验证猜想；儿童从不学习，到消极学习，再到创造性地学习，结果截然不同。教师面对学生的发问宜审慎。

## 探究与思考

文献研究：摘录有关“语言与思维的关系”的经典论述，并解释“思维”的内涵；搜索相关文献，列出“提高语文课堂思维含量”的具体策略。

实证研究：观摩一节语文课，记录下所有的学生学习活动。根据所记录的活动时间、活动内容、活动形式与活动目的，反思这节课是否将语言文字运用能力的培养落实到了学生身上，最后形成一份研究报告。

案例研究：当前小学生作文中“语言的成人化”现象比较严重，阅读小学生作文，搜集一些典型案例，必要时可以进行一些访谈，最后整体阐述你对于这一现象的认识与思考。

# 第六章

# 怎样教语文（下）——语文课堂教学智慧的探寻

【内容提要】

课堂教学的实践智慧直接影响着教学的效果。如怎样唤起学生对语文学习的兴趣？怎样为学生设计有效的语文实践活动？怎样对学生的语文学习活动进行有效反馈？怎样加强学生运用语言文字的“方法”与“习惯”的培养？这些问题在语文课堂的教学实践中最为直接，也最为关键。

【核心概念】

语文学习兴趣　语文实践活动　教学反馈　学法与策略指导

# 第一节 唤起学生对语文学习的兴趣

## 一、追问：学生对我的课堂感兴趣吗

“你可以把一匹马牵到河边去，但你不能使其一定要喝水。”任何有教学经验的人都知道，要使学生的学习取得进展，必须吸引学生真正参与到学习过程中来。而“学生注意力集中的程度以及努力的程度取决于他们的动机——参与课堂活动的愿望及其这样做的原因”①。

作为语文教师，在一堂课接着一堂课的向前赶路的过程中，我们不免需要稍作停留，静下来追问一下自己：学生愿意跟我一起学语文吗？在我的语文课堂上，学生们的真实感受是什么？他们真的愿意参与到我所设计的学习进程中吗？他们获得了学习的愉悦和兴趣了吗？当然，我们也可以弯下腰来与孩子们进行一些交流：“你们所期望的语文课是什么样子的？假如你是老师来教今天的这节课，你打算怎么教？你们更喜欢哪些语文学习的方式？”总之，“儿童教育应当尊重儿童精神世界的天性，我们应当顺应儿童学习的特点和兴趣来选择学习方式、教育方法和教育内容”②。

通过上面的反思和交流，教师们一定能找到一个审视自我课堂的新视角，进而找到一个改进课堂的新起点。因为无论如

① ［美］古德、［美］布罗菲著，陶志琼、王凤、邓晓芳等译：《透视课堂》，中国轻工业出版社 2002 年版，第 290 页。

② 刘晓东著：《儿童教育新论》（第二版），江苏教育出版社 2008 年版，第 124 页。

何，调动并唤起学生有兴趣地参与到课堂学习活动中来永远是一节好课的开始，也是一名教师走向成功的开始。而从学生的角度而言，他们一旦“有求知的渴望，心灵就会有所作为；没有求知的渴望，即使给他塞满了知识，到头来也几乎毫无所得”①。

在当下的教学工作中，也许我们还有着许多无奈，有着许多不想做但又不得不去做的事情，它们来自考试的压力、行政的干预、家长的影响等，但所有这些都不应以牺牲学生的学习兴趣为代价，否则我们失去的可能比得到的要多得多。

### 课堂研究 学生对我的语文课感兴趣吗？

表 6-1 由高到低反映出学生学习活动的动机水平，你可以据此对你所教班级的学生进行整体的调查和分析，看看你的学生语文课上的学习状态如何。结合对学生的访谈反思：为什么语文学习是这样一个状态？

表 6-1　学生学习活动的动机水平②

| | |
|---|---|
| 5 级水平 | 把完成学习活动作为一种内心的需要 |
| 4 级水平 | 对学习活动表现出稳定的兴趣 |
| 3 级水平 | 有时有兴趣，但不稳定，不能持续较长时间 |
| 2 级水平 | 对学习活动抱着漠不关心、无所谓的态度 |
| 1 级水平 | 对学习活动持否定态度，有逆反心理，厌烦，一提起来就发怵 |

## 二、困惑：学生为什么对语文课堂不感兴趣

“孩子在学习的最初日子里怀着多么激动的心情跨过学校门槛，怀着多么

---

① ［美］杜威著，姜文闵译：《我们怎样思维·经验与教育》，人民教育出版社 2005 年版，第 215 页。

② 参见柳夕浪著：《课堂教学临床指导》（第三版），人民教育出版社 2011 年版，第 198 页。此表根据书中相关内容整理而成。

深切的信任注视着老师的眼睛！”然而，几个月甚至仅几周之后，他们眼神中的光彩消失了，对于一些孩子来说，语文学习不仅没有带来欢乐，反而带来了苦恼；不仅没有满足好奇，反而对自己丧失了信心。语文，内容如此丰富又充满了人文与情感的学科，怎么会以如此的面貌改变着儿童？

“在人的心灵深处，都有一种根深蒂固的需要，这就是希望感到自己是一个发现者、研究者、探索者。而在儿童的精神世界里，这种需要特别强烈。”那么，在我们的语文课堂上，学生感受到自己是一个发现者、研究者、探索者了吗？学生感受到自己的成功与进步了吗？要想让学生个体获得这些感受，教师需要就如下几个方面做一些反思。

第一，我是否总是想方设法地给学生更多的学习机会？我为学生设计的学习任务的难度是否适当，从而使不同程度的学生通过参与学习能够获得成功感，进而发现学习活动对自己而言是有意义的？

第二，我是否为学生创设了一个鼓励和支持性的环境？我是否对他们的学习满怀期望并给予了他们足够的激励性反馈？当学生遇到困难或错误的时候，我是否能够在“最近发展区”内为学生提供充分的、及时而有针对性的教学和指导？

第三，我是否能够抓住汉语言文学的特点进行教学，从而使孩子们因语言文学的魅力而喜欢上语文？我能否拉近语文与孩子们的生活、精神世界的距离，使孩子们通过语文学会感受生活、体验人生？

或许导致孩子们不喜欢语文课的原因还有很多，但也许我们仅仅是抓住了其中一点并尝试做出改进，就可能会获得意料不到的好效果。我们必须坚信：作为一名教师，我们首要的基本任务是激发学生的学习愿望。

## 三、策略：怎样让学生对语文学习感兴趣

### （一）从汉语言文学本身出发激发学生语文学习的兴趣

语文教学有着丰厚的母语文化土壤和丰富的人文情感内涵，我们要激发儿童学习语文的兴趣。一方面要紧紧抓住汉语言文学本身的特点，让学生沐

浴在母语情怀之中，体会母语学习过程的快乐；另一方面要充分关注语文学习的内容与学生生活及心灵的关系，要从儿童的生活和儿童的视角出发，用语言所描写的内容、所抒发的情感真正触动儿童的心灵，丰富他们面对人生的情感与智慧。

### 案例 《推敲》一课的教学导入片段（有删节）①

师：我们的祖先创造了有趣的汉字，比如“木”，在以前是这样写的（教师板书）；“休”则是这样写的（教师板书），一个人靠在大树边上小憩。与汉字相比，词语更有意思。如“左右”一词，怎样理解？（学生举起左手，再举起右手）但是如果将词语放到句子里，“我左右不了你”，意思就大不相同了。再比如说“东西”一词，那些是什么东西呢？

生：语文书、教鞭、粉笔……

师：老师是东西吗？

生：你不是东西。

师：你不是在骂人吗？（学生笑）

师：你看，汉语真是有生命力！再看“斟”“酌”，本来都是表示“倒酒”，但两个字放在一起就表示“研究”的意思了。而“推”与“敲”呢，如果你要推门（生演示），就需要手向前发力；如果你要敲门（生演示），就需要用手去撞击。但“推敲”放在一起时就表示“斟酌、研究”了。怎么回事呢？看看《推敲》这篇课文告诉了我们什么。

作为一名从事汉语教学的教师，我们应该有着对汉语言文字充满诗意的体验、感悟与理解，内心当中有着对母语的一种深厚的文化情结。只有这样，我们才能从汉语的特点出发，思考语文教学，实践语文教学，让孩子们体验到

① 余文森、林高明、许玉兰主编：《名师怎样观察课堂·小学语文卷》，华东师范大学出版社 2009 年版，第 105—106 页。

母语课堂的快乐。张志公先生指出:“进行语文教育,教学生识字、读书、作文,有两个重要之点:一是要符合本国语言文字的特点,一是要符合儿童和青少年学习本国语言文字的规律。”[1] 今天看来,这一观点仍需我们进一步去探讨、去实践、去丰富。

## 观点　让语文课堂成为儿童“梦”的故园[2]

童年是多梦的季节,儿童是情感的王子。他们的心中充盈着想象的激情,蓄积着创造的欲望,扑棱着翻飞的诗性。对学习,对生活,对理想,对这个五彩的世界,他们有着太多太多梦幻般美好的期待。——这便是儿童最初的人生。

而语文,似乎生来就是为着放飞儿童的多彩的梦而存在的。在这儿,荷花会与“我”共舞,小蝌蚪在着急地寻找着妈妈,多么希望卖火柴的小女孩来到我们中间……多少个方块字连缀在一起,仿佛起了魔力,让人产生奇思妙想。儿童在这美丽的追梦过程中,固有的灵性得以迸发,原始的诗情得以生长,潜具的悟性得以唤醒。与此同时,他们对祖国语言、对民族感情开始了美好的体验。

我们的首要工作是让孩子在语文课堂中幸福成长,最终成为拥有丰富精神世界与创造力量的人。为此,语文教学还有什么理由不恢复其本真面目,还孩子以“梦”的快乐与自由?

语文课堂是儿童的课堂。教师要想方设法地让课堂贴近儿童生活、贴近儿童心灵;要让儿童走进丰富的语言世界,让他们感受到人世间不同的生命状态和自然状态,用语言去触动他们的心灵。哪怕只是一丝的触动,只要它真实地发生在孩子身上,他们会渐渐喜欢上语文的。当然,要做到这一点,教师就要更多地关注儿童的心态、儿童的感受、儿童的兴趣以及儿童的思维方式。

---

① 张志公著:《传统语文教育初探》,上海教育出版社 1962 年版,序。

② 雷玲主编:《小学语文名师教学艺术》,华东师范大学出版社 2008 年版,第 228 页。

“我们不应把儿童看作未完成的作品，然后按照成人自己的人生预设去规训儿童，也不应从成人的精神需要出发去利用儿童；而应从儿童自身的原初生命欲求出发去解放和发展儿童，并且在这解放和发展儿童的过程中，将自身融入其间，以保持和丰富人性中的可贵品质。可以说，有什么样的儿童观就有什么样的语文教学。尊重儿童，尊重儿童的个性，并且从儿童的视角来关照我们的教学，是改造我们语文课堂的起点。”①

### （二）让学生体会到语文学习的进步与收获

“支持学生学习和参与的最基本要素就是选择与学生的发展水平相当、本身饶有趣味且有助于学生取得成功的任务。”② 要使学生对语文学习感兴趣，首先要设计出对学生而言有意义且富有挑战性的语言学习活动，并保证学生的积极参与。

实践证明，在学生的“最近发展区”为学生创设“问题情境”，引起学生的疑问与思考，让学生经历一个“问题—探究—深思—发现—解决问题”的过程，是激发学生认识兴趣和求知欲的有效方法。这种任务型学习要确保多样化、新颖性并有效组织，保证学生参与；用真实而有挑战性的任务（问题）组织并推进教学；学生要有活动空间，学习活动要促使一系列成果的产生；教师要进行有针对性的指导和及时反馈。

观点

#### 成功的喜悦是最可靠的兴趣来源 ③

怎样才能让学生对你的课感兴趣呢？方法多种多样，但最重要的是要让

---

① 余文森、林高明、许玉兰主编：《名师怎样观察课堂·小学语文卷》，华东师范大学出版社 2009 年版，第 211 页。

② ［美］琳达·达林－哈蒙德、［美］琼·巴拉茨－斯诺顿著，葛雪蕾、王军译：《优秀教师是这样炼成的》，中国青年出版社 2007 年版，第 42—43 页。

③ 支玉恒著：《支玉恒老师教语文》，华东师范大学出版社 2009 年版，第 37—38 页。

每一个学生在你的这一堂课上有所得，成功的喜悦是最可靠的兴趣来源。而比如说老师的语言幽默有趣呀，比如课件丰富多彩呀，课文的内容有意思呀，这些都是表面的、外在的东西……这些外在的原因形成的兴趣是次要的，是不持久的，最根本的还是要让每一个学生从内心里感到从你的每节课上都有收获。

案例 “我看你有这个能力”——《新型玻璃》一课的教学片段①

师：课文向我们介绍了哪几种新型玻璃？谁来说一说。

生：课文一共介绍了五种新型玻璃。第一种是“加丝网防盗玻璃”，第二种是“夹丝玻璃”，第三种是“变色玻璃”，第四种是“吸热玻璃”，第五种是“吃音玻璃”。

师：说得多清楚，多有条理！不过，能说得再简洁一些吗？请你考虑一下。（这个学生面有难色，想坐下去。）

师：你先别坐下去，请你沉着冷静地想一想，我看你有这个能力。再好好想想，不要着急。

生：（想了一会儿）课文一共介绍了五种新型玻璃，它们分别是：“加丝网防盗玻璃”“夹丝玻璃”“变色玻璃”“吸热玻璃”“吃音玻璃”。

师：（竖起大拇指）说得妙，妙就妙在“分别是”三个字上。有了它，你可以少说整整十五个字，下面只说名称就可以了。你真了不起啊！如果刚才你坐下了，不就失去了一次展示自己的机会吗？孩子，这样的机会可不多啊。

每个人的心中都有一种本能的追求——感受成功，获得赏识。“我看你有这个能力”，看似不经意的一句话，带给学生的是几分勇气、新的尝试以及进步与成功的体验。语文课堂上，教师就是要想方设法为学生创造更多思考与挑

---

① 王崧舟著：《诗意语文：王崧舟语文教育七讲》，华东师范大学出版社2008年版，第36—37页。

战的机会、更多活动与展示的机会，让学生体会到语文学习的进步与收获。薛法根老师说："课堂，呈现的应该不仅仅是'鲜花'，还应该有'花开的声音'，课堂上最美的声音是学生生命里'拔节'的声音！"说得真好！真想听到更多"花开的声音"和一串串"拔节的声音"。

### （三）多样化而又恰当的课堂奖励与评价

奖励是一种激励学生继续努力学习的有效方式。常用的奖励类型有：物质奖励（如学习用具、小贴画儿等），行为奖励和授予特权（如某种活动机会），分数、回报、公开承认（如表扬、光荣榜、优秀作文展览等），教师奖励（如教师的特别关注、师生的个人交流等）。但要注意的是，只有通过适当的努力才有机会获得的奖励才是有效的，而过多的外在动机（奖励）有时也会破坏学生对学习材料的内在兴趣。如果学生热衷于奖励，他们就可能不把注意力放在学习知识上，或认识不到这些知识的价值。①

课堂上，对学生的学习活动进行表扬是一种普遍的激励方式，但并不是所有的表扬都是有效的。有效表扬会高度注意学生学习进步的取得或技能的掌握，表达出对学生所付出努力的欣赏或对他们取得成绩的羡慕。

观点

#### 批评与表扬要讲究艺术②

作为课堂教学的组织者和引导者，教师的提示与批评、表扬与激励等手段会伴随整个教学过程，教师在这方面不知要说多少话。批评与表扬也要讲究艺术。一个学生答错了，另一个学生答对了，如果说："你错了，他对了。"这样就太直白，说错的学生会有些难堪。如果说："他对了，但要是没听你发

① 有证据表明，过多地使用外部奖励和惩罚方法会破坏内在的动机，并最终影响道德的发展，因为它不会帮助学生培养自我责任感和内在的道德观念。参见［美］琳达·达林－哈蒙德、［美］约翰·布兰斯福德等著，陈允明等译：《教师应该做到的和能够做到的》，中国青年出版社2007年版，第266—267页。

② 雷玲主编：《小学语文名师教学艺术》，华东师范大学出版社2008年版，第8页。

言，他的答案不会这么快就出来。”这样讲，说错的人肯定心里会舒服一些。同样是肯定学生的朗读，笼统地说“读得很有感情”，就不如说“听了你的朗读，我们的心情很沉重”“你把 ×× 人读活了”“你仿佛把我们带到了 ×× 地方”。

观点

## 有效表扬的指导方针（有删减）[①]

表扬要简单明了和直截了当，语气和语调要自然，而不要华而不实或夸大其辞。

表扬用直接的肯定句（“我以前从来没有想到过”），而不要用热情洋溢的解释（“哦！”）或反诘句。后者像是在给别人施恩惠并且可能使人觉得浑身不自在，而不是使别人感觉受到了奖励。

表扬具体化的特别成绩并承认任何值得注意的努力、认真或毅力（“太棒了！完全是你自己想出来的。我喜欢你面对困难绝不屈服的做法”）。让学生注意到新技能或进步的证据（“我注意到了你会在作文中使用各种类型的比喻，这使得你的作文读起来非常生动有趣了，保持这个好风格”）。

用多种多样的词语表扬学生。过于用一些表扬的套话会很快让学生听起来有些不真诚，给学生一种教师并没有真正注意自己取得的成绩的印象。

用非言语性的赞扬交流来支持言语表扬。“那太好了！”教师只有在说这话时面带微笑并且说话的语气带着欣赏或温馨时，学生才会觉得是在表扬自己。

避免模棱两可的表扬（如“你今天真的非常不错”）。相反，表扬学习努力时要具体：“我对你今天早上的阅读非常满意，尤其是你有表情的那种朗读方式，我非常欣赏。你把毕利和泰勒先生之间的对话模仿得就跟真的一样。希望继续发扬你的优点。”

---

① ［美］古德、［美］布罗菲著，陶志琼、王凤、邓晓芳等译：《透视课堂》，中国轻工业出版社 2002 年版，第 192—194 页。

平时，对个别学生要进行私下的表扬。当众表扬会让一些学生觉得难为情，甚至会引起他们与同学之间的麻烦。在与学生私下打交道时所给予的表扬会让学生觉得这种表扬是真诚、真实的。

我们还必须注意，学生对语文学习的兴趣，不因零散的、暂时的、浅层的外在刺激所产生的快乐而存在。“如果你追求的只是那种表面的、显而易见的刺激，以引起学生对学习和上课的兴趣，那你就永远不能培养起学生对脑力劳动的真正热爱。”换言之，我们应唤醒并激发学生发现并意识到语文学习本身的意义和价值，而不是娱乐活动层次上的那种乐趣。如果学生内在动机的基础只是情绪性的，而不是认知性的（认为学习活动的内容非常有趣、有意义、有价值），那他们仍然不会真正建立起对语文学习的兴趣。因此，课堂激励必须扣住语言学习本身，与学生语文学习的实际成绩或进步联系起来。

## 第二节 为学生设计有效的语文实践活动

### 一、追问：为什么要以学生的语文实践活动去设计和组织课堂

“课堂教学是教师与学生以课堂为主渠道的交往过程。”① 在语文课堂教学中，这一“交往”是围绕着学生的语言学习活动展开的，是由一个个言语活动的细节连接、组合起来的。“语文是实践性很强的课程，应着重培养学生的语

① 张华著：《课程与教学论》，上海教育出版社 2000 年版，第 358 页。

文实践能力，而培养这种能力的主要途径也应是语文实践。”① 因此，言语实践活动是语文课堂教学的本质。“语文教师应积极提供能激发和支持儿童有意义的语言使用的情境，让儿童从使用语言中学习语言，从说话中学习说话，从聆听中学习聆听，从阅读中学习阅读，从写作中学习写作。”② 为此，课堂教学形式也必须有所改变，“从教师把自己‘所知’告知学生，转变为教师将自己‘所知’设计成学习活动，让学生在更广阔的空间里，在多重背景、多视角的刺激下，主动建构知识。于是，设计学生能学、会学、乐学的学习活动就成为教师的首要任务”③。

以语文实践活动为核心的语文教学具有如下特征：一是必须以学生为听说读写实践的主体；二是不能没有教师的组织、启发、引导和帮助。④ 教学过程中，教师的作用主要有：课堂教学之前为学生设计出语言学习活动；课堂教学中采取恰当的形式，有效组织学生进行语言学习活动；针对学生语言学习活动过程中出现的问题、疑难、错误或偏差进行指导和帮助；学生语言活动过程中或活动后及时进行准确评估和有意义的反馈。

语文教师必须确信：学生个体只有经历了一定量的语文实践活动后，他的言语实践能力才有可能获得提高，并在言语能力提高的过程中，拓展他的知识，发展他的思维，丰富他的情感。而所有的能力、思维、情感都不可能通过简单的讲解分析这一渠道传递到学生个体身上。我们不妨重温“现代课程论之父”泰勒说过的话：“学习是通过学生的主动行为而发生的；学生的学习取决于他自己做了些什么，而不是教师做了些什么。”让我们同样记住另一句话：“学生能否学会比您能否讲完更为重要。”⑤

---

① 中华人民共和国教育部制定：《义务教育语文课程标准（2011 年版）》，北京师范大学出版社 2012 年版，第 3 页。

② 吴忠豪：《关于语文训练的讨论》，载《课程·教材·教法》2008 年第 12 期。

③ 江风著：《基于脑的语文教学》，广东高等教育出版社 2012 年版，第 20 页。

④ 王尚文、王诗客：《语文课是语文实践活动课》，载《课程·教材·教法》2009 年第 4 期。

⑤ ［德］希尔伯特·迈尔著，黄雪媛、马媛译：《怎样上课才最棒：优质课堂教学的十项特征》，华东师范大学出版社 2011 年版，第 89 页。

## 二、问题：非学习活动、非语文活动和从教师出发的活动

### （一）“学的活动”还是“教的活动”

有些语文课，其课堂教学过程从本质上讲不是学生“学的活动”，而是教师“教的活动”，语文课堂不是学生语文实践的课堂，而成了教师语言实践的课堂，其明显的特征就是各种直接或间接的以“讲”代“学”现象。它所极力展示的多为教师“教”的技巧，失去的却恰恰是只有在主体言语实践过程中才能获得的技能发展、质疑的品质与情感的升华。这样，在一讲一听之间教学就被简化成了“记忆之学”“问答之学”。

有人说，课堂主要观察的对象不是教师在课堂里教了什么，而是学生学习后在知识与技能、思维与方法、情感与态度等方面有哪些收获，发生了哪些变化。而收获也好、变化也罢，又一定是通过教师指导下的学生个体的语文实践活动获得的。所以，要真正走向“生本”课堂，教师首先要学会从幕前走到幕后，为学生设计好 40 分钟里所需进行的学习活动，并为他们创设更好的支持性学习环境。因为说到底，课堂不是教师展示自我的舞台，而是学生有效学习的场所。

### （二）非语文活动或低效的语文活动

有些语文课，教师努力设计并组织学生进行了许多课堂活动，求活、求新、求异、求出彩。但结果却是，这些活动所表现出的不是语言活动中该有的学生思维、想象的活跃，更多的却是形式上的肢体的活跃。课堂上只见热闹，不见沉思；只有满堂的热烈，不见冷静和有序。课堂上，大量的非语文手段代替了对语言文字的理解、感悟、品味和欣赏，教师未能通过活动真正着力培养学生从“学会”到“会学”，也未能扎扎实实地进行读写训练，从而使语文学科本色淡化。这些活动可以概括为非语文活动或低效的语文活动，它们是语文课堂中“中看不中用”的“花拳绣腿”。

语文教师始终要铭记：课堂活动是为学“语”习“文”服务的，倘偏离了这一根本，则无异于本末倒置。

### （三）活动设计：从教师出发还是从学生出发

教学活动的设计不在于创制“放之四海而皆准”的普遍模式供人套用。所以为学生设计语文学习活动时，不要试图将教学过程工程化、模式化、机械化，更不要把学生孤立于语言学习活动的设计之外。

课堂活动是学的活动，要从学生的学出发。有的教师喜欢控制课堂教学的进程，大到学习思路，小到活动设计，井井有条，丝丝入扣，以这样微观而精确化的教学设计把课堂禁锢起来。教学时则按图索骥、亦步亦趋，把驾驭课堂变成了驾驭教案。这样的活动设计和教学流程反而会制约教师的灵活性，挤压学生学习过程中的发展空间，致使课堂的张力没有了，生命成长的律动没有了。

所以，在进行课堂学习活动设计时，教师要更多从学生学习的角度出发，为他们设计出多样、灵活、有空间、有效率的语文活动。

**课堂研究** 在我的语文课上学生事实上做了些什么？参与状态如何？

语文课程是实践性课程，应着重培养学生的语文实践能力，而培养这种能力的主要途径也应是语文实践。那么在课堂上，我的学生事实上都进行了哪些语文实践活动？这些活动的意义和效果怎样？还可以进行哪些改进？你可以借助表 6-2 请其他教师帮忙进行课堂观察、分析与反思。

表 6-2　语文课堂学习活动分析

| 学生事实上进行的语文学习活动内容 | 活动的形式与时间 | 该活动的语文教学意义及效果分析 | 从内容到形式，活动还可以怎样改进 |
| --- | --- | --- | --- |
| 活动 1： | | | |
| 活动 2： | | | |
| 活动 3： | | | |
| …… | | | |
| 反思 1：教师为什么要为学生设计这些语文学习活动？为何采用这样的形式与次序？ | | | |
| 反思 2：语文学习活动设计的依据是什么？采用什么样的形式与次序效果会更好？ | | | |
| 反思 3：小学生喜欢怎样的语文学习活动？这对于我的教学改进而言重要吗？ | | | |

至于学生在语文学习活动中的参与状态，也可以通过现场观察来把握。你可以以表6-3[①]中列出的几个参与层次为依据，观察并分析你课堂中的每一个学生，看看平时课堂中学生的参与状态如何；并结合对学生的访谈进行归类分析，之后反思一下自己的语文教学活动设计，看看可以从哪些方面做出改进。

表6-3 学生在语文学习中的参与状态分析

| 参与层次 | 行为表现 | 人次 |
|---|---|---|
| 成功参与 | 能主动提出自己的问题、想法、建议；善于独立思考，遇到困难也不放弃自己的努力；当同伴需要时，愿意给予支持和帮助 | |
| 尝试性参与 | 认真观察同伴的学习活动，自己也有尝试性的学习行为；关心自己能否被老师或同伴所接纳，有些不自信；试图按自己的想法做，但有畏难情绪 | |
| 被动参与 | 被动地听、等、看，完全按他人的指令行动；被动地回答老师提出的问题；消极模仿或只是简单重复 | |
| 不参与 | 游离于学习活动之外（如看课外书），不影响他人 | |
| 负向参与 | 无理取闹，阻拦同伴学习，或讽刺、挖苦他人 | |

## 三、策略：怎样设计出有效的语文学习活动

### （一）基于儿童语言能力起点的任务型学程设计

为学生设计何种能力层次的语文学习活动、以何种形式进行活动，取决于教师对学习者语言能力起点的判断。只有基于学生的能力起点，才能保持学生对语文活动的兴趣并通过活动获得成就感。任务难度过高或过低，都会导致语言学习活动不在学生语言能力的“最近发展区”内，活动就会无效或低效。

基于学生语言能力起点进行任务型学程设计时，要确保任务的真实性、

① 参见柳夕浪著：《课堂教学临床指导》（第三版），人民教育出版社2011年版，第158—159页。此表根据书中相关内容整理而成。

挑战性和新颖性，学生必须运用足够的知识、具体的技能和复杂的思维才能完成（而不仅仅是简单的模仿练习），而且学生活动的成果要能直接体现。此外，要留给学生足够的完成任务所需的时间，在学习策略等方面，教师要给予针对性的帮助，并对活动成果给予承认和针对性的反馈。

通过上述相对完整的学习活动，我们期望：学生能够认识到自己的语文学习能力并获得成功的体验；学生得以发展学习策略并将其运用于知识的习得和掌握；学生学习的元认知能力得到不断发展。

**案例** 《再见了，亲人》一课的教学片段①

师：谁能举个例子，说说什么人才是你的亲人？

生：爷爷，奶奶，爸爸，妈妈。

生：亲人就是有血缘关系的人。

师：对，那么志愿军是中国人，朝鲜人民是朝鲜人，他们有血缘关系吗？

生：没有。

师：那么从这一点上来说，他们是亲人吗？

生：不是。

师：不是亲人？因此我说作者说得不对。既然不是亲人，哪来的“再见了，亲人”？（学生纷纷举手）想跟我辩论吗？但现在你们还辩论不了。我希望你们好好进行第二轮阅读。怎么读？第一，抓住事实，看看课文里写了什么事实，再仔细看看这些事实里蕴含了什么道理。理解了以后，用自己的话给我讲道理，来说服我。这叫“晓之以理”。第二，要抓情感，看看作者是用什么情感来写的，他表达了朝鲜人民和中国人民的什么感情。抓住了感情之后，你自己去体会，并且要能有感情地读出来，来感动我。这叫“动之以情”。最后让我承认大家的看法，承认朝鲜人民和志愿军是亲人。你们要知道，我是一个

① 支玉恒著：《支玉恒老师教语文》，华东师范大学出版社 2009 年版，第 111—112 页。

顽固不化的人，不是那么容易说服的；我也有一副铁石心肠，不容易受感动。你们得有充分的思想准备。

（学生开始认真读书，个个跃跃欲试）

上述案例，支玉恒老师基于学生对“亲人”这一概念的认识起点，巧妙设计，引发认知冲突，提出阅读任务。为了能“晓之以理”，说服老师，为了能“动之以情”，感动老师，学生需要认真读书，认真思考，经历一个基于语言的“吸纳”与“表达”的学习过程。这一挑战性的任务，使课堂中的被动学习变成了主动学习，课堂发生了根本性的变化。

基于儿童语言能力起点进行任务型活动设计时，不能忽略的一个事实是学生参差不齐的知识基础、能力水平、思维方式、学习方法与习惯等。怎样才能确切知道班级里学生各自的或大致相同的学习起点呢？这有赖于教师对学生学习的评估、诊断能力，除此之外，别无他法。拥有了较好的评估与诊断能力，我们就可以进一步采用分组、分层、合作等方式去组织教学，以尽可能地解决这一问题。

### （二）以儿童语文能力发展为核心的活动设计

语文课堂中的学习活动应该是围绕语言进行的，或积累、理解，或构思、表达，都要扣住语言，为学习和运用语言而服务，为扎实培养听说读写能力而服务。为此，教师不仅要拥有明确的教学意识、敏锐的学生意识，还要有鲜明的语文意识，从而克服教学中过多的非语文现象，以体现学科本质。

语文学习的本质在听、说、读、写，语文学习活动不能是游离于听、说、读、写之外的其他活动。更确切地说，语文活动的设计要与语文学习的内容、目标相契合，且活动目标要具体、明确。毋庸置疑，语文教学要使学生形成理解和运用汉语语言文字的能力，而这些语文能力，诸如朗读、默读、略读能力，提取和概括信息的能力，理解与表达的能力等，都是通过有目的的活动而形成的。

## 案例 《第八次》一课的阅读教学过程设计[①]

（一）预习检查

1．出示下面一组词语（抵抗侵略　失败　失去信心　蜘蛛结网　终于　感动极了　四处奔走　招集　动员　成功），让学生读

2．学生自由地大声朗读课文，边读边注意课文的内容

3．学生依据上面出示的词语，简要讲述课文主要内容（学生先自己练习讲述，然后指名进行讲述交流）

（二）听故事，讲故事

1．教师再出示一组词语（正在结网　丝断了　网破了　重新扯起细丝　再次结网　并不灰心　从头干起　终于），根据这些词语讲课文中的故事，学生听故事

2．向学生提出任务：根据这组词语，自己来讲这个故事

3．请学生谈谈对这个故事和这只蜘蛛的感想

（三）朗读指导

1．指导学生有感情地朗读下面的句子

布鲁斯感动极了。他猛地跳起来，喊道："我也要干第八次！"

2．指导学生朗读课文最后一个自然段

（四）写动员书

假如你就是布鲁斯王子，现在要动员你的军队和人民起来与你一起抵抗外国侵略者，你会怎样动员他们？请你拿起笔，写一份简短有力的动员书。可以这样开头：苏格兰的父老乡亲们、亲爱的同胞们……

写后当堂演讲交流。

（五）总结

上述案例，薛法根老师为学生设计了如图 6-1 的语文学习活动。

① 这一案例根据薛法根老师的课堂教学录像整理而成。

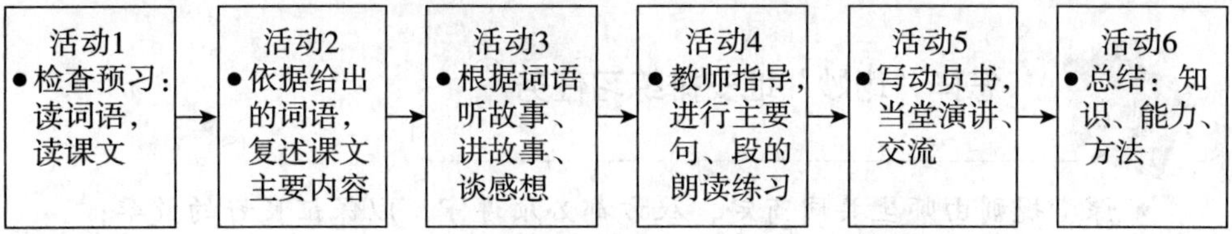


图 6-1 《第八次》一课的教学活动设计

上述活动基于文本，扣住语言，注重参与，发展了学生多方面的语文素养：丰富了学生词语、句子等语言材料的积累；培养学生学会抓住关键词语厘清文章线索、把握内容梗概和复述故事的能力；利用课文创设话语情境（说故事、演讲等），训练学生的口语表达能力；加强朗读指导，积累语感，培养阅读理解力；读写结合，以读促写，培养学生书面表达的能力；指导学生总结自己的学习过程，巩固语文学习的方法与策略。学生获得的如上发展，都不是教师简单告知、传递给学生的，而是在学生的系列活动中实现的。从教师所设计的这一系列语文活动中，我们能感受到设计者强烈的语文意识。

### （三）灵活的组织与充分的参与

语文教师不仅要能够根据学生、学习目标与学习内容的不同，设计出不同的练习任务，而且要确保这些任务在教学实施环节得以有效进行。为保证学生能够集中精力参与任务，教师必须建立起明确的课堂活动规则；在组织实施过程中，既要严格，又要保持灵活；留给学生充分的活动空间，组织学生最大限度地参与。

崔峦先生在谈语文课堂训练如何保证优质、高效时，曾指出如下四个判断标准：第一，学生的确在学、在练；第二，全体学生都在学、在练；第三，要有足够的训练时间，有一定训练的量；第四，要动脑筋练。

在设计课堂练习活动时，教师们还要注意：据相关研究①，比起为练习而练习，学生更喜欢应用型练习；持续的重复练习不仅使学习能力较差的学生进步很小，也会因学习进度慢而阻碍学习能力较强的学生进步。

---

① ［德］希尔伯特·迈尔著，黄雪媛、马媛译：《怎样上课才最棒：优质课堂教学的十项特征》，华东师范大学出版社 2011 年版，第 88 页。

## 观点 怎样“巧妙”地安排练习任务①

- 课堂规则由师生共同商定，双方都必须遵守，以保证良好的效率；
- 练习次数足够多，节奏适宜，时间充裕；
- 根据学生、学习目标、主题内容或者方法的不同，设计不同的练习任务；
- 能为学生提供有吸引力的、练习目的明确的练习材料，包括相应的检查、测验材料；
- 学生始终明白自己要完成的学习任务，遇到不懂的地方能主动向同学或教师请教；
- 教师在学生练习时进行观察，并在必要时给予针对性的帮助；
- 对学生取得的练习成果要予以承认，并进行必要的检查和评价。

目前，在我们的语文课堂上，教师往往只在课堂“剩余”的时间里安排很少量的练习，课堂练习经常被布置成家庭作业。许多教师甚至未将练习视为语文课堂的基本教学形态，不愿意让练习挤占宝贵的课堂时间。这必然导致课堂上该练的没练、该写的没写，任务统统留到了课下，给学生带来沉重的负担。

## 案例 古诗《草》的指导背诵活动②

师：小朋友，放学回家谁愿意把诗背给妈妈听？（学生纷纷举手，于老师请一名小朋友到讲台前）现在，我当你妈妈，你背给我听好吗？想想，到了家

① 参见［德］希尔伯特·迈尔著，黄雪媛、马媛译：《怎样上课才最棒：优质课堂教学的十项特征》，华东师范大学出版社2011年版，第82—85页。本书在引用时进行了整合与改动。

② 雷玲主编：《小学语文名师教学艺术》，华东师范大学出版社2008年版，第11—12页。

里该怎么说？

生：妈妈，我今天学了一首古诗，背给你听听好吗？

师：好！（生背）

师：我女儿真能干，老师刚教完就会背了。（众笑）

师：谁愿意回家背给哥哥听？（指一名同学到前边来）现在我当你哥哥，你该怎么说？

生：哥哥，今天我学了一首古诗，我背给你听听好吗？

师：哪一首？

生：《草》。

师：噢，这首诗我也学过，它是唐朝大诗人李白写的。

生：哥哥，你记错了，是白居易写的！

师：反正都有个“白”字！（众笑）我先背给你听听：离离原上草，一岁……

生：一岁一枯荣。

师：野火烧不尽，春……春……哎，最后一句是什么来着？

生：春风吹又生！

师：还是弟弟的记性好！（众笑）

师：谁愿意背给奶奶听？（指一名同学到前边来）现在，我当你奶奶。你奶奶没有文化，耳朵有点聋，请你注意。

生：奶奶，我背首古诗给你听听好吗？

师：好！背什么古诗？什么时候学的？

生：背《草》，今天上午刚学的。

师：那么多的花儿不写，干吗写草哇？

生：（一愣）嗯，因为……因为草很顽强，野火把它的叶子烧光了，可第二年又长出了新芽！

师：噢，我明白了。背吧！（生背）

师：“离离原上草”是什么意思？我怎么听不懂？

生：这句诗是说，草原上的草长得很茂盛。

师：还有什么“一岁一窟窿”？（众笑）

生：不是“一岁一窟窿”，是“一岁一枯荣”。枯，就是干枯；荣，就是茂盛。春天和夏天，草长得很茂盛；到了冬天，就干枯了。

师：后面两句我听懂了。你看俺孙女儿多有能耐，小小年纪就会背古诗，奶奶像你这么大的时候，哪有钱上学啊！（众大笑）好，今天的课就上到这儿，小朋友们，放学回家后请把《草》这首诗背给家里的人听。

教学是一项富于个人创造性的工作。优秀教师的教学倾向于变化，而一般教师则倾向于保持不变。上面于永正老师的课堂片段充分体现出活泼、生动、多样化的特点，组织灵活，学生参与充分。外“活”内“实”，寓教于嬉，寓庄于谐，充满魅力。这种“活”，绝不是在玩花样、哗众取宠，而是为了加大检查和言语交际表达训练的力度，巩固并加深了学生对作者的记忆、对诗句的理解、对诗理的感悟。

总之，学生学到的知识总量及所获得的发展，从某种程度上是由学习的机会决定的，而学习的机会又取决于教师为学生设计了哪些有意义的学习活动。要让语文学习富有成效，课堂上学生必须拥有足够的练习时间、一定程度的学习热情和练习的能力。为此，教师必须努力提高练习的设计能力以及对学生练习的诊断和指导能力。

## 第三节 对学生的学习活动进行有效反馈

### 一、追问：为什么说反馈是课堂中重要的教学行为

纵向来看，语文课堂是以学生的语文学习活动串联起来的。很显然，在

学生进行语文学习活动的过程中和活动后，教师应进行有效的教学反馈[①]，即面对学生的学习活动，教师要能够做出有效的教学反应行为，从而帮助学生调整、控制后续的学习行为。有效反馈能起到如下作用。

激励：对学生积极的学习行为、合理思考、学习结果等予以肯定和赞扬，能起到强化和鼓励作用，从而增强学生的学习自信与学习兴趣。

诊断：对学生学习过程中遇到的疑点、难点、错误等进行诊断，帮助他们找到思维障碍的症结、方法与策略的不当，引导学生走上正确、良好的学习进程。

建议：为学生提供具体、充分而有针对性的学习建议，如思考问题的角度，解决问题的思路，相关的学习策略与方法等。

所以，反馈不仅仅要使学生理性客观地认清自己的学习情况，更要提供给学生进一步发展的思维、方法与策略等方面的支持。学生的语文能力是在语言活动中获得发展的。阅读理解也好，言语表达也罢，学生在这些语言活动中所遇到的问题、错误如果得不到有效的纠正与正确的指导，就会导致学习的低效重复。

此外，课堂是多向的对话交流过程，不仅教师要对学生的学习活动进行反馈，学习同伴以及学习者自我的反馈同样重要。这样，教学反馈就会由单向走向多向交互，更加高效。

教学反馈对学生的语文学习至关重要。语文教师不妨换一个角色去思考这个问题：假如我是小学生，当我在语文学习中遇到错误、困难，以至束手无策时，我以期待的眼睛望着老师，那么，我最需要从老师那里得到什么呢？

## 二、问题：我是否给了学生积极、有效的学习反馈

结合日常的教学观察，我们发现，教师的课堂反馈，从观念到技能都存在着很大不足，表现在以下几方面。

第一，否定（或不置可否）多于肯定与鼓励，教师的反馈带给学生更多

① 教学反馈实际上包括：第一，学生对教师“教”的反馈，教师根据这种反馈信息对自己的教学活动做出分析与判断，并做出相应的修正与调整；第二，教师对学生“学”的反馈，学生根据教师的反馈信息，对自己的学习活动进行反思总结，并及时修正、调整自己的学习行为及方式；第三，学生群体之间相互的语文学习反馈。本节只讨论其中的第二点。

的是学习挫折感和冷漠感。有的教师对学生的学习过程和结果更是以找错误、挑毛病为出发点，而不是以积极的态度去发现学生的优点与学习中的进步。

第二，形式单调，把反馈简单化为教师对学生学习结果“对”与“错”的评判行为。这导致学习者相互之间提供的反馈明显不足，强化了教师的权威，压制了多样化的思维和感受，对学生人格与思维的发展非常不利。

第三，针对性不强，指导性不够。很多情况下，教师在学生具体的学习活动中，缺少对思维过程和方法策略方面的点拨，把关注点主要集中于对结果（答案）的评判上。至于“你是怎样思考的”，“你为什么选择这样的方法去完成这个任务”，“你的思考过程和结果为什么是对的”，“你的这种方法为什么是错的”，“你还可以从哪个角度去思考”，“你还可以尝试用哪一种办法”，等等，这些对学生后续的学习行为更有意义的建议性反馈在课堂教学中出现得并不多。而这些反馈恰恰是学生最需要的。课堂中，教师真的不只是一个权威的评判者，他更是一个智者，他应有足够的智慧和策略指引学生会思考、会学习、会做事。

总之，在有效课堂的追寻中，如何增强教师反馈的质量又是一个重要的切入点。为此，教师可以采取同伴互助的方式，对自己的课堂行为进行观察、记录、分析，并寻求改进。

### 课堂研究　我是如何对学生的学习行为进行反馈的

为了对教师在课堂教学中的反馈行为进行观察、统计、分析，有研究者制订了“教师课堂反馈记录表”。以此为工具对教师课堂反馈行为进行编码记录的一个研究结果表明：平均每节课反馈性语言占言语总数的10%左右。仔细考察这些反馈性语言，其中有12%的反馈是老一套的称赞，如好、对、可以，等等；70%的是简单重复学生所说的话；只有8%的反馈明显属于延伸性反馈。①

① 柳夕浪著：《课堂教学临床指导》（第三版），人民教育出版社2011年版，第132页。

你可以找来同伴帮忙，请他对你课堂中的所有反馈行为进行记录，分析一下在日常教学中你是如何对学生的学习行为进行反馈的。其中，哪些是好的、有效的反馈行为，哪些是应该改进的反馈行为？如何改进？

表 6-4 教师课堂反馈记录表①

| | 出现次数登记 | 典型反应记录 |
|---|---|---|
| 不做评价 | | |
| 误导 | | |
| 简单肯定 | | |
| 重复答案 | | |
| 简单否定 | | |
| 改正答案 | | |
| 重复诱导 | | |
| 发展答案、重组 | | |
| 让学生评价 | | |

## 三、策略：怎样对学生的语文学习活动进行反馈

### （一）善于发现亮点，激励学生进步

面对学生的学习活动，教师有责任去发现错误，找出不足，进而有针对性地进行指导、改正；另一方面，教师还必须善于发现学生在学习过程中所表现出的优点与进步，如良好的学习态度、新的思维角度、个性化的体验、多种方法的尝试以及与以往相比在某些方面新的进步等。帮助学生发现自己学习上的优点和进步，对学生后续的学习和人格发展来说作用重大。所以，教师在对学生语文学习活动进行反馈时，要注意把握好如上两方面的度，因为“研究表明，为激励学生和增强学生自尊心而违心地进行表扬是错误的。与此同时，直

① 柳夕浪著：《课堂教学临床指导》（第三版），人民教育出版社 2011 年版，第 126 页。

截了当和不计后果地提出消极反馈，会对学习以及学生进行后续学习的意愿带来影响”①。

### 案例 发现学生的闪光点②

在教学《新型玻璃》这一课时，一个学生读自己写的《变色玻璃的自述》：“……我会随阳光的强弱而改变颜色，起到自动调节室内光线的作用，使光线变得柔和，不会刺眼睛，所以有人把我叫‘自动窗帘’。你们看，于老师的眼镜片就是用我做的呢！”于老师马上表扬：“第一，你写得好；第二，你朗读得好；第三，你心地善良。‘三好’啊！我得谢谢你，因为你保护了我的眼睛。跟你握握手。”

上述案例中，学生读写活动后，于永正老师敏锐地捕捉到了学生学习活动中的闪光点，并及时予以肯定，言简意赅，心诚意切。既让学生知道了自己学习活动“好”在哪里（写得好、朗读得好），产生了成就感，增强了学习自信，又使学生为自己善良的人性而感到自豪。换个角度体验一下，假如我是得到于老师反馈的这个小学生，当时的我会是怎样的一种心情呢？

### 案例 充满生命活力的语文阅读反馈——《秋天的怀念》的教学片段③

师：从文章中你读到了什么？

① ［美］琳达·达林－哈蒙德、［美］约翰·布兰斯福德等著，陈允明等译：《教师应该做到的和能够做到的》，中国青年出版社2007年版，第232页。

②③ 雷玲主编：《小学语文名师教学艺术》，华东师范大学出版社2008年版，第13、151页。

生：我读到了爱，母亲对儿子的爱。

师：你读到了爱，你就抓住了人生中最宝贵的东西，尤其是母亲对孩子的爱，那更是纯洁无私的。我真为你高兴。

生：我读到一个儿子对母亲的思念和爱。

师：能够体会到母爱的孩子本来就不多，而你却通过语言文字感受到了儿子对母亲的爱，我相信在生活中你也是这样的一个孩子！我为你骄傲！

生：我体会到人应该坚强地活下去。

师：你抓住了生命中最本质的东西，那就是不论在什么情况下，人都应该坚强地活着。我们的生命有一天会消失，但我们活下去的愿望却是一天也不可泯灭。我佩服你！

这是一段关于爱、关于亲情、关于生命的对话。在平等的基础上，针对学生阅读活动后的所思、所感，闫学老师随机反馈，充满浓浓的人文关怀。优美、流畅的语言，让学生如沐春风，是反馈，更是一种人生的引领。苏霍姆林斯基曾说过："教师的语言修养在很大程度上决定着课堂上学生的脑力劳动效率。"语文教师更是如此，表面看来是语言修养，其实质更是教师的文学审美修养和人生人格修养。

## 课堂研究 教师对学生获得成功的归因

面对学生学习的成功，怎样的反馈效果才最好？日常教学中，你又是从哪些方面对学生的成功进行归因的？你的归因是否很好地增强了学生进一步学习的信心和动机？可以结合表 6-5 做一个调查并进行反思。

表 6-5 成功归因的分类表①

| | |
|---|---|
| 使用范围：教师评价学生获得的成功时<br>目的：观察教师的评价是否增强了学生的信心和学习动机<br>使用说明：教师是如何评价学生的出色表现的？把教师的具体行为尽可能详尽地记录下来，然后按类别进行编码、统计、分析 | |
| 归因类别 | 记录 |
| 努力或毅力（如“你学习努力，持之以恒”） | |
| 准确地发现和解决问题（如“你制订了很好的计划，采取了正确的步骤”） | |
| 在学习具体知识中的显著进步（“你的确学会了怎样……”） | |
| 天生的智力或能力（“你很聪明”） | |
| 听话（“你听课认真，照老师讲的去做”） | |
| 不相关的特点（“你是一个大人了”） | |
| 作弊（“你抄袭作业”“有人告诉你答案吗？”） | |
| 其他的原因（详细说明） | |

### （二）诊断学习行为，指引方法策略

“课堂可以定义为学生可以出‘错’的地方。……教师要善于从儿童的认知起点出发理解他们，从而尊重他们的想法、做法，并从儿童的‘错误’中分析、了解他们思维的线索，努力创造一个心理安全的学习环境，而不是用既定的想法、做法或成人固定不变的标准答案生硬地套住学生的思路，迫使学生的答案‘入格’‘入轨’，说出教师或教材上的标准答案。”② 所以，应把学习中的“错误”视为学生进一步学习与发展的机会，而不是学习的失败。教师要抓住这样的机会反思教学，并为学生提供更多的思维、策略与方法的指导，提供更多的练习机会，以帮助学生克服最初的失败。研究结果表明：“不但某些学生失败不可避免，而且遭受一定程度的可处理的学生失败反而有价值。当学生接受适当

① 参见［美］古德、［美］布罗菲著，陶志琼、王凤、邓晓芳等译：《透视课堂》，中国轻工业出版社 2002 年版，第 353—354 页。本书在引用时做了改动。

② 柳夕浪著：《课堂教学临床指导》（第三版），人民教育出版社 2011 年版，第 125 页。

难度的挑战时，他们会犯错误。而重要的是做好安排，让学生获得有用的反馈，这些反馈使他们能够在面对错误时，重新激发动机，而不灰心丧气。”①

### 案例 《董存瑞舍身炸碉堡》一课的朗读指导②

在《董存瑞舍身炸碉堡》这篇课文中，面对敌人的火力封锁，董存瑞挺身而出，说：“连长，我去炸掉它！”靳家彦老师在教学中组织学生结合上下文语境，有感情地读出这句话。一个学生站起来读，但读得不够好。

师：如果我是连长，我不让你去，你知道为什么吗？再读。（这个学生又读了一遍）

师：好点儿了，我可以考虑考虑，但还是有点儿犹豫。（这个学生想了想，又读了一遍，这一回感情到位了）

师（称赞）：好，语气坚定，信心十足，同意你去。（这个学生满意地坐下了）

最高明的教学是让学习者自己意识到不足并进行改正。靳家彦老师的反馈就是这样，促进了学生的自我反省，引发了学生对自己学习活动的反思，并学会以批判的眼光剖析自己，在反省中不断完善自己，提高了自己的朗读能力。在这里，“错误”或“不完美”成了学生进一步学习和发展的机会。

除了通过反馈引导学生进行自我反省之外，在很多情况下，教师更要对学生学习的成功之处给予及时的肯定，对“错误”与“困惑”之处给予有效的诊断与指导。比如，“你能通过文字想象画面来读懂课文，这是一种很好的读书方法。”，“你还能联系自己的生活经验来理解，真是好样的。”，“解释一个词语，首先要知道这个词的本来意思，再根据上下文看它的引申意思，看来，你有很好的解词方法。”，“语文的学习光感动不行，还得读出思考，这一点你做得真好。”。如上反馈，渗透的是对学生思维、方法、策略、习惯等方面的肯定

① ［美］古德、［美］布罗菲著，陶志琼、王凤、邓晓芳等译：《透视课堂》，中国轻工业出版社 2002 年版，第 312 页。

② 这个案例根据靳家彦老师的课堂教学实录整理而成。

与强化。听了教师的反馈，其他同学也会对自己的学习思维、方法、策略、习惯等进行调整，从而收到良好的教学效果。

当学生的学习出现“不完善”“错误”“困惑”时，教师则要对学生的答案或学习过程做出具体分析，注意引导学生说出学习（思维）活动的过程，并做必要的点拨。比如：值得肯定的地方在哪儿？错在何处？哪些地方还不完善？怎样去补充？怎样从更广阔的视角或另一个思考的角度去看问题、解决问题？等等。需要注意的是，当学生的学习出现“问题”或“错误”时，教师的反馈一定要准确而有针对性，如果某些错误需要学生予以认识并改正，教师就要具体指出来。这样才能对学生的后续学习起到帮助和改进作用。

案例　一则习作评语

你第一段的构思非常不错，构思每一段都要有个中心观点。但是，段与段之间的观点衔接有点松散。你在修改或写下一篇作文时，花点时间拟个写作提纲，这样你的论证就会从头至尾都是层层推进的了；然后按照提纲构思每一段落。最后你的文章的框架和思路一定会非常清楚的！

在对学生的习作活动进行反馈时，评语是重要方式之一。上述评语就具有很好的诊断和指引功能。既有对学生取得进步的欣赏，又在客观诊断的基础上，通过具体的指导建议对学生寄予更高的期望，指出具体的发展方向。

总之，“帮助学生意识到他们自己的思维过程并获得特定的学习技能是教师的一个重要目标。所以，教师提供的反馈不是集中于提供正确答案，而是帮助学生去分析他们所思考的东西，去比较和辨别教师或他们自己头脑中的模式，去发现他们思维中发生的错误，然后去进行自我矫正”①。教师要运用反馈培养学生的元认知能力。

---

① ［美］威廉·威伦、［美］贾尼丝·哈奇森、［美］玛格丽特·伊什勒·博斯著，李森、王纬虹主译：《有效教学决策（第6版）》，教育科学出版社2009年版，第59页。

### （三）反馈要注意适时性、多样性与交互性

有关研究表明：学生在追求学习目标，完成学习任务的过程中，如果能及时得到反馈，即让他们及时知道学习的结果，能明显激发学习动机，调动学习的积极性。① 小学阶段尤其如此，学生正处于建立良好的学习习惯、形成正确的动作技能、获取丰富的方法策略等的阶段，教师必须对学生提供及时、准确的反馈信息。否则，良好的学习行为和正确的学习反应就会因为没有得到及时强化而无法建立起来；反之，那些不当的学习行为和错误的学习反应也会因没有及时得到纠正而逐步定型化。这对学生后续的学习极为有害。

有效的教学反馈无论其内容还是形式，都应充满多样性，避免狭隘、单一、僵化，或情感激励，或方法指引，或口头交流，或书面告知。总之，它应能根据实际需要，有效利用各种信息传达的方式，使学生获得改进学习行为的有效信息。

“教学是交往过程”，在教学活动中，师生是“交互主体的关系”。正如有研究者所言：“不能把课堂交流看成是简单的信息被传递的过程。知识经验、思想情感的彼此交流和碰撞，可以产生新知识、新思想。这同没有增值的物的交换过程有着质的区别。”② 教学反馈也应具有良好的交互性，师生之间、生生之间应建立起民主、宽松、真诚的对话氛围和习惯。

**案例**

**“读出自己的感情”——《秋天的怀念》一课的朗读指导片段③**

师：作为高年级同学，我相信大家的自学能力。我看到，同学们有很好的读书习惯，刚才拿到课文就迅速地阅读起来。这里有个自测题，请同学们看看，自己的朗读到了哪一个台阶。（课件出示：正确—流利—有感情）

---

① 彭豪祥：《有效教学反馈的主要特征》，载《教育研究与实验》2009 年第 3 期。

② 柳夕浪著：《课堂教学临床指导》（第三版），人民教育出版社 2011 年版，第 14 页。

③ 本案例根据窦桂梅老师的课堂教学录像整理而成。

生 1：我觉得我到了“有感情”。

师：好哇，想坐下可不行。（对着学生们说）他说他读到了“有感情”，咱就听听，他怎么个“有感情”。听人家读要听音儿，等一会儿我们可要对他进行一番评价的啊！（对着该学生）好，你想读哪儿就读哪儿！

（生 1 读，略）

师：想让谁评价？主动权给你了。（学生自己选择同学评价自己的朗读）

生 2：你读得很好，不过你读得太短了，不能表现你读得有感情，你应该读得长一点。

生 1：我是因为激动的原因。

师：也就是说，你读得太短，人家没感觉，你自己激动，人家还没感觉到。你愿意继续读下去呢，还是让别人读下去呢？主动权给你。

（生 1 继续读下去，略）

生 2：没错，你读得是很有感情，但你有添字减字的现象，刚才你读的……

师：根据你平时对他的了解，你认为他确实是激动呢，还是真的没读好。

生 2：凭着我对他的了解，我想他是太激动了。（生 1 频频点头）

师：读正确是对作者的尊重，也是对你的朗读精益求精、高标准的要求。他刚才朗读的感情如何，你也可以评价一下。

生 2：我觉得你把对母亲思念的感情读出来了，我想你以后可以读得更好。

师：既然你说他“可以读得更好”，说明还有余地呀，加个“更”字。你还有什么别的见解？同桌要说话了。好，你说！

生 3：我也觉得你读得有感情，但是你有的地方并没有把他脾气的暴怒无常读出来，如“望着天上北归的雁阵，我突然把前面的玻璃砸碎”。他就是——（很平淡的语气读），没有读出动作的暴怒。这就是一点不好的地方。

（生 1“暴怒”地读了起来，众鼓掌）

师：怎么样？人家对你的评价，你怎么看？

生 1：我觉得你说得很正确。谢谢！

师：你对他的态度满意吗？

生 3：满意。

师：给他们掌声！（学生鼓掌）掌声的原因，他们能发表自己的看法，这是难能可贵的！尤其是同学们对课文中出现的儿化音较多的两句读得很准。

师：你们刚才给我的启发怎么那么大呀！一下子让我觉得，平常说的这个“有感情”，怎么这么模糊！他有感情地读，是这样，可那位同学的朗读却是那样的。

生：有人声音细，有人声音粗，有人性格深沉，有人性格外向。

生：由于理解的角度不同，自然读出的味儿也就不同。

师：是啊，读书是个人的，我们在尊重别人的朗读的同时，我们也有自己的滋味。有感情地读，就是要读得有特点，读得有个性，读得有自己的味道。

这是一个典型的交互性反馈的案例。在这样一个生态化的课堂情境里，教师、学生甚至学习者本人①，都发出了有效的反馈信息，发出了不同的声音。小到“添字减字”和“儿化音”，大到“个性化理解”与“有感情地朗读”，师生都阐明了自己的观点与理解。这不同的、多样化的反馈信息就成了包括教师在内的所有学习参与者的宝贵财富。

## 第四节 加强学法指导，丰富言语策略

### 一、追问：我是“好的先生”吗

达尔文说，最有价值的知识是关于方法的知识。教学的目的不仅是帮助

① 让学生在其学习范围内正确运用评价标准对自己的学习情况进行评价，一方面能加深学生对于评价标准的认识，另一方面也有助于学生发展元认知能力，对自己的学习进行监督。有关研究也表明，经常让学生进行自我评价会有效提高学生的学习能力。参见［美］琳达·达林－哈蒙德、［美］约翰·布兰斯福德等著，陈允明等译：《教师应该做到的和能够做到的》，中国青年出版社 2007 年版，第 237—238 页。

学生掌握课程知识，而且也在于教会学生如何学习，使他们成为高效的学习者，具有继续学习的能力和潜力，为终身学习奠定基础。陶行知先生早在几十年前就曾反复指出：“好的先生不是教书，不是教学生，乃是教学生学。”叶圣陶先生则针对语文教学指出：“学生须能读书，须能作文，故特设语文课以训练之。最终目的为：自能读书，不待老师讲；自能作文，不待老师改。老师之训练必做到此两点，乃为教学之成功。”[1]

那么，我们是“好的先生”吗？我们是否做到了“教学之成功”？经过小学六年的语文学习，我们的学生是否拥有了检索文章信息、概括文章内容、把握文章结构、形成解释评价的一套基本的阅读方法与策略？是否拥有了阅读诗歌、童话、散文、实用文等不同文体的不同方法和策略？是否拥有了基于不同目的、不同场合、不同读者与听众的口语与书面语的表达方法与策略？等等。每当想到这些的时候，我们常常感到从“学语文”到“用语文”之间那一段长长的距离。

“语文素养”自然包括学习和运用语言文字的“方法”和“习惯”。“初步掌握学习语文的基本方法，养成良好的学习习惯”是现行语文课程标准的基本目标要求。与知识的积累、能力的发展、情感与价值观的获得一样，这一基本目标的实现与否直接关系着孩子们是否具有了终身发展的潜能。从这一角度来讲，方法与策略在语文教学中的重要性可见一斑。

观点

## 学法指导的内涵与理解[2]

所谓学法指导，指的是教师在教学过程中通过最优途径，使学生掌握一定的学习方法，并获得具有选择和运用恰当的学习方法进行有效学习的能力。它包括两方面的内容：一方面是在具体的学习情境中引导学生掌握一定的学习方法……另一方面内容就是引导学生获得有关学习方法的使用价值的认可，即充分认识具体学习方法的适用范围，使学生在特定的学习情境中，能选择并运

① 叶圣陶著：《叶圣陶语文教育论集》（下），教育科学出版社 1980 年版，第 716 页。

② 朱作仁主编：《小学语文教学法原理》，华东师范大学出版社 1988 年版，第 138 页。

用恰当的学习方法。

语文教学务必使学生在经历真实的学习过程中，在语言文字的运用能力上有所得，在思维发展、文化理解、情感体悟上有所得，在自主学习能力的发展与学习潜能的开发上有所得。为此，语文教师必须由对“教的策略”的关注转向对“学的策略”的研究，跳出“教的圈子”，研究“学的路子”，从而把学生引上自主学习、终身发展的轨道。

## 二、问题：语文学习程序性与策略性知识的缺失

### （一）语文课程内容层面程序性知识与策略性知识的欠缺

程序即过程，策略即方法。要指导学生在语文学习中遵循一定程序、借助一定方法，在实践中形成学习能力，就必须有一套听、说、读、写的程序和方法为教师所用。

而当前，语文教科书仍以“文选型”为基本形式，现行课程标准虽从“总目标”到“阶段目标”给出了凭借“教材”应达成的最终“目标”，但从“教材”到“目标”之间，这一段距离与空白在给予教师们以“空间”的同时也导致了课程内容的模糊。于是，教什么、不教什么，练什么，不练什么，“仁者见仁，智者见智”。这一层面的课程内容与范围的模糊、程序性知识与策略性知识的缺失，往往使教师在学法指导的过程中无法可依、无章可循。

要改变这种状况，学科专家、语文教师须在合作的基础上，厘清语文课程内容的范围和序列，让更多的程序性知识和策略性知识进入语文教材，并将其细化并呈现在每一册、每一组、每一课的教材内容之中（主要是“导学系统”和“练习系统”），以使能力的训练、方法的习得有所依傍、有所凭借。语文课程设计者不能仅仅寄希望于留出“空白”，而由一线教师们在教学中任意去填充、开发。

### （二）语文课堂教学层面程序性与策略性知识指导的欠缺

当前，多数语文课堂教学中，“教”与“学”的比例失当，“教”得多，

“学”得少，陈述性知识传递多、讲解多，方法性知识指导少、运用少。即便有些教学强调以“学”为主，以学生的“言语实践活动”为主，也只是以反复操练的形式来完成，对“言语实践活动”中的程序性和策略性知识的关注、指导不够，似乎语文学习除了“多读多写”真的别无他途。面对此种状况，王荣生教授指出，很多教师不给学生知识上的指导，而是让学生“在游泳中学会游泳”。这固然有对的一面，离开了游泳的实践当然与学会游泳无缘，但是也不能以为把学生扔到水里任他们扑腾，就是我们语文课程的样子，甚至是唯一的样子。[1]这必然导致学生学得累，老师教得苦，加班加点，题海战术。

看来，语文教师不仅要考虑“怎样教”的问题，而且要考虑学生“怎样学”的问题，在实践与反思中逐渐积累、完善，从而形成一套关于汉语言学习与运用的技能与策略，与学科专家一道担负起“语文课程内容重构”的历史重任。

## 三、策略：加强学法指导，丰富言语策略

### （一）以“教法”引领“学法”

“教学法”这一概念，原本就包括“教法”与“学法”两个方面。其间，学生对“学法”的掌握，一般要通过教师的“教法”进行转化与生成。所以说，“教”的目的是为了指导学生“学”、教会学生“学”。教师要以“教法”来启示、引领学生的“学法”。

**案例** 《圆明园的毁灭》的教学片段[2]

师：好，回过头来再读第二、三、四自然段。请同学们注意，会读的人要

① 翟晋玉：《语文到底应该教什么》，载《中国教师报》2009年8月19日。

② 雷玲主编：《小学语文名师教学艺术》，华东师范大学出版社2008年版，第19—20页。

善于抓要点，要把一段话读成一句话，把一本厚书读成薄书，这是一种很重要的学习方法。

（生默读。读完一遍后，教师要求再读两遍、三遍，并提示学生边读边进行点、画、批、注，用笔做记号留下自己的思考。自己阅读和批注后再与同学相互交流。）

师：读书要读得进去，还能跳出来。谁能把第二、第三、第四自然段用一句话概括出来？

生：圆明园是一座举世闻名的皇家园林，它宏伟、壮观，真不愧是万园之园。

生：圆明园不仅是一座举世闻名的皇家园林，还收藏着最珍贵的历史文物。

师：意思都有了。谁还能说得更简洁一些？

（又有两个学生发言，意思相近但更加简洁）

师：从同学们的发言中可以知道，最主要的有两层意思：第一，它是一座宏伟的建筑物；第二，它是一座历史博物馆，里面收藏着许多珍贵文物。同学们越说越简洁了。如果你会读书，除了能把厚书读成薄书，把一段话读成一句话外，还可以把短文读成长文，把薄书读成厚书。请大家朗读第二、第三、第四自然段。特别是第三自然段，你要读得慢些，一边读一边展开自己丰富的想象，可以把一句话读成一段话，把薄书读成厚书，这又是一种阅读方法。（生读）

师：好，告诉我，在你们的想象中圆明园美不美？是怎样的一种美？

……

在语文学习过程中，学生一方面获得知识与文化的积累、技能与思维的提升，另一方面他们也在学习“怎样学习”的智慧。教师的“如何教”对学生的“如何学”影响很大，因为学生有效的“学法”在很多时候恰恰是从教师的具有示范价值的“教法”转化而来。上述案例中，于永正老师首先引导学生“要善于抓住要点，把一段话读成一句话，把一本厚书读成薄书”，由厚到薄，由繁入简，这一过程培养的是学会概括、把握文本大意的读书方法。之后，于老师又引导学生“把短文读成长文，把薄书读成厚书”，由薄到厚，由简到繁，展开想象，透过语言文字呈现丰富的内心视像，这一过程培养的是阅读文本要学会由

"言"到"象"，再由"象"到"意"，进行充分个性化体悟的读书方法。

### （二）在言语实践中积累语文学习方法，发展言语活动策略

语文学习方法即有效进行语文学习的途径与策略，如传统语文教育留给我们的宝贵财富——诵读、感悟、涵泳、体味、积累等。言语活动的策略主要包括如何理解语言（听、读）的策略和如何运用语言去表达（说、写）的策略。学习方法与言语策略须经由学生的言语实践活动才能被发现，并转化为学习个体的程序性或策略性知识，继而透过言语实践的应用而加以巩固并形成迁移。这一过程中，教师的引领和指导不可或缺，所谓"入乎其内，化乎其中，迁移运用"。

教师要重视对学生语文学习过程的关注与指导，引导学生经历学习过程，体验语文学习方法和言语活动策略，尤其要引导学生意识到运用这些方法和策略后所产生的效果。例如，在阅读一篇科技性说明文时，教师可以引导学生一边默读一边尝试为这篇文章画出一幅思维导图，把自己对文章的理解概括化、视图化，并引导学生总结这样做的好处；在叙事性作品的教学中，教师则可以引导学生抓住关键词或关键句复述文章的基本内容，并组织学生讨论还可以借助怎样的方式去把握文章大意；在复习阶段，教师则可以指导学生采用绘制表格的方式实现知识的网络化；等等。所有的方法与策略都是为实现具体目标而服务的，教师要引导学生意识到并反思自己在追求目标时所使用的方法与策略的效果，强化他们对学习过程本身的认知。当前，"自主、合作、探究"等学习方式的倡导，亦是强化学生把握自己的学习进程、并在这一过程中发展自己的学习策略。

案例

### 以学生的学习为基础的基于脑的学习模式简介[①]

"基于脑的学习模式"也是课堂教学的基本结构模式，包括学习模块、学

① 江风著：《基于脑的语文教学》，广东高等教育出版社2012年版，第14—19页。本书在引用时做了修改。

习方式、学习活动三个层次的具体内容，如图 6-2 所示。

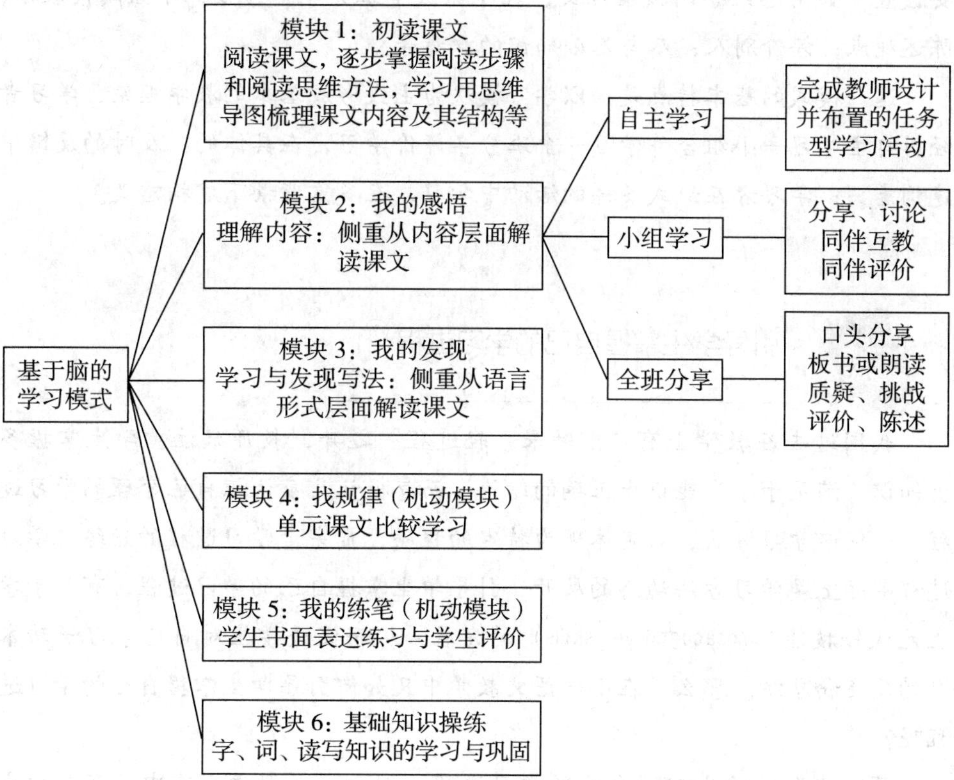


图 6-2　基于脑的学习模式

第一层次的学习模块所呈现的是基于脑的语文教学的主线，它规定了学生个体自主学习的步骤与内容，也明确了课堂教学的主要环节。各模块的学习内容可以根据学习材料的情况有所变通或删减，课堂教学可以根据实际情况对个别模块顺序做调整。

第二层次显示的是模块学习方式与学习过程。“自主学习—小组学习—全班分享”是一个反馈学习系统。学生个体在“自主学习”中初步完成了学习任务之后，开始小组合作学习。在“小组学习”中，同伴的分享与互动其实是对每一位小组成员之前“自主学习”情况具体、及时的反馈。而在“全班分享”活动中，不同学习小组的分享、学习小组之间的互相评价、老师有针对性的指导，使学习反馈更具体、更丰富、更深入。

第三层次显示的是具体的学习活动，活动形式与数量一般根据教学的需要设置。如用思维导图梳理课文，在小组或全班分享、修改；小组朗读展示；陈述观点；评价别人；参与基础知识的竞赛等。

这一模式的基本特点是：以学习模块为主线形成基本的教学框架；学习者经历自主学习—小组合作学习—全班分享评价学习，在具体的、及时的反馈中建构意义；学习者在形式多样的活动中学习，在多重背景下建构意义。

## 观点 引导学生掌握自己的学习进程[1]

我国过去在教学上有“重结果、轻过程”之弊，教师只注重学生掌握多少知识，满足于学生能说出正确的结论，而忽视让儿童认识自己合理的学习过程……任何学习方法，必定体现为特定的程序，贯穿于学习过程的始终。学习过程实际上是学习方法动态的展开。引导学生掌握自己的学习过程，有助于学生元认知技能（metacognitive skills）的发展，从而促进学生对自己学习活动本身的反省和总结。那么，在小学语文教学中又如何引导学生掌握自己的学习进程呢?

第一，引导学生回顾自己的学习进程。例如，在课堂发言中，有些学生的表达富有创造性，但他们往往又没有意识到自己的思考方法和步骤如何，这时教师应不失时机地启发他们：你是怎样想出来的？你是怎么知道的？这不仅能使他们有效地总结自己的学习过程，还可以起到交流的作用。

第二，指导学生自己去探索错误所在的关键原因。“错误”的出现，往往有其特定的学习方法或思维方法的根源，教师要引导学生自己独立探索和消除错误的根源。一般来说，儿童自行找到错误的具体根源，也就找到了由已知到新知的正确结合点和正确的智力活动方法。

第三，引导学生主动探索学习过程，进行主动的发现学习，对学法的迁

---

① 参见朱作仁主编：《小学语文教学法原理》，华东师范大学出版社 1988 年版，第 144—150 页。本书引用时文字上做了删减整理。

移大有好处。

第四，引导学生进行学习方法的交流。每个学生所经历的学习过程不尽相同，每个学生在同一学习过程中所运用的学习方法也互有不同。因此，引导学生交流和总结学习过程，即进行学习方法的交流，可使每个学生的学习过程得以延伸，起到取长补短的作用。

在学生的语文学习活动中，教师不仅要关注学习的结果，更要关注学生之所以达到这一结果的步骤、方法与过程，着眼于学生的可持续发展。

### （三）教师要在教学实践中有意识地梳理、凝练、丰富有关学法的知识

前已述及，当前有关理解语言（听、读）的策略和运用语言去表达（说、写）的策略在语文教学中还不甚清晰、不够具体、不成体系，教师们在试图指导学法的过程中还没有一个可以参照的内容体系，常常显得捉襟见肘。这就需要教师们发挥自己的创造性，走研究型教师的路子，基于自己的教学实践，去梳理、凝练已有的教学经验，在分享与交流中丰富有关学法指导的程序性与策略性知识。

#### 案例　中年级学生古诗学习的策略指导[①]

教学中，我们想在如下几方面给予学生学法上的指导，以培养学生自学古诗的能力。

1．看注解、查字典，熟读成诵

学生接触一首古诗，首先要主动通过看注解、查字典等方式扫清文字上的障碍，能读熟成诵，这是进一步理解和感悟古诗的前提。

2．知诗人、解题意，查阅、交流相关信息

① 这是笔者2009年在北京市顺义区西辛小学进行校本教研时与该校教师共同研讨的一个案例。

要培养学生查阅相关文献、帮助自己理解的学习习惯。学生可以通过互联网、相关书籍等查阅有关诗人的基本情况，该诗创作时的相关背景，诗题、诗体方面的一些相关知识等。通过这种查阅、交流、探究的过程，帮助学生养成查阅和使用文献寻求文本（问题）理解的学习和探究方法。

3. 扣住词句，展开想象，从“复现”到“生发”，丰富意象，感悟诗境

学会借助想象和联想，在头脑中复现诗句字面所展示的景象，并在此基础上有所“生发”和丰富，在情景交融中整体感受诗歌意境。这是悟情达理的基础。

4. 由景悟情，由情达理，学会站在自己的立场上做出思考与评价

一方面，体会诗歌所传达出的情感，并结合自身及时代背景尝试做出思考与评价；另一方面，引导学生就诗歌的语言运用及写作手法等做出理性的分析与评价。

要使学生“通过学语文学会学语文”，他们就必须掌握“怎样学语文”（如何读、如何写、如何说、如何思）的策略。其前提是，教师要有足够的方法与策略，才能进行正确指导并培养学生养成相应的学习习惯。如上古诗学习的策略指导或许稚拙而不完美，却反映出一种意识、一种追求。假如我们都有这样的意识与追求，发挥智慧，日积月累，语文教学学法指导的程序性与策略性知识定会不断丰富与完善。最后，我们以叶圣陶先生的教诲结束本节的讨论。

## 观点 为了达到不需要教①

我想，教任何功课，最终目的都在于达到不需要教。假如学生进入这一境界，能够自己去探索，自己去辨析，自己去历练，从而获得正确的知识和熟

① 张定远主编：《重读叶圣陶·走进新课标：教是为了不需要教》，湖北教育出版社2004年版，第69页。

练的能力，岂不是就不需要教了吗？而学生所以要学要练，就为要进入这样的境界。

给指点，给讲说，却随时准备少指点，少讲说，最后做到不指点，不讲说。这好比牵着孩子的手教他学走路，却随时准备放手。我想，在这上头，教者可以下好多功夫。

## 探究与思考

调查研究：从学生的视角审视语文课堂往往会使我们有意想不到的发现，设计一份简单生动的调查问卷，课后发给学生。调查内容可以包括：通过这节课你学到了什么？这节课中的哪个教学环节你最感兴趣？你不喜欢哪个环节，为什么？能给老师的教学提一点小小的建议吗？等等。对学生的观点进行统计分析后，反思自己的教学。

行动研究：语文课堂应该是学生进行语文实践活动的课堂，你是否为学生设计了语文实践活动并组织他们去完成这些任务？基于这一思想，可以做一个行动研究，将自己的课堂设计成高效的“活动串儿”，并不断反思和完善。

实证研究：观摩一堂语文课，记录学生活动后教师所有的反馈语言，并进行归类分析，与任课教师一道反思其有效性，并得出改进意见。

观念反思：通过学习使学生学会学习，这是你的教学出发点吗？要更好地做到这一点，教师应做好哪些方法与策略的储备呢？

# 第七章

# 谁在教语文——优质课堂与优秀教师相伴成长

【内容提要】

课堂是实现教育意义的场所，这一教育意义，不仅在学生身上实现，也体现在教师身上。理想的语文课堂就像一盏灯，总在不远的前方召唤着我们。优质课堂是每一位教师不懈的追求，在这样的追求中，他们不仅收获了课堂，同时也收获了自我。那么，该如何理解优质语文课堂？又该如何对“教”与“学”的行为做出判断和改进？伴随着对优质课堂的追求，优秀教师怎样成长起来？他们身上又具有怎样的特质？

【核心概念】

优质课堂　课堂观察与改进　语文教师的专业成长

# 第一节 优质小学语文课堂的追求

## 一、追问：什么样的语文课才算作好课

什么样的语文课才算作好课？它的标准是什么？显然，对这些问题要做出令人信服的回答是困难的。因为所谓“标准”，即衡量事物的准则和尺度，它应该是客观的、明晰的、固定的、统一的。但课堂教学作为一种社会现象，衡量它的“尺子”与自然科学技术领域的“标准”相比，则带有主观性、时代性、模糊性与伸缩性。因此，对一节语文课的评价，所反映的只能是当时对教育规律认识的水平，而且这一认识又往往是多元且充满个性色彩的，如果再考虑到不同地区的文化基础、不同班级学生的认知状况以及不同教师的专业发展背景，好课的标准似乎难以统一。

### 观点 好课标准的历史演进（节选）[①]

1963年在总结了此前经验教训的基础上，制定了建国以来不分科的语文教学大纲。大纲中特别指出，要让学生“多读多写”，加强“基本训练”，“不要把语文课讲成政治课，也不要把语文课讲成文学课”。在这之后到“文革”前，大家狠

① 卫灿金：《好课标准的历史演进》，载《语文教学通讯·小学刊》2004年第28期。

抓“双基”教学，对学生进行严格训练，讲课文讲求字、词、句落实，从字、词、句入手去理解内容，又从内容去强化字、词、句的训练。在这几年里，思想教育和文学教育有所忽视，可以说能够抓好“双基”教学的课就是好课。

从20世纪70年代末到20世纪90年代末的20年间，加强基础、培养能力、发展智力成为教学的主旋律，从“文革”前的知识型发展到能力型，进而又发展到智能型，这是一个很大的进步。同时，语文训练与思想教育相统一、语言训练与思维训练相结合、听说读写相辅相成、课内教学与课外语文活动相结合，成为一般公认的四条教学原则，语文教学的规律正在为我们所认识。在这一时期，加强基础、培养能力、发展智力，成为好课的主要标准。

在当前课程改革的背景下，人们对好课的标准一定又有了新的认识与理解，表现为人们对学生语文学习过程中情感体验与价值理解的关注，对体现“自主、合作、探究”的学生语文学习方式的关注，对体现汉语言特点的突出实践、积累与感悟的母语学习规律的关注，等等。可以看到，人们对所谓“好课”的认识，总是与时代之于人的生命与发展的意义相关联，以及与我们对语文课程本身从功能到途径理解上的自觉相联系。

尽管好课的标准带有时代性、主观性、模糊性与伸缩性，但不能否认的是，教育同时也是一门科学，语文教学应建立在对学科性质与目标、知识与内容、经验与方法以及学生语言学习规律准确把握的基础上。所以，从优质的语文课堂中我们又总能提取出一些共同的基本特征。接下来，我们来看两位中外教育家的观点。

## 观点 什么样的课算一堂好课（节选）①

一堂好课没有绝对的标准，但有一些基本的要求。一堂好课要达到的基本要求如下。

1．有意义。在这节课中，学生的学习是有意义的。初步的意义是他学到了新的知识；再进一步是锻炼了他的能力；再往前发展是在这个过程中有良好的积极的情感体验，使他产生更进一步学习的强烈要求；再发展一步，在这个过程中他越来越主动投入到学习中去。学生上课，进来以前和出去的时候是不是有了变化，没有变化就没有意义。有意义的课，即一节扎实的课。

2．有效率。一是对面上而言，这堂课下来，对全班多少个学生是有效的；二是效率的高低，如果没有效率或只是对少数学生有效率，那么这节课就不能算是比较好的课。从这个意义上说，一节好课应该是充实的，整个过程中，大家都有事情干，都发生了一些变化。

3．有生成性。课堂不完全是预设的，而是有教师和学生的真实的、情感的、智慧的、思维的、能力的投入，有互动的过程，气氛活跃。既有资源的生成，又有过程状态的生成，这样的课可称之为丰实的课。

4．常态性。不管谁坐在你的教室里，你都要旁若无人，你是为孩子、为学生上课，不是给听课的人上课。我把这样的课称为平实（平平常常、实实在在）的课。这种课是平时都能上的课，而不是很多人帮你准备、然后才能上的课。

5．有待完善的课。只要是真实的就是有缺憾的，生活中的课本来就是有缺憾的、有待完善的，这样的课称为真实的课。

面对学生，优质课堂是我们每一位教师不懈的教学追求。叶澜教授告诫我们：要通过“扎实、充实、丰实、平实、真实”的课堂教学，去实现那本真的教学意义，并在实现意义的过程中改进并发展自己的教学。唯有如此，教师

① 叶澜：《扎实 充实 丰实 平实 真实——“什么样的课算一堂好课”》，载《基础教育》2004 年第 7 期。

才能够真正享受到教学作为一个创造过程和智慧体验过程的全部欢乐。

## 观点 优质课堂教学的十项特征[①]

1. 清晰的课堂教学结构（过程明了，目标明确，内容清晰；师生角色分配清楚，师生双方协商好规则、程序及自由空间）。

2. 高比例的有效学习时间（时间安排得当，守时；拨冗去繁，日程安排有节奏）。

3. 促进学习的课堂气氛（互相尊重，互相信任，遵守规则，承担责任，公正，关怀）。

4. 清晰明确的教学内容（任务设置明确易懂；教学主题的展开合理可信；课堂教学成果能得到明确的保障，保障措施具有约束力）。

5. 创建意义的师生交流（引导学生参与课堂规划，营造良好的讨论气氛，举行交流讨论会，鼓励学生写学习日记，征集教学反馈意见）。

6. 多样化的教学方法（丰富的组织技巧，多样化的行为模式，教学流程不拘一格，均衡使用多种教学方法）。

7. 促进个体发展（给予学生自由发展的空间，给予学生时间和耐心；对学生进行内部的区分和整合；分析个体学习水平，调整个体促进方案；对于风险学生群体给予特别的关注）。

8. “巧妙”地安排练习（帮助学生掌握学习策略，布置明确有效的联系任务，有针对性地提供辅导，创造有助于学生完成练习任务的框架条件）。

9. 对学习成果有明确的期望（学习内容要以教育方针或教育标准为导向，学习内容要符合学生的学习能力；检查测试学习情况后及时给予反馈，并给予帮助和促进）。

10. 完备的课堂教学环境（教学秩序井然，教学设备能正常使用）。

① ［德］希尔伯特·迈尔著，黄雪媛、马媛译：《怎样上课才最棒：优质课堂教学的十项特征》，华东师范大学出版社 2011 年版，第 9—10 页。

希尔伯特·迈尔（Hilbert Mayer）先生在与理论研究者和课堂教学实践者进行深入讨论的基础上，总结出了上述优质课堂教学的十项特征，试图回答这样一个问题——要追求优质课堂具体应该怎么做？可贵的是，这十项标准不是理论的推演，而都已经过了实证研究的检验。尽管如此，他仍然指出：“优质课堂标准并不是一成不变的处方，我们更主张百花齐放、殊途同归。”

看来，“什么样的课才算是好课”，这一判断定然随不同时期、不同评价者课堂教学评价观以及评价视角的变化而变化。仁者见仁，智者见智，由不同立场与不同视角所形成的观点，在碰撞中常给予我们新的启发，从而使课堂充满活力。这同样也提醒我们，在“好课标准”的追问与追求过程中要切忌形式化（不讲实效，做表面文章）与教条化（拿一个框架来套），以防“好课标准”制约我们充满创造性、充满生命力的课堂本身。

## 二、观点：优质小学语文课堂的理解与追求

《语文教学通讯·小学刊》（2004 年第 28 期）曾组织研究者和实践者进行了题为“我的好课观”的讨论，余文森等主编的《名师怎样观察课堂·小学语文卷》也收入了大量小学语文教学领域中的研究者和实践者关于优质小学语文课堂的理解，可谓众说纷纭。

### 观点　一堂好课的质量标准①

语言训练落到实处——看通过这一堂课，学生的语文能力是不是在原有的基础上有所发展。要做到这一点，一节课的语言文字训练目标必须明确、适度、集中。

情感、思维同步发展——要在语言文字训练的过程中，让学生受到思想

① 余文森、林高明、许玉兰主编：《名师怎样观察课堂·小学语文卷》，华东师范大学出版社 2009 年版，第 30—31 页。

教育、发展思维、陶冶情操、形成良好的学习习惯。

学生积极主动地学习——教师要着力营造民主、平等、和谐的课堂教学氛围，善于激发学生学习的兴趣，让每个学生都积极投入学习活动。

## 观点　理想的语文课堂[①]

理想的语文课应体现学科本质。语文课上，我们要让学生专心听讲，开口说话，动情朗读，静心默读；要圈点批注，品味词句；要动笔书写，积累感悟。

理想的语文课应以学生为本。语文课应关注学生的生命成长，让学生学有所获，或获得知识、习得方法，或触动情感、提升人格。

理想的语文课应有高效的教学方法。教学方法的选择应为学生的学习服务。无论是借助教具还是“素面朝天”，都应以学生能有最大限度的受益作为我们的追求目标。

理想的语文课应有较强的资源意识。充满活力的语文课堂，应是灵活应变、因势利导、充满智慧与创新的。这就要求教师不仅要有较强的资源意识，而且要有深厚的文化底蕴。

理想的语文课应充满个性。语文教学应该是个性化的，有特色的。由于教师的性格、习惯、阅历不同，学生的班情、学情不同，我们的课堂也应因地制宜，彰显师生的个性。

理想的语文课堂就像一盏灯，总在不远的前方召唤着我们……

“理想的语文课堂就像一盏灯，总在不远的前方召唤着我们……”的确，对于个体而言，“好课”没有止境。而就国家语文课程实施的整体来说，对语文课堂应该有较为明确的基本要求。

① 余文森、林高明、许玉兰主编:《名师怎样观察课堂·小学语文卷》，华东师范大学出版社 2009 年版，第 12—20 页。

第一，语文课堂教学必须以“语言文字”为本体，准确把握其学科本质，课堂教学的目标、内容和途径必须建立在如下关于课程的认识的基础上，即“语文课程是一门学习语言文字运用的综合性、实践性课程”，“工具性与人文性的统一，是语文课程的基本特点”。[①]

第二，语文课堂必须面向全体学生，使学生获得基本的语文素养——丰富语言积累，培养语感，发展思维，学会学习，形成习惯，发展适应实际生活需要的识字写字、阅读、写作、口语交际等语言能力，并在这一过程中形成其良好的个性和健全的人格。

第三，“充分发挥师生双方在教学中的主动性和创造性”[②]。一方面，坚持以学生为主体，积极倡导自主、合作、探究的学习方式，在丰富的言语实践活动中促进学生语言及人格的发展；另一方面，教师应在钻研好语文学习内容、把握好学生语文学习心理和语文学习起点的基础上，创造性地采用多种途径和方式引导学生和谐有序地发展。

第四，语文课堂必须体现实践性、综合性、开放性的基本品格，在言语实践中促进言语能力的发展，在综合中发展“经世致用”的实践能力与创新精神，在开放中拓宽空间，融于时代，连接生活，保持活力。

无论如何，在优质小学语文课堂的追求过程中，教师都必须秉承求真务实的实践精神和科学严谨的研究态度，警惕追求表面形式的倾向。

### 观点　警惕追求表面形式的倾向，提倡求真务实的实践精神[③]

30年来小学语文课程改革流派纷呈、层出不穷，课程理念、教学模式与主流话语不断更新。与此同时，在教学实践中则存在着不同程度的追求形式的倾向，这一倾向的主要表现是片面理解、机械模仿和盲目求新、盲目求变，在

---

①② 中华人民共和国教育部制定:《义务教育语文课程标准（2011年版）》，北京师范大学出版社2012年版，第2、19页。

③ 吴忠豪、于龙:《回顾与检讨：改革开放以来小学语文教学三十年》，载《课程·教材·教法》2009年第8期。

教学实践中，崇尚新名词、新概念，以新为尊、以旧为卑，以至于忽视了对语文课程核心功能的思考。崔峦2008年在长春召开的全国阅读教学研讨会上指出：当前小语界许多新经验有推广价值，但出现了“提口号，树旗帜”的不正常倾向，比如提出的“某某语文”不下十几种。语文教学要提倡百花齐放，倡导各种风格，但不宜提口号，在“语文”前面加上任何修饰语，只能窄化语文，画地为牢。我们认为，判断一种教学流派、教学模式的价值，不在于它是“新的”或“旧的”，而在于它是否符合学生学习语文的规律，是否能提高语文教学的有效性。

……早在1987年李伯棠先生也说过：“离开了教学对象这一实际的图新，犹如纸扎的鲜花，它缺乏根基，没有生命力。新的形式或新的方法又离不开教学的内容……如果只是在‘方法’‘形式’上花样翻新，即使它新得有趣，学生也不可能确有所得，充其量只是在课堂上完成了一次‘思维的游戏’而已，到头来除留下‘热闹’‘新鲜’以外，学生还能得到什么呢？”

## 三、探索：小学语文课堂的观察、研究与改进

### （一）课堂改进中的问题

优质小学语文课堂教学的追求应是伴随严谨、深入的教学研究而进行的，或者说，它是建立在长时间教学研究和反思改进的基础上的。而当前这种严格意义上的教学实证研究、行动研究在小学语文课堂研究领域仍然很薄弱。于是，许多“提口号，树旗帜”式的教学阐释便纷纷出现，甚至起到不好的导向作用。就这一点，朱作仁先生早已提出警示：“有的改革实验，当初凌厉崛起，令人瞩目，而今却举步维艰，僵持不前；有的甚至偃旗息鼓，改换门庭，另谋出路。原因很多，其中重要的是缺乏理论的思考和论证：科学性、实效性、规律性体现得如何？实验中的是与非、得与失、优与劣、真与伪怎样评价？是否有理论意义和实践推广价值？等等。凡此种种，都是需要理论上的探索的。在我国，科学主义的传统向来很薄弱，因而实证分析原则没有得到很好重视。在教学实践和研究中，凭‘想象力’进行玄想构思之遗风也没有得到应有的清

算，致使某些实验活动似乎成了少数人拍拍脑袋即兴而作的事业。”[①]

提高课堂效率，改进教与学的行为，在课堂研究中日益为人们所关注，这些关注又往往通过听课、评课的方式具体体现。当前各级各类的听课、评课还存在诸多问题，表现为：随意性大，没有聚焦；自我本位，各说各话；只谈观感，证据缺失；简单定性，没有研究。这种缺乏研究品质和“去专业化”的听课、评课活动，耗时费力，对学生学习的改善和课堂教学的改进，不能起到有效的引领作用。

毋庸置疑，课堂观察是一项专业活动，是教师应具备的一项基本专业能力。教学反思与课堂改进则是在对当前课堂（事实课堂）进行观察与分析的基础上进行的。通过专业化的、以研究为导向的课堂观察活动，可以有效促进学科教师的专业化水平，提升学校日常教学管理的质量。可以说，课堂观察是听课、评课的基础，是教学反思、课堂改进的起点，是从“感性课堂”走向“理性课堂”、从“经验教学”走向“有效教学”的基本途径。

目前，对于许多教学管理者和一线教师而言，课堂观察在很大程度上仍然是“一项被遗漏的教师专业能力”[②]，许多教师仍旧“无法认识自身的教学行为”，这严重制约了课堂的改进。

### （二）课堂观察的维度、视角与方法

要想改进课堂，教师必须先学会观察课堂，必须能够意识到课堂里在发生什么，而且能够准确地监控自己以及学生的意图和行为。这样，教师就必须对如下问题进行思考。

- 小学语文课堂能够观察到什么？应该去观察什么？为什么要去观察这些？
- 小学语文课堂的观察维度有哪些？为什么是这些维度？
- 每个维度下可以有哪些观察的视角？不同视角下的观察目的又该如何确认？

① 转引自王荣生：《解读“语文实践”》，载《课程·教材·教法》2006 年第 4 期。

② 陈美玉：《教室观察：一项被遗漏的教师专业能力》，http://203.71.239.11:8000/UploadFilePath//dissertation/1015 05 0606.htm，2007/10/17。

● 当我们确认了从某一维度出发并基于某种目的从某一视角去观察课堂时，怎么观察？如何从定量与定性两种方法出发去开发观察工具与分析框架？

● 如何对所观察到的数据或现象进行描述和分析？

基于课堂事实，对上述问题做出思考并借助校本行动研究，在实践中加以完善，可以帮助我们构建一个强调合作、基于证据、体现研究、指向“教”与“学”行为改进的课堂观察体系。显然，这一体现专业品质的课堂观察与研究对改进课堂、促进教师专业技能的发展会起到重要作用。当前，国内在课堂研究实践领域颇具代表性的研究成果为华东师范大学崔允漷教授及其团队于2008年出版的《课堂观察——走向专业的听评课》及其系列论文。

至于小学语文课堂观察的维度，研究者有不同的思考视角。笔者尝试以图7-1来表达自己的理解。

● 学生“学的活动”的观察——学生是如何度过课堂时间的。学的活动，即学生在课堂时间内事实上做了些什么、怎样做的、结果如何。

● 教师“教的行为”的观察——教师是如何度过课堂时间的。教的行为，即教师在课堂时间内事实上做了些什么、怎样做的、为什么这样做、结果如何。

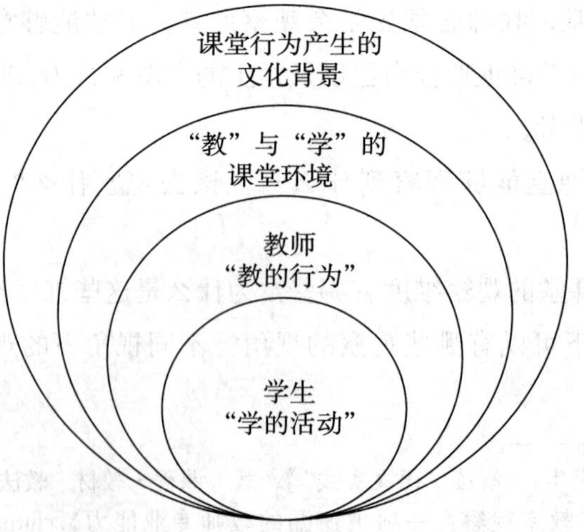


图7-1 小学语文课堂观察的维度

• “教”与“学”的课堂环境观察——教室陈设、布局，课堂氛围，师生关系等，这些内容均影响着课堂的品质与效果。

• 课堂行为产生的文化背景观察——学校文化、家庭文化、社区文化等，在千万个课堂中，每一个课堂都不是孤立存在的，而是置于文化的背景之中。可以说，不同文化的背景带来了不同文化的课堂。

事实上，如上每一个观察维度，都是改进课堂的切入点之一。假如我们想要洞察其中某一个维度，则需要在这个维度之下找到诸多的观察视角，从不同视角进入课堂。

例如，要对40分钟内学生“学的活动”进行观察，就可以从活动内容、活动形式、活动时间、参与状态、活动次序等诸多视角入手(如图7-2)，在观察记录的基础上可以进行如下反思：每项学习活动对学生个体而言实际产生的教学意义是什么？从教材处理的角度，依据这样的教学内容，教师为什么为学生设计了这些活动？教师期望的目标是什么？还可以设计哪些活动，为什么？怎样的语文学习活动（内容、形式）更有效？小学生又喜欢怎样的语文学习活动，为什么？

再比如，要对40分钟内教师“教的行为”进行观察，就可以从教师对知识的讲解与分析行为、提问与理答行为、对学生学习活动的反馈与评价行为、

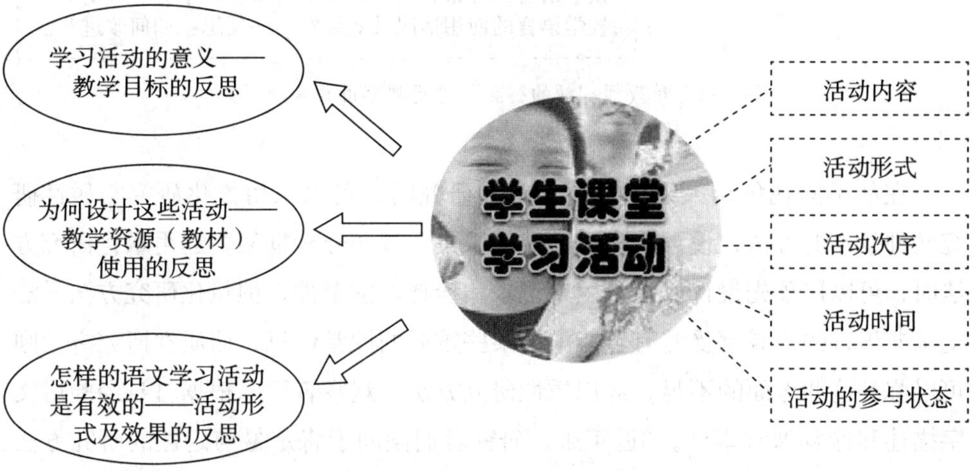


图7-2 对学生“学的活动”进行观察的视角与反思

教学手段（媒介与资源等）与方法（讲解、朗读、讨论、提问、测验）的变化、教学的有声语言（音量、语调、节奏等）与形体语言（眼神、手势、表情等）等视角入手（见图 7-3），在观察记录的基础上可以对教师的专业技能及其效果进行针对性的反思并提出改进建议。

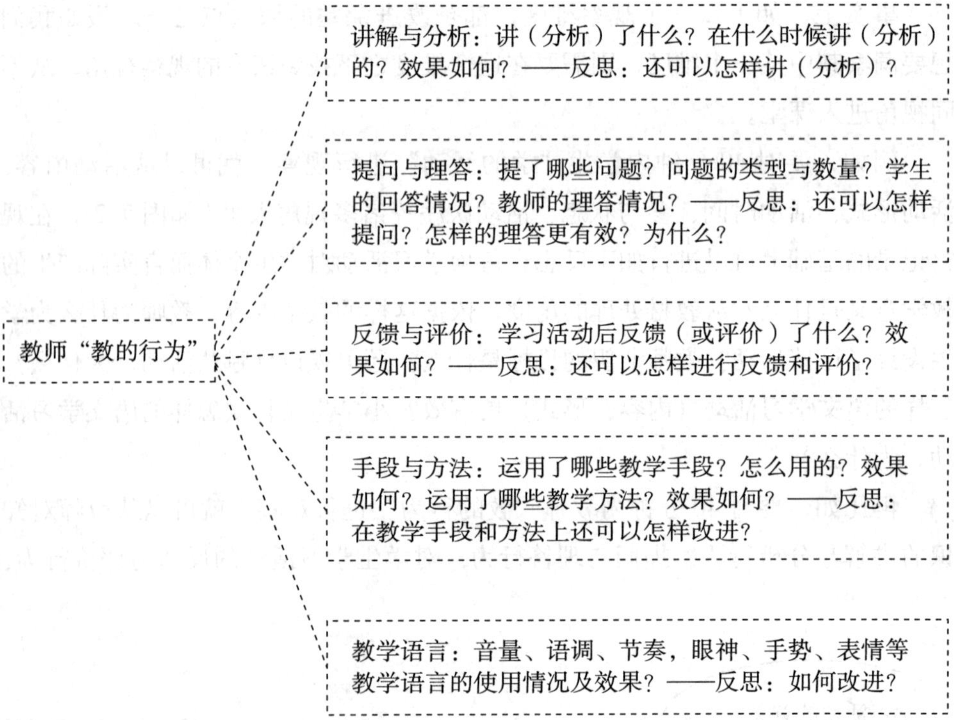


图 7-3　对教师“教的行为”进行观察的视角与反思

在从不同视角切入课堂进行观察和研究时，可以采用量化研究与质性研究两种基本的方法，设计出相应的数据采集工具与分析框架。运用量化研究方法时，可以用预先设计好的量表来记录和诠释课堂事件，但量化研究方法无法记录非语言的主观感受并有可能漏掉某些重要的课堂信息，而质性研究方法则可以弥补这些方面的不足。运用质性研究方法，观察者可以根据自身经验用文字描述和诠释课堂事件。“近年来，研究者们倾向于将定量与定性的研究方法相结合，在运用量表记录课堂信息的同时，对某些课堂事件进行主观的描述与诠释，以期更全面客观地展示课堂的全貌，便于课后分析与推论结果。”①

### （三）基于课堂观察的“教”与“学”行为改进研究

通过观察，对课堂的运行状况进行不同维度、不同视角、不同目的的记录、分析和研究，可以有效反思课堂中“教”与“学”行为的意义与效率，并可以据此提出改进“教”与“学”行为的方式与策略，促进课堂教学发生积极变化。

**案例** 我国小学课堂交往时间构成的社会学分析②

该研究认为课堂交往（指言语交往）的时间由师生交往和生生交往构成。进一步分析，则可分为以下 6 种：教师与学生个体交往，教师与学生小组交往，教师与班级交往，学生个体与学生个体交往，学生小组与学生小组交往，学生个体与班级交往。据此，研究者设计了“课堂交往时间构成表”（见表 7-1），作为观察工具。

表 7-1 课堂交往时间构成表

| 学校 | 班级 | 课类 | 总时间 | 师生交往 | | | | | | | | 生生交往 | | | | | | | | 无交往 | |
|---|---|---|---|---|---|---|---|---|---|---|---|---|---|---|---|---|---|---|---|---|---|
| | | | | 合计 | | 师个 | | 师组 | | 师班 | | 合计 | | 个个 | | 个组 | | 个班 | | 合计 | |
| | | | | 时间 | % | 时间 | % | 时间 | % | 时间 | % | 时间 | % | 时间 | % | 时间 | % | 时间 | % | 时间 | % |
| | | | | | | | | | | | | | | | | | | | | | |
| | | | | | | | | | | | | | | | | | | | | | |
| | | | | | | | | | | | | | | | | | | | | | |

① 李长吉、余芳艳：《课堂观察研究：进展与趋势》，载《当代教育与文化》2010 年第 11 期。

② 吴永军、吴康宁、程晓樵、刘云杉：《我国小学课堂交往时间构成的社会学分析》，载《上海教育科研》1995 年第 5 期。本书只示例性的介绍该研究的基本方法与观点讨论。

在对江苏省7所小学5年级28个班的语文、数学课堂进行观察后的统计分析表明，我国小学课堂交往时间构成有如下特点。第一，师生交往占绝对优势，生生交往和无交往很少，而师生交往又主要由师个、师班构成，师组交往几乎全无。从时间角度反映出我国小学课堂教学仍以教师对全体学生的“满堂灌”为主，不论这种“灌”是以什么形式或伴以什么技巧。第二，生生交往严重不足，即便存在生生交往，也主要集中在个班交往和个个交往上，且必须经由教师认可，体现出单向、静态、被动的交往特点，而不是全员、主动的沟通。第三，学生群体交往（组际间交往）缺失。总之，我国小学课堂交往的时间结构比例严重失调，分配不当，偏差明显，师生交往占绝对优势，学生间交往尤其是群体交往几乎全无。

研究从社会学角度做了进一步分析。第一，我国小学课堂仍以强控型为主，仍然是教师为中心，教师严格控制着课堂的活动进程，时间结构中的组际交往缺失和生生交往严重不足正是这种强控型在课堂交往时间上的表现。第二，就目前我国小学课堂的实际状况而言，学生的社会交往处于“被动状态”，他们获得的大量交往是与教师的交往。而不论师个还是师班交往，就总体来讲，教师总是主动的，学生总是被动的、受制于教师的。只有在课堂中有意识地多赋予学生主动交往的时间，才能真正有利于学生的社会化，有利于学生主体性和社会性的发展。第三，课堂交往看似集体的交往，实质上只是个体交往，教师面对的是一个个的学生个体。充分“激活”课堂内的全员交往，特别是学生群体与群体的交往，这样才能充分发挥本该发挥的学生集体的教育力量。但这种交往从统计数据上看几乎全无。

如上，研究者从课堂交往时间构成的视角出发，对小学课堂进行了实证研究，使我们得以洞察课堂事实上发生了什么，进而又可以进行理性的改进思考。当前，在小学语文课堂改进的过程中，理念倡导居多，课堂本位的实证研究不足，表层的教学形式与技术研磨居多，深层而多角度的理性反思不足。如此，不管怎样求新、求变，课堂教学仍然只能在技术化的层面翻新。换言之，要想在课堂改进中有所成效，首先要改变的是课堂研究、课堂评价的范式，这一范式应影响教师面对课堂的方法态度与思维习惯。

"教师研究本身不是目的，但是它与课程变革和新的教学策略的采纳却密不可分。"[①] 我们坚信，没有理性的指引，教师所带来的课堂将只是个空壳，或许一时绚烂，但不具有持续的发展性。只有基于课堂本位、扎扎实实的研究，才会带给教师理性而准确的专业判断力，才能使教师拥有捍卫和发展自己课堂的勇气。

小学生的在校时间基本上是在课堂中度过的，课堂是评估学生发展与学校质量最核心的基本单位。课堂文化是一所学校的教学文化乃至校园文化的核心。丢失了课堂就等于丢失了学校。任何一个有责任、有智慧的管理者都应确保教师的主要精力是指向课堂的。

## 第二节 优秀小学语文教师的成长

### 一、课堂——教师成长的摇篮

有好的教师，才会有好的课堂；有好的课堂，才会有好的学校。可见，优秀教师之于学生进步、之于学校发展具有重要意义。好的教师并不能一蹴而就，他需经历由新手教师到专家型教师、由一般教师到优秀教师的发展历程。在这一过程中，课堂始终伴随着教师，并成为其关注的焦点和专业发展的核心平台。同时，他会综合利用课堂内外的各种资源和条件，促进自我更新。"成功的教师总是诚心诚意地追求他们的工作意义，不知疲倦地为扩大其知识与能

① ［英］戴维·霍普金斯著，杨晓琼译：《教师课堂研究指南（第三版）》，华东师范大学出版社 2009 年版，第 34 页。

力而奋斗，并保持其自我概念，遇到不断变化的环境会有条不紊地进行自我更新。……始终保持方向感和目的感，对自己在做什么有很清醒的意识。”①

观点 就这样一路走来②

我（王崧舟）的课堂教学风格，是在立定根基、扬长避短、兼容并包、融会贯通中逐步成就的。从教20多年来，我虔诚地模仿过于永正先生的质朴和平实，专注地学习过支玉恒先生的大气和洒脱，刻意地追求过靳家彦先生的奇崛和壮阔，细心地琢磨过贾志敏先生的严谨和机敏。但最终，我悟到了自己的教学天性和本真。我认为课的最高境界是无痕、无课、无为，这是一种“课不异人，人不异课；课即是人，人即是课”的境界，亦即“人课合一”的境界。课无止境，我想，我对教学艺术的追求也是无止境的。

回忆自己从教的20多年，粗粗地划分一下，大概可以分成四个阶段。

“崭露头角”（第一个五年）：天资＋机遇＋努力。

“孤独沉潜”（第二个五年）：读书＋听课＋反思。五年的沉潜，肚子里装了上百本书、上千堂课，慢慢发酵，慢慢酝酿，慢慢融入到身体中的每一根血管、每一个细胞。表面的确很平静，没有一次抛头露面，没有谁来关注，但是在平静的底下，生命的能量却不断在贯注、不断在膨胀。现在回想起来，如果没有这五年的沉潜，那么就不可能有后面的一鸣惊人。

“一鸣惊人”。这一阶段，我成了全省最年轻的小学语文特级教师，还上了《中国教育报》。……我总是自己和自己较劲儿，喜欢自己和自己过不去，自己的才情就这样汩汩地冒着，我的语文教学就这样不断地超越着……

“开创流派”。这个阶段的成长，我想主导因素就是两个字——使命。……在流转不息的生命之轮中，我为语文而来！是语文滋润我粗糙的感觉，是语文

① 叶澜等著：《教师角色与教师发展新探》，教育科学出版社2001年版，第69页。

② 参见雷玲主编：《小学语文名师教学艺术》，华东师范大学出版社2008年版，第89页；王崧舟著：《诗意语文：王崧舟语文教育七讲》，华东师范大学出版社2008年版，第31—35页。本部分是从上述内容中筛选、整理的。

放飞我稚嫩的幻想，是语文点燃我喷涌的激情，是语文唤醒我沉醉的智慧。我平庸的生命，因为语文而精彩！这种使命，有来自外界的期待、赏识和苛求，更有来自内在的热情、抱负与感恩。这个阶段开始，我对语文有了庄重的承诺，有了道义的担当，有了价值的坚守，更有了充满诗意的浪漫追寻。

这样一个成长的过程，很难说究竟是“剑宗”还是“气宗”。“剑宗”偏于技巧、偏于招式、偏于实用，而“气宗”偏于内功、偏于底蕴、偏于无为。所以，我走的应该是一条“亦剑亦气，剑气合一”的路子。

“人性中皆有悟，必功夫不断，悟心始出；如石中皆有火，必敲击不已，火光始现。”① 这一“悟”的过程是艰辛的，它伴随着尝试中的挫折，实践中的理性反思，学习中的优势积累。不仅需要机遇与智慧，更需要非凡的勇气、自信与追求。正如于永正老师所言：“如果说我这个人还有这么一点灵性的话，主要有三条：一是我的脑子里常装着问题，喜欢反反复复地琢磨；二是我会唱京剧，可以‘凿壁借光’；三是我会经常反省、否定自己。”“其实，我天天都在爬山，虽然是愈爬愈困难，但愈爬愈觉得应该爬。”② 对于成功教师而言，他们大多就是这样一路走来，完成自我的“超越”与“更新”。

可以说，教师发展与有效课堂密不可分，成功教师是有效课堂的必备条件，有效课堂则是成功教师的基本特征之一。尤其需要指出的是，成功教师的课堂往往表现出个人独特的风格，体现出教学个性。诚如有的研究者所言：“一个好的教师首先是一个人，是一个有独特人格的人，是一个知道运用‘自我’作为有效的工具进行教学的人。”③ 而教师教学个性的发展乃至教学风格的形成，也是在长时间的课堂实践中不断伸展、渐渐实现的。

---

① 陆世仪《思辨录辑要》。

② 余文森、林高明、许玉兰主编：《名师怎样观察课堂·小学语文卷》，华东师范大学出版社 2009 年版，第 132 页。

③ 教育部师范教育司编：《教师专业化的理论与实践》，人民教育出版社 2001 年版，第 46 页。

## 观点 同中求异——教师教学个性的构建①

一个优秀的教师，必须在遵循普遍规律的前提下，体现教学的个性。

一个刚刚走上岗位或教学经验尚不足的教师，首要的任务是熟悉和把握那些最基本的教学规律，并在实践中继续认识“新”的规律。这是教学实践过程的“求同”阶段。优秀教师应在把握和遵循共同规律的同时着眼于发掘、构建并逐步形成自己的教学个性，“同中求异”，进而形成自己的教学风格。

首先是认识自我，寻找自我。每一个优秀教师，都应从教学观念、教学方法、教学作风等方面对自己进行梳理总结，归纳出几个比较稳定的特点（此为教学行为倾向的因素）；再从自己的认知结构、思维特点、个性特征、审美情趣等方面审视分析，同样归纳出几个比较稳定的特点（此为心理特征倾向的分析）；然后衡量哪些心理特点对发挥自己的教学特点具有有利影响。这样就对自己有了一个比较明确的认识，确立了构建自己教学个性的取向。

第二是立意求新，敢于创造。教学个性以至教学风格的基本特征是它的独创性。应该从每一篇教材、每一节课做起，要敢于在教材内容的处理、教学方法的设计、表达方式的运用等方面“另辟蹊径”“独出心裁”。……要使你的教学处处焕发创造性的光彩。久而久之，创新的能力得到加强，这种创造也就变成了愉快的自觉的行为……也就接近形成自己的独特的教学风格了。

第三是博采众长，为我所用。应当把别人的东西加以内化，变为自己的东西，融进自己的教学风格中去。这就是要学会分析，要对人家的教学指导思想进行研究，要把他的每一个精妙之处，与他的教学思想、教学目的和整体的教学构思联系起来，探求手段与目的、教师与教材、教师与学生等各方面的因果关系，进行理性分析甚至实践的尝试，进而结合自己的教学特点合理吸纳。

第四是借助改革，百花齐放。每个教师的教学行为倾向和心理特征倾向是千差万别的，所以教学风格就具备多元性的特点。外向的、激情的教师，他

① 支玉恒著：《支玉恒老师教语文》，华东师范大学出版社2009年版，第11—15页。

的教学风格一定是热情、活泼、富于情感、富于形象的；内向的、严谨的教师，他的教学风格一定是冷静、周密、富于逻辑、富于推理的；温和、委婉的女教师，她的教学风格肯定给人耐心细致、循循善诱的印象；睿智、洒脱的男教师，他的教学风格必将让人有一种行云流水、举重若轻、挥洒自如的感受……

"风格即人"，任何教师都有自己独特的个人风格，应该寻找到自己的风格，并努力将其体现在自己的教学中。这一点非常重要，一方面，风格使教师在学生心目中成为一个与众不同的人，并形成了与众不同的课堂；另一方面，风格意味着教师教学行为与个性心理特征的内在统一，即课堂教学与自我生命的统一。事实上，并不是每个教师都找到了适合自己的教学行为方式，这种情况下，"简单模仿"与"盲目跟风"就会成为这个教师课堂教学的基调。

"作为教师个体，你有自己独特的优缺点。你必须形成可以让你表达自己并用自己的方式教学生的风格。为了形成自己的风格，你在找到适合自己的方式之前，必须尝试各种各样的方式。"[①] 即或在被认可或找到了一个令人满意的风格后，成功的教师也会不断尝试各种新方法，寻求新的教学方式，以跟上时代的步伐、促进自我更新。最后，我们必须强调的是——在教师的专业成长过程中，"不存在一个取得成功的通用公式，不存在成为好教师的单一途径。有些好教师具有超凡魅力，有些却不怎么与人交往，有些好教师感情丰富，有些却谨慎、含蓄；有些好教师举止严谨，有些却顺其自然。取得成功的途径多种多样，变化万千"[②]。

## 二、走向成功——优秀语文教师的特质

如同对一节优质语文课堂的讨论一样，我们心目中充满魅力的语文教师

---

① ［美］古德、［美］布罗菲著，陶志琼、王凤、邓晓芳等译：《透视课堂》，中国轻工业出版社 2002 年版，第 584 页。

② ［美］琳达·达林－哈蒙德［美］约翰·布兰斯福德等著，陈允明等译：《教师应该做到的和能够做到的》，中国青年出版社 2007 年版，第 15—16 页。

形象，也一定是见仁见智并体现着时代特征。但无论怎样见仁见智，作为优秀的语文教师，总有一些本质的东西会共同驻守在他们的身心之中，那就是对意义课堂的追求、对学习者的理解、实践反思的意识与行动、个体语文教育人生的认同与实现。

### （一）对“有意义的语文课堂”的理解与追求

课堂是实现教育意义的场所，这一教育意义，不仅体现在学生身上，也体现在教师身上。对于教师而言，不管我们承认与否，课堂生活都成为我们生命历程中重要的组成部分。课堂生活不仅展现着，而且建构着我们对生命价值的理解与追求。因此，当教师孜孜以求地追求课堂质量和价值时，其实就是在追求自我生命的质量和价值。

优秀的语文教师在其教学生涯中始终伴随着如下思考。

语文教师是用“语文”教“人”的。那么，就小学语文课程而言，它最为核心的价值和意义是什么？什么才是我真正想让学生学会的？通过语文课堂，我期望孩子们在哪些方面获得发展？为什么我会有这样的期望？

语文课堂是以“语言”为中介的。那么，我该带领孩子们遨游于怎样的语言文学的海洋之中？我是否具备了足够的底蕴和信心，与孩子们进行围绕语言的对话与交流？我是否能利用好包括教材在内的一切语言材料为学生们设计出丰富多彩的语言活动？

如果说孩子的语言学习与发展是有规律可循的，那么，我是否找到了这些规律？孩子们究竟是如何学习语言、发展语言的？我是否借助各种观察方法与评估形式，准确发现了学生语言学习中的问题与错误，并以此为基准设计教学，满足学生的发展需要？

“教亦多术矣，运用在乎人。”我是否能够运用各种行之有效的教学方法与策略，促进学生发展？我是否做到了“从心所欲而不逾矩”，自己的教学追求与方法策略的运用是否做到了和谐统一？

在优秀教师的心中，永远“没有最好，只有更好”。对于教师职业生涯的如上思考，反映出语文教师寻找专业自我的一个持续的动态过程。这是一个追求“更好”的自我和“更好”的课堂的过程。这一追求让自我更有价值，让课堂更有意义。

### （二）对学习者的理解与尊重

“只笼统地说‘爱学生’是不够的，因为‘爱’比较抽象。对学生来说，更重要的是理解；没有理解，便谈不上真正的爱。”正如苏霍姆林斯基所言：“只有那些始终不忘记自己也曾是一个孩子的人，才能成为真正的教师。”说到底，这是教师的儿童观问题。由于儿童是教育的对象，所以儿童观必然对教育观产生重大影响。“最优秀的教师有一种能力，不仅仅研究儿童，而且能进入到儿童的生命空间中去，去体察孩子们的精神世界活动。”①

#### 案例 理解与尊重在细节中展现②

一次，斯霞老师执教《乌鸦喝水》。课堂上，她请一个男生读课文，但他没有读好。斯霞老师一边把他歪到脖子一边的红领巾戴正，一边说：“读错了没关系，再试试。”那个小朋友不再紧张，而且有了信心，第二遍就读得正确、流利了。

对于一年级的小学生来说，红领巾歪到一边是正常的，面对全班同学和很多听课的教师因为紧张而读不好也是正常的。是理解与尊重，才有了斯霞老师那充满爱意的宽慰、鼓励和帮学生戴正红领巾的动作。种下理解和尊重的种子，孩子就会学会理解和尊重。斯霞老师不经意的动作不是轻易就能够学来的，因为这不属于“技术”的范畴，而是优秀教师的一种心灵境界。许多教师愿意从成人的角度、以强制的方式去“规范”学生，但斯霞老师告诉我们：教育是和风细雨的影响，这种影响发生在理解的基础上，体现在一个又一个的教

---

① 朱自强著：《朱自强小学语文教育与儿童教育讲演录》，长春出版社 2009 年版，第 101—102 页。

② 于永正：《教学艺术来自对学生的理解和尊重》，载《新课程（综合版）》2011 年第 3 期。

学细节中。为此，教师心中应该永远藏着爱意与善意、理解与尊重。

### 案例　老师相信你一定能读好[1]

教学《全神贯注》一课时，一个学生读课文，一连读了三遍也没读正确，孩子急了，无所适从。于老师亲切地鼓励他："记住，第三遍读错了，还有第四遍、第五遍，不要慌，老师相信你一定能读好。"老师热情的鼓励让他有了信心，他终于在第七遍时将一段课文读通顺了。结课时，这个学生撰写的"名言"——"只要全神贯注地朗读课文，就一定能成功"，让听课的师生都非常感动。

除了对生命与人格的理解与尊重之外，作为学生发展的引导者，教师还必须认识和理解学生学习与发展的起点和生长点。例如，学生学习的兴趣点在哪里？知识与能力的生长点在哪里？精神与情感的融会与成长点在哪里？等等。只有找到了这些点，教师才能带领学生拾级而上，才能通过课堂使学生的知识、见识、胆识和谐发展。这一发展，便是对学生个体生命最深刻的尊重。"优秀教师热爱青少年，一心扑在学生身上，承认学生有不同的特征和禀赋并且善于使每个学生都学到知识。他们的成功在于相信人的尊严和价值，相信每个孩子内在的潜能。"[2] 这是一名教育者至上的境界。

### （三）实践反思的意识与行动

"教师是否愿意花时间反思自己的工作，是教师是否具有专业素养的标志。"反思是改进课堂实践、促进教师专业进步的重要途径，它会带给我们智慧和勇气。只有在理性光辉的照耀下，教师才不会在课堂中迷失自我，才不会简单重复或随波逐流。理性的反思会使教师最终寻找到专业自我，寻找到自己

① 本案例根据于永正老师的课堂教学实录整理而成。

② 方燕萍编译：《教师应知道什么、能做什么？》，载《外国中小学教育》1997年第6期。

的课堂。

教师的课堂行为是其个体实践性知识的直接展现。教师的实践性知识是教师“个人独特的专业生涯的‘生成物’，是以个人经验为基础形成的，……表露于外的是教师的活动节律、周期和惯例；深藏于内的是教师自己选择、认可与确信的教育理念和思维方式”①。教师个体的这一实践性知识一旦形成，便不易改变。“当实践之知驱动着教师不假思索、近乎本能地做出决策，采取行动时，它也就称不上是实践智慧，而沦为技术之知；原本应该千变万化的教学行为也就变成了惯例行为、例行公事、机械操作。”② 这就制约了课堂的发展，也制约了教师自我的发展。

为了突破这一制约，教师必须成为“反思型课堂教学实践者”。他需要借助理论知识的学习，培养自己的教学反思能力，并通过高质量的反思将个体的教学经验性知识上升为“个人理论”③，不断丰富、发展。我们尝试以图 7-4 表达理论知识、经验知识、教学行为能力、实践中的反思以及个人学科教学信念之间的关系。

当前，“我们老师都把时间用在备课、上课、批改作业上，但在反思方面花的工夫不够。学和思应该统一，有的时候思考比学习还重要”④。叶澜教授曾经说过：“你认真备课上课几年如一日，也不一定能够成为一名优秀的教师，但是如果你坚持教学反思，几年下来你就有可能成为一名优秀的教师。”许多优秀教师的成长经历恰恰验证了这一点。反思能够使教师和课堂保持自我更新

①② 柳夕浪著:《课堂教学临床指导》(第三版)，人民教育出版社 2011 年版，第 37—38、38 页。

③ 叶澜等认为，教师一般总是有自己的信念体系，它可能是从自己教学实践经验中逐渐累积形成或由外界直接接受而来的教育观念，也可能是经过深思熟虑并富于理想色彩的教育理念。这一信念体系形成之后，在一段时间内保持相对稳定，而这一信念系统的改变则意味着一种较高层次的教师专业发展。从语文教学的角度而言，这里的“个人理论”可理解为语文教师个人的“语文学科教学信念”，即个人在语文学科教与学的实践中所坚信不疑的观念和主张，是语文教师个体身上最为核心、最具个性化的认识、信仰和立场。它是教师语文教学行为的理性支点，是教师专业发展过程中的核心，也是教师教育与培训工作的关键。

④ 魏本亚、尹逊才:《小学语文课改十年的问题与反思——对话中国教育学会小学语文教学专业委员会理事长崔峦》，载《语文建设》2011 年第 3 期。

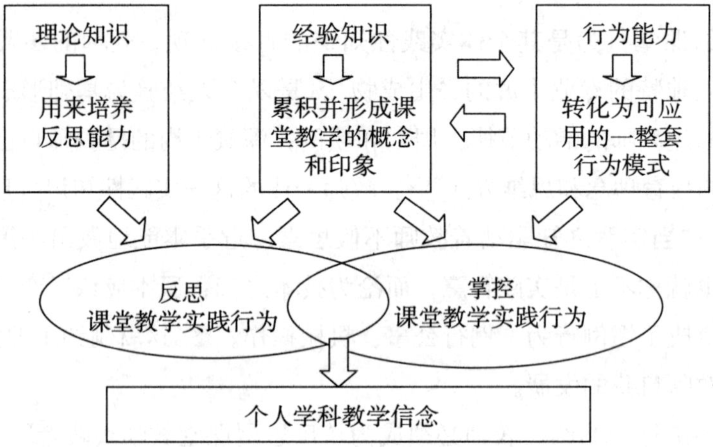


图 7-4　个人学科教学信念的生成、巩固与发展

和突破——通过对自己教学行为的效果以及学生课堂学习机会的反思，教师可以沉着判断什么是好的教学；通过反思性写作，教师可以梳理思想，赋予自己的教学实践以理性的光辉。

（四）书卷气、审美情趣与生活品味

“腹有诗书气自华”，要使课堂体现出语文味儿，教师自身首先要有语文味儿；要使课堂焕发出人文情怀，教师自身首先要充满人文情怀；要使课堂获得发展，教师首先要像儿童那样拥有天天向上、不断进步的生气。而丰富、涵养、发展我们个体生命中的人文素养、审美情怀与生命活力的基本途径就是阅读以及积极的生活状态。

观点　读书，是每个教师专业成长必需的生命方式[①]

读书，是每个语文教师专业成长必需的生命方式。

① 参见窦桂梅著：《回到教育的原点：窦桂梅教育教学管理精华》，文化艺术出版社 2011 年版，第 12—17 页。

一个不读书的学校就是一所没有希望的学校。

很难想象，一个每天与孩子打交道的人，不读儿童经典，怎么能走进孩子的内心世界。

以教促读，读便有了更大的动力，教也有了更深的底气。

一名语文教师读书、教书乃至写书的专业发展的记录，实际上就是这位语文教师专业素养提高的足迹。

文品高了，人品高了；人品高了，教品自然也就高了。一句话，什么样的教师也就带出了什么样的磁场，什么样的深度也就拥有了什么样的深度课堂。

"问渠哪得清如许，为有源头活水来。"阅读，理应成为语文教师最为基本的一种生活状态；教师应通过这种状态去经营自己的语文教育人生。唯有如此，教师才能保持心灵的温润、视野的开阔与思想的自由，才能保持对语言文字的爱与敏感，才能带领孩子们在语言的世界中走得更远。

"语文是人生中无所不在的现象，要教好语文就须对人生有丰富而深入的体验，尤其对儿童、青年有透彻的了解。用一句古老话说，语文教师是经师，也是人师。"① 读书生活之外，优秀教师身上还常常展现出多样、丰富的审美情趣，充满着浓郁、向上的生活热情，这使他们的个人情操、品格、气质等充满人格魅力。正是这样一种内在的人格魅力，使他们成为真正的教育者。正如有研究者所指出的那样，"我们从 位伟大的教师那里所'获得'的与其说是一个具体的知识体系或一组技巧，还不如说是这位体现和代表知识的教师的行为方式——他或她的生活热情、严于律己、献身精神、人格力量、强烈的责任，等等。"② 相关研究也表明："教学效能高的教师往往与其情感—人格的发展水平有很高的相关。"③

① 林砺儒：《语文教师是经师，也是人师》，载《文汇报》1962 年 4 月 12 日。

② ［加］马克斯·范梅南著，李树英译：《教学机智——教育智慧的意蕴》，教育科学出版社 2001 年版，第 99 页。

③ 朱小蔓：《关于教师创造性的再认识》，载《中国教育学刊》2001 年第 3 期。

## 观点 人师的教学境界[1]

人师对学生的心理了如指掌，能够想学生所想，想学生所疑，想学生所难，想学生所错，想学生所忘，想学生所会，想学生所乐，以高度娴熟的教学技巧和机智，灵活自如、出神入化地带领学生在知识的海洋里遨游，用自己的思路引导学生的思路，用自己的知识丰富学生的知识，更为重要的是，人师能在教学实践中用自己的高尚思想品德熏陶感染学生的思想品德，用自己的智慧启迪学生的智慧，用自己的情感激发学生的情感，用自己的意志调节学生的意志，用自己的个性影响学生的个性，用自己的心灵呼应学生的心灵，用自己的灵魂塑造学生的灵魂，用自己的人格塑造学生的人格。

“真正好的教学不能降低至技术层面，真正好的教学来自于教师的自身认同与自身完整。”[2] 显然，任何说教、任何原则、任何高明的技巧，都无法替代健全的高尚人格。从这个意义上说，笔者非常同意这一观点——“语文教师能教给学生的只有自我”。置身于生动的课堂，我们每天都要面临复杂的抉择，而我们抉择的结果又可能影响学生的未来，祝愿每一位语文教师都能深刻而真切地体验到语文教师这个岗位的崇高。“你在教语文，意味着你在教语文中做人，做一个引导、促进下一代成长、发展的人。你不只是因此而得到相应的种种待遇，更主要的是你从中在创造生活的意义，实现生命的价值，享受活着的快乐。你的学生在成长，并因此自己同时也在成长，你会由衷感到充实、自在、愉悦，而不会愧疚、空虚、厌倦。教学，就是你安身立命的最佳处，你始终在与语言、文学的创造性关系中，与学生的关系中，享受自我的发展，享受学生的成长……”[3]

---

① 叶澜等著：《教师角色与教师发展新探》，教育科学出版社 2001 年版，第 73 页。

② ［美］帕克·帕尔默著，吴国珍、余巍等译，《教学勇气——漫步教师心灵》，华东师范大学出版社 2005 年版，第 10 页。

③ 王尚文著：《走进语文教学之门》，上海教育出版社 2007 年版，第 427 页。

## 探究与思考

实证研究：确定一个你自己感兴趣的课堂观察视角，设计出可操作的观察工具与分析框架，然后对自己的课堂教学录像进行观察、记录和分析，得出教学改进的结论。

个案研究：阅读2—3位语文特级教师的个人传记，纵向研究他们职业生涯发展过程中的阶段性特征，横向寻找影响他们走向成功的各种主、客观因素，在此基础上反思个人的专业发展。

观念反思："真正好的教学不能降低至技术层面，真正好的教学来自教师的自身认同与自身完整。"对这样的观点，你是怎样理解的，是否认同？你又打算怎样规划自己的语文教育人生？

# 主要参考文献

## 一、图书

1．窦桂梅著：《小学语文主题教学研究》，人民教育出版社 2015 年版。

2．江风著：《基于脑的语文教学》，广东高等教育出版社 2012 年版。

3．教育部基础教育课程教材专家工作委员会组织编写：《义务教育语文课程标准（2011 年版）解读》，高等教育出版社 2012 年版。

4．雷玲主编：《小学语文名师教学艺术》，华东师范大学出版社 2008 年版。

5．李大圣著：《百年反思：语文育人功能检视》，广西师范大学出版社 2006 年版。

6．李海林著：《言语教学论》，上海教育出版社 2000 年版。

7．李吉林著：《小学语文情境教学：李吉林与青年教师的谈话》，人民教育出版社 2003 年版。

8．李杏保、顾黄初著：《中国现代语文教育史》，四川教育出版社 2000 年版。

9．刘晓东著：《儿童教育新论》（第二版），江苏教育出版社 2008 年版。

10. 柳夕浪著：《课堂教学临床指导》（第三版），人民教育出版社 2011 年版。

11. 饶杰腾著：《语文学科教育学》，首都师范大学出版社 2000 年版。

12. 沈毅、崔允漷主编：《课堂观察：走向专业的听评课》，华东师范大学出版社 2008 年版。

13. 施良方、崔允漷主编：《教学理论：课堂教学的原理、策略与研究》，华东师范大学出版社 1999 年版。

14. 田本娜著：《我与小学语文教学》，人民教育出版社 2006 年版。

15. 王荣生著：《语文科课程论基础》，上海教育出版社 2003 年版。

16. 王尚文著：《走进语文教学之门》，上海教育出版社 2007 年版。

17. 王崧舟著：《诗意语文：王崧舟语文教育七讲》，华东师范大学出版社 2008 年版。

18. 卫灿金著：《语文思维培育学》，语文出版社 1994 年版。

19. 闫学著：《我负语文：特级教师闫学的教学艺术》，福建教育出版社 2010 年版。

20. 叶澜等著：《教师角色与教师发展新探》，教育科学出版社 2001 年版。

21. 余文森、林高明、许玉兰主编：《名师怎样观察课堂·小学语文卷》，华东师范大学出版社 2009 年版。

22. 张永德著：《香港小学文学教学研究》，广东教育出版社 2006 年版。

23. 张祖庆著：《张祖庆讲语文》，语文出版社 2008 年版。

24. 支玉恒著：《支玉恒老师教语文》，华东师范大学出版社 2009 年版。

25. 中华人民共和国教育部制定：《义务教育语文课程标准（2011 年版）》，北京师范大学出版社 2012 年版。

26. 朱作仁主编：《小学语文教学法原理》，华东师范大学出版社 1988 年版。

27. 朱作仁、祝新华主编：《小学语文教学心理学导论》，上海教育出版社 2001 年版。

28. [德] 希尔伯特·迈尔著，黄雪媛、马媛译：《怎样上课才最棒：优质课堂教学的十项特征》，华东师范大学出版社 2011 年版。

29．[ 美 ] 琳达·达林 – 哈蒙德、[ 美 ] 琼·巴拉茨 – 斯诺顿著，葛雪蕾、王军译：《优秀教师是这样炼成的》，中国青年出版社 2007 年版。

30．[ 美 ] 琳达·达林 – 哈蒙德、[ 美 ] 约翰·布兰斯福德等著，陈允明等译：《教师应该做到的和能够做到的》，中国青年出版社 2007 年版。

31．[ 美 ] 古德、[ 美 ] 布罗菲著，陶志琼、王凤、邓晓芳等译：《透视课堂》，中国轻工业出版社 2002 年版。

32．[ 英 ] 戴维·霍普金斯著，杨晓琼译：《教师课堂研究指南》（第三版），华东师范大学出版社 2009 年版。

## 二、论文

1．崔峦：《建设高质量的小学语文教育》，《小学语文教学》2007 年第 11 期。

2．郭利萍：《略读耶？精读耶？关于〈猴王出世〉一课教学的讨论》，《课程·教材·教法》2009 年第 1 期。

3．刘仁增：《以“语言应用”为核心的阅读教学新视野》，《课程·教材·教法》2009 年第 11 期。

4．宁虹：《实践——意义取向的教师专业发展》，《教育研究》2005 年第 8 期。

5．童庆炳：《语文教学与审美教育》，《北京师范大学学报》1993 年第 5 期。

6．王荣生：《解读“语文实践”》，《课程·教材·教法》2006 年第 4 期。

7．王尚文、王诗客：《语文课是语文实践活动课》，《课程·教材·教法》2009 年第 4 期。

8．王松泉：《语文学科与语文素养》，《语文教学》（香港）2001 年 10 月号。

9．魏本亚、尹逊才：《小学语文课改十年的问题与反思——对话中国教育学会小学语文教学专业委员会理事长崔峦》，《语文建设》2011 年第 3 期。

10．卫灿金：《好课标准的历史演进》，《语文教学通讯·小学刊》2004 年第 28 期。

11．吴忠豪：《关于语文训练的讨论》，《课程·教材·教法》2008 年第 12 期。

12．吴忠豪、于龙：《回顾与检讨：改革开放以来小学语文教学三十年》，《课程·教材·教法》2009 年第 8 期。

13．叶澜：《重建课堂教学价值观》，《教育研究》2002 年第 10 期。

14．叶澜：《扎实　充实　丰实　平实　真实——“什么样的课算一堂好课”》，《基础教育》2004 年第 7 期。